ADNABOD

Casgliad o fyfyrdodau am berthynas â Iesu

GAN
Meirion Morris

CYHOEDDIADAU'R
GAIR

Cyflwyniad

Cyflwynir y gyfrol hon er cof am Brynmor Williams, un o aelodau'r ofalaeth, ac un ymhlith nifer a fynegodd ei werthfawrogiad yn gyson, ac a fu, drwy hynny, yn symbyliad i ddiogelu fod Llais Aled yn ymddangos yn wythnosol.

ⓗ Cyhoeddiadau'r Gair 2007

Testun gwreiddiol: Meirion Morris
Lluniau: Dawn Wilks

Golygydd Cyffredinol: Aled Davies

ISBN 1 85994 585 6
Argraffwyd ym Mhrydain.

Cedwir pob hawl.
Ni chaniateir copïo unrhyw ran o'r deunydd hwn
mewn unrhyw ffordd oni cheir caniatâd y cyhoeddwyr.

**Cyhoeddwyd gan
Cyhoeddiadau'r Gair, Cyngor Ysgolion Sul Cymru,
Ael y Bryn, Chwilog, Pwllheli, Gwynedd LL53 6SH.**

ADNABOD

Rhagair

Wrth gyflwyno'r casgliad hwn i'ch sylw, tybiaf fod angen gair o esboniad i osod cyd-destun i'r myfyrdodau, gan eu bod yn eu hanfod yn ddeunydd a baratowyd ar gyfer ein sefyllfa fel eglwysi ym Mro Aled.

Yr wyf wedi gweinidogaethu o fewn yr ardal hon bellach ers dros 16eg mlynedd, ac yn ystod y cyfnod wedi sylweddoli fwy-fwy bwysigrwydd creu perthynas a chysylltiad gyda phobl. Wrth geisio trawsffurfio eglwysi, a cheisio dilyn gweledigaeth o fewn i sefyllfa sydd i bob golwg wedi rhewi mewn oes sydd wedi darfod, rhaid gwneud hynny mewn ffordd sydd yn cychwyn gyda'r deunydd craidd sy'n bodoli. Yn ein sefyllfa ni, pobl yw'r deunydd craidd hwn, a rhaid rhannu'r weledigaeth, ac uwchlaw pob dim, rhannu'r neges, o fewn i berthynas, ac mewn iaith a chyfrwng sydd yn ddealladwy iddynt. Ymhellach, nid un gwaith a ellir ei gyflawni unwaith yw hyn, ond proses o newid meddwl, deall, disgwyliadau, dyheadau; proses o bwysleisio yr hyn sy'n greiddiol i'r Efengyl. Fy argyhoeddiad personol yw mai perthynas yw hanfod Cristnogaeth, adnabod perthynas bersonol â Iesu, ac o hynny, caniatau i'r berthynas dyfu a blodeuo mewn bywyd o ufudd-dod ymarferol.

Wrth ichwi bori drwy'r deunydd, fe welwch fod y cyfan braidd yn troi o amgylch yr angenrheidrwydd i ddod i sicrwydd sylfaenol am ein perthynas gyda Iesu. Drwy ddefnyddio darluniau o'm bywyd bob dydd, ceisiaf gymhwyso'n ddamhegol y profiadau cyffredin hyn i'm bywyd ysbrydol, gan hyderu fod y gynulleidfa'n medru adnabod adleisiau o'r un profiadau yn eu bywydau hwythau. Bydd y darluniau yn eu hanfod yn bersonol, a byddaf yn aml yn manteisio ar barodrwydd fy ngwraig Sarah, a'r plant, Catrin, Steffan, Siôn a Hanna i fod yn rhan o'r darluniau.

Bu'r daflen 'Llais Aled' ar ei ffurf bresennol ers tua wyth mlynedd, a byddaf yn ei pharatoi yn hwyr ar nos Sadwrn, ei dosbarthu drwy e-bost i amryw, ei gosod ar ein gwefan, a chopi i bob cartref ar y dydd Sul. Gan ei bod yn cynnwys y cyhoeddiadau a chofion, mae'n cyflawni dwy rôl yn benodol, sef gofalu am y cyhoeddiadau a gofalu fod yna neges Gristnogol yn cyrraedd ein cartrefi, ochr yn ochr â diogelu cysylltiad ymarferol wythnosol. Wrth gasglu'r deunydd, sylweddolais gymaint o gynnyrch sydd wedi ei greu yn ystod y cyfnod, ac yr wyf yn ddiolchgar i Gyhoeddiadau'r Gair am eu parodrwydd i

ADNABOD

gyhoeddi y detholiad hwn. Ar yr un pryd, diolch eto am amynedd Mair Owen wrth olygu'r deunydd, ac i Dewi Williams am bori drwy'r cyfan, gan ddod â math o drefn arnynt. Diolch hefyd i Dawn Wilks am ambell lun, sydd yn fwy cain na'r lluniau geiriol.

Wrth ysgrifennu'r geiriau yma, gweddïaf y bydd geiriau'r myfyrdodau yn fwy na geiriau, ac y gwêl Duw yn dda i'w bendithio yn foddion o ras ichwi sydd yn darllen drwyddynt.

Meirion Morris

ADNABOD

Yn yr ardd

Un o'r pethau y byddaf yn teimlo sydd ar goll yng nghanol prysurdeb bywyd yw'r gallu i ymlacio a dilyn rhyw ddiddordeb neu'i gilydd. Wrth edrych yn ôl dros y blynyddoedd, cofiaf yn dda am unigolion oedd yn treulio amser ac ymdrech yn yr ardd. Roedd ambell un yn arbenigo mewn plannu llysiau, ambell un arall mewn plannu blodau, ac o bryd i'w gilydd buaswn yn dod ar draws rhywun oedd yn ardderchog efo'r ddau fath o arddio. Does dim byd yn rhoi mwy o bleser i arddwr na gweld yr ardd yn daclus, ôl cynnydd da ar y cynnyrch, a chael mynd â ffrind o amgylch yr ardd. Ond cyn medru gwneud hyn, rhaid wrth oriau o lafur yn glanhau, yn troi, yn gwrteithio, yn plannu ac yn gofalu. Rhaid wrth lafur parhaus, oherwydd buan iawn y bydd yr ardd yn troi'n anialwch heb roi sylw dyfal a chyson iddi. Rwy'n cofio yn dda mynd, flynyddoedd yn ôl, am wyliau a dychwelyd i anialwch yn y cefn yng Nglanaman, y chwyn wedi meddiannu'r lle, a'r planhigion bron wedi'u tagu. Beth bynnag am hynny, byddaf wrth fy modd yn gweld y pleser â gaiff y garddwr, a'r ymwelydd hefyd wrth weld y lle ar ei orau.

Gosododd Duw ein rhieni cyntaf mewn gardd brydferth, a phwrpas gwaith gras yw ail-adfer gogoniant Eden i bechadur. Roedd yr Eden gyntaf yn berffaith, ac yno, roedd ein rhieni yn medru mwynhau cwmni Duw, ac yn cael cerdded gydag ef, a hynny wyneb yn wyneb â'i holl ddaioni. Wrth ddod i adnabod Iesu, mae'r gymdeithas yn cael ei hadfer, a medrwn weld gogoniant gwaith Duw a'i gydnabod Ef o'r newydd. Er bod Duw'n rhoi digon o dystiolaeth yn y greadigaeth, heb Iesu, nid ydym yn ei adnabod. Dim ond gras sydd yn adfer y berthynas, ac yn adfer yr adnabyddiaeth. Ymhellach, wrth ei adnabod yn Iesu, dyma'r Duw sydd am fynd â ni i weld gogoniant ei waith, am ein dysgu i ryfeddu ac i synnu, ac i dreulio digon o amser yn ei gwmni fel y byddwn nid yn unig yn cael ein bendithio yn bersonol, ond fel y byddwn hefyd yn dwyn bendith i eraill. I Paul, roedd aros yng nghwmni Duw yn golygu ein bod fel Eglwys, fel pobl, yn taenu ar led bersawr yr adnabyddiaeth ohono. 'Canys perarogl Crist ydym ni i Dduw, i'r rhai sydd ar lwybr iachawdwriaeth ac i'r rhai sydd ar lwybr colledigaeth.' 2 Corinthiaid 2: 14+15

ADNABOD

Adnabyddiaeth ohonom

Rwyf yn sylwi bod 'Big Brother' yn parhau yn ei rym a'i anterth. Rhaid imi gydnabod nad wyf yn bersonol wedi gwylio'r rhaglen, a hynny yn bennaf am fod gennyf amheuon mawr am y syniad digri' o lygadrythu ar fywydau unigolion drwy ryw fath o chwyddwydr. Mae'n anodd gennyf ddeall hefyd sut mae pobl yn bodloni mynd ar y fath raglen, er mae'n siŵr bod y wobr o saith deg mil o bunnoedd yn gymhelliad go lew. Meddyliwch fod y rhain yn barod i adael i filiynau o bobl ymwthio i mewn i bob rhan o'u bywydau, a'u gweld ar eu gorau ac ar eu gwaethaf!

Rwyf wedi ceisio eich dysgu ar hyd y blynyddoedd bod yna Un sydd yn gwylio ac yn gwrando ar ein bywydau ni, nid er mwyn ein gwahardd o'i gwmni, ond yn hytrach, er mwyn ein hargyhoeddi o'n hangen i adnabod ei faddeuant yn Iesu Grist, a'n hangen am ei nerth, i'n cynorthwyo i'w ddilyn. Mae Duw yn edrych arnom am ei fod yn deisyfu ein cwmni yn barhaol gan mai Ef yw ein Creawdwr. Mae pob gair a gweithred o eiddo pawb yn hysbys i Dduw, ac wrth edrych yn ôl hyd yn oed dros y dyddiau diwethaf, rydym yn gorfod cydnabod bod yna bethau rydym wedi eu gwneud neu eu meddwl nad ydym hyd yn oed yn barod i'w cydnabod i ni'n hunain heb sôn am neb arall. Ac eto, dyma Un, sydd yn Iesu Grist yn gweld ein pechodau, ac eto'n barod i faddau i ni ein cyflwr, ein balchder, a'n pellter oddi wrtho. Wrth faddau nid yw Duw'n cadw cyfrif o'n pechodau fyth mwy. Gweddïwn am ras i roi ein hunain iddo, i gysgodi yn ei drugaredd, ac i ymddiried yn ei nerth i'n dwyn drwy ein bywydau yn ddiogel i'w gwmni i dragwyddoldeb.

ADNABOD

Hyder arwain yn eglwys Dduw

Rwyf wedi gweithio am ychydig fel Ysgogydd i Raglen Genhadol yr Annibynwyr - *AGAPE*. Wrth imi ddechrau dod i adnabod yr enwad, y bobl, yr eglwysi, a'r pwyllgorau, mae'n amlwg nad oes fawr o wahaniaeth rhwng cyflwr y prif enwadau yng Nghymru. Mae'r wynebau yn newydd, ond y sefyllfaoedd yn gyfarwydd iawn. Rwyf wedi sylwi bod yr eglwysi, yn arbennig yr arweinwyr, wedi colli hyder. Yn yr eglwysi, y patrwm mwyaf cyffredin yw un *o gadw pethau i fynd nes daw'r diwedd*! 'Does dim amheuaeth fod y cilio o'r eglwysi, y cefnu ar oedfaon wedi tynnu'r gwynt o hwyliau'r arweinwyr, a'r rhai sydd yn dal i ddod i'r oedfaon. Yn naturiol, os yw'r arweinwyr wedi colli hyder, mae'r rhai sy'n dilyn yn siŵr o amlygu'r un rhwystredigaeth.

Mae fy rôl i felly yn un anodd gan fod y mwyafrif o bobl yn ystyried unrhyw beth newydd fel dim mwy na gwastraff arian, yn arbennig gan nad oes neb yn deall yn iawn y cyfyngder y mae'r eglwysi a'u harweinyddion ynddo. Mae'r gweinidogion wedi blino, yn credu nad oes ganddynt amser i wneud dim mwy na'r hyn sy'n gwbl angenrheidiol, a does dim modd cychwyn trywydd newydd. Rhaid cofio hefyd fod canran uchel o'r rhain bellach yn eu pumdegau a chwedegau, ac wedi blino a dweud y gwir, blino ar y gwaith, blino ar y methiannau, blino ar y cilio, blino ar 'gynlluniau'.

Beth ddaw o hanes yr Efengyl yn ein gwlad? Beth ddaw o'n capeli? Wel, y gwir plaen, yn achos llawer, dim byd o gwbl! A beth fydd rhai o'r rhesymau? Dim gweddi, dim hyder, dim disgwyliadau, dim gobeithio, dim newid, dim gweithio. Mae'n dod yn fwyfwy eglur i mi, fod ein diffyg ffydd, ein diffyg diolchgarwch, ein diffyg disgwyliadau, yn llesteirio gwaith yr Arglwydd yn ein plith. Â bod yn blaen, fe ddylai'r rhai sydd yn *cadw pethau i fynd nes daw'r diwedd*, y rhai sydd yn cael dim achos i wneud dim byd ond cwyno, symud o'r neilltu. Mae'r cyfryw yn tagu bywyd, ac yn amlygu yn eu geiriau ddiffyg hyder yn nerth y Duw sydd wedi addo diogelu tystiolaeth ym mhob cenhedlaeth. Rwy'n ddiolchgar y byddaf yn gorfod gwneud hynny, oherwydd mae Duw yn dal ar waith, mae yna eglwysi sydd yn ffynnu, mae yna bobl sydd yn dal i ddod i adnabod gras Duw yn Iesu Grist. Mae'r niferoedd yn llai nag yn y gorffennol, ond maent yno. Dyma'r rhai sydd am droi cyfyngder yn gyfle, ac er ar lan môr anobaith, yn credu mewn Duw sydd yn agor y môr. I'r rhain, er nad oes ffrwyth ar frig y pren, eto maent yn credu yn y Duw sydd yn peri gwanwyn cyson yn hanes ei Eglwys.

'Adnabod'

Rwyf wedi cychwyn cyfarfodydd anffurfiol ers tipyn bellach er mwyn helpu pobl i ddeall yn well y pethau mae Cristnogion yn eu credu. Yn wreiddiol, y bwriad oedd cael sesiynau i edrych ar yr hyn y mae'r Beibl yn ei ddysgu am wahanol bethau. Gwn fod yna nifer wrth ddod i oedfa yn meddwl y buasent yn hoffi deall mwy. Ond, ac mae hwnnw yn 'ond' mawr, nid wyf bellach yn dilyn yr union drywydd roeddwn wedi ei fwriadu yn wreiddiol. Teitl y cyfarfodydd yw *'Adnabod'*, gan fy mod yn dechrau trwy gynnal nad yw hi'n bosibl i ddeall y Beibl heb adnabod ei awdur.

Nawr mae pobl yn gallu adnabod hyd at amrywiol raddau. Mae hyn yn amgenach na gwybod am bobl, mae pobl yr ofalaeth yma'n gwybod am bawb! Byddaf yn rhyfeddu yn gyson at gymaint o wybodaeth sydd gan bobl, ac os oes gennyf gwestiwn am rywun neu'i gilydd byddaf yn sicr o gael hanes y teulu i gyd. Mae'r cymysgwch yn digwydd pan fyddwn yn credu fod gwybod yn gyfystyr ag adnabod, a gallwn honni adnabyddiaeth yn aml lle nad oes yna adnabyddiaeth go iawn. Gallwn siarad yn hyderus, ond wrth fynd drwy ein pethau mae'n amlwg fod yna ddiffyg adnabyddiaeth, a byddwn yn dweud pethau sydd ddim yn wir am eraill. Ochr arall y geiniog yw'r ymadrodd, *'fuaswn i 'rioed wedi meddwl mai un fel 'na oedd hi'*, lle gwelwn drosom ein hunain gyfyngiadau ein gallu i adnabod.

Ond, er gwaethaf hyn, mae adnabod yn bwysig, oherwydd dim ond wrth ddod i adnabod y gallwn ni gael perthynas â rhywun. Fel aelodau o'r teulu dynol rydym angen cymdeithas, dyma un o'n hanghenion sylfaenol, ac o ganlyniad mae arnom angen adnabod. Dyma pam mae'n dweud yn y Beibl, yn llyfr Genesis, nad yw'n beth da fod dyn ar ei ben ei hun. Ond, os ydym angen perthynas â phobl eraill, yn fwy fyth rydym angen perthynas â Duw. I gael perthynas iawn gyda Duw, gyda'r Iesu, mae adnabod yn angenrheidiol. Nid dod i wybod na dod i ddeall yw ein prif angen, ond dod i adnabyddiaeth sydd yn esgor ar berthynas sydd yn newid ein bywydau er gwell. Hyn rydd inni sicrwydd ein bod yn Gristnogion. Canlyniadau adnabod yw gwybod am Dduw a deall y Beibl. Wrth adnabod Duw drwy Iesu Grist y cawn adnabod ein hunain yn iawn a chawn y fendith o adnabod pobl eraill mewn goleuni newydd, ar amodau cariad Duw ei hunan, dan ei fendith bob amser. Gobeithio felly eich bod yn gweld pa mor ganolog yw'r angen.

ADNABOD

Nid ystrydeb

Rwy'n cofio rhywun yn gofyn imi unwaith 'Beth yw ystrydeb?' Wel, yn syml, dweud rhywbeth nes ei fod yn ddiystyr, neu glywed rhywbeth mor aml heb ddylanwad yn perthyn iddo fel ei fod yn mynd yn ddim mwy nag arferiad. Mae yna berygl felly wrth inni ddod i addoli'r Arglwydd heddiw, ond nid perygl o ochr Duw yw hwn, gan ei fod Ef yn ei hanfod yn awyddus i ni ufuddhau i'w ewyllys, a hynny'n fywiog, yn real iawn, ac yn berthnasol yng nghariad Crist tuag at bawb o'n cwmpas heddiw a phob dydd. O'n hochr ni, ydy'r un awydd yn ein calonnau? Beth am gloddio drwy'r ystrydebol, a cheisio Duw ei hunan yn yr oedfa heddiw, gan ddisgwyl y bydd yn dod i'n cyfarfod ni mewn ffordd wyrthiol yn y cwrdd?

Ar yr un thema braidd, rwyf wedi bod yn darllen am y perygl o wybod popeth am Iesu, a ninnau heb ei adnabod yn bersonol. Darllen cofiant Selwyn Hughes oeddwn i, sef awdur fersiynau gwreiddiol Saesneg 'Bob Dydd Gyda'r Iesu'. Mae'n sôn am ei brofiad yn y Coleg Beiblaidd ym Mryste, ac yno am y tro cyntaf yn dod i ddeall rhywbeth am athrawiaeth Gristnogol. Athrawiaeth yw crynodeb o'r pethau hynny mae'r Beibl yn ei ddysgu e.e. athrawiaeth am bwy yw Duw, pwy yw Iesu, pwy yw'r Ysbryd Glân, beth yw iachawdwriaeth a bywyd newydd, ac yn y blaen. Yng nghanol hyn i gyd, siaradodd Duw ag ef a'i gadw, yn ôl ei dystiolaeth ei hun, rhag y perygl o wybod popeth am gymeriad Duw, sut un yw'r Iesu, sut un yw'r Ysbryd Glân; a hynny rhag iddo golli golwg ar yr un peth pwysig. Y peth hwnnw yw adnabod, bod mewn perthynas bersonol â Duw drwy Iesu Grist.

Clywodd rhywun yn pregethu ar hanes y wraig yn arllwys ennaint gwerthfawr ar yr Iesu. Roedd y disgyblion wedi gwaredu fod y fath wastraff yn digwydd o flaen eu llygaid; gellid gwerthu'r ennaint a defnyddio'r arian i brynu bwyd i'r tlodion! Er hynny, mae Iesu'n canmol y wraig, yn sôn fel y byddai ei gweithred hi'n aros yn y cof tra byddai'r Efengyl yn cael ei phregethu. Mae'n bwysig sylweddoli nad yw Iesu yn cymeradwyo agwedd esgeulus tuag at y rhai sydd mewn angen, yn wir mae'n pwysleisio'r hyn y mae'r Beibl i gyd yn ei bwysleisio, sef y dylai'r saint fod yn gyfrifol ac yn aberthol yn eu rhoi, ond, yn y cyd-destun hwn, mae Iesu'n dysgu rhywbeth gwahanol. Mae'n awyddus i bwysleisio cariad rhyfeddol y wraig yma, ac mae'n hoelio ein sylw ar y digwyddiad o flaen ein llygaid fel enghraifft o'r cariad ddylai orlifo yn ein calonnau ni at Iesu ei hun. Pobl mewn cariad yw Cristnogion, dyna pam rydym yn addoli, yn canmol, yn gofalu, yn aberthu er mwyn rhoi. Mi ddaw cyfle i ni heddiw, a phob heddiw, i ddangos yn ein haddoliad a'n bywydau ein bod yn caru Iesu - nid sefydliad nac adeilad, nid arferiad, ond person. Gwaredwr.

ADNABOD

Holi ein hunain

Mae'r rhaglen *'Test the Nation'* yn boblogaidd iawn, gyda phawb yn y wlad eisiau gwybod pa mor abl allant ateb cwestiynau amrywiol. Ar ddiwedd y rhaglen mae angen aros i weld y canlyniadau, a gweld a wyf yn fwy abl neu yn llai abl na'r tro diwethaf. Mae'n rhyfedd fod pobl yn cael eu denu gan y fath raglen, gyda'r posibilrwydd pendant o arddangos anallu yn hytrach na gallu. Byddwn yn gosod ein hunain yn agored i hynny, oherwydd bod y demtasiwn i lwyddo yn ormod. Ar yr un trywydd, clywais stori am rywun oedd wedi rhoi £170,000 ar dîm pêl-droed i ennill y gwpan. Credai'n sicr y gwyddai beth fyddai'r canlyniad, ac felly, doedd meddwl am golli'r arian ddim wedi amharu dim ar ei benderfyniad.

Pa mor sicr ydym ni o'n hadnabyddiaeth o'r Arglwydd Iesu? Pa mor ddiogel ydym ein bod wedi ei gofleidio yn Arglwydd ac yn Waredwr ar ein bywydau? I'r profion uchod, y peth gwaethaf a all ddigwydd yw ein bod yn cael ergyd i'n balchder neu'n colli rhywfaint o arian. Ond os esgeuluswn y cwestiwn am ein perthynas â Iesu, rydym yn peryglu ein heneidiau i dragwyddoldeb. Gyda'r prawf, byddaf yn gobeithio'r gorau, gan gredu fod y blynyddoedd o addysg, a blynyddoedd o fyw wedi fy arfogi'n ddigonol. Gyda'r cwestiwn am yr Arglwydd, nid wyf am ddibynnu ar siawns, na lled obeithio; rhaid i mi fod yn gwbl sicr. Thâl hi ddim gohirio'r mater pwysicaf hwn oherwydd mai sail dedwyddwch ein dyfodol yw meithrin perthynas fyw â'r Iesu. Byddaf yn sylwi y gall pobl fod yn ddi-hid iawn ynglŷn â hyn, naill ai'n gwrthod ystyried y cwestiwn o gwbl, neu ar y gorau'n hamddenol iawn wrth geisio delio â'r mater. Rhai'n rhy ifanc, rhai'n rhy brysur, rhai'n rhy hen, a'r cwbl yn gallu arwain y rhan fwyaf i ohirio nes ei bod yn rhy hwyr cyn gwahodd Iesu Grist i'w bywydau. Mae'r cyfle a rydd Duw i ni yn Iesu yn llythrennol yn gyfle euraidd, a heddiw, daw'r cyfle i fod yn sicr o'r newydd wrth inni wahodd yr Arglwydd Iesu i fod yn Arglwydd yn ein calonnau.

ADNABOD

Saboth Duw

Mi fyddaf bob amser yn mwynhau gwyliau. Gorau i gyd os yw'r tywydd yn garedig, er ein bod ni yn aml yn llwyddo i ddewis y pythefnos gwlypaf i fynd i ffwrdd!! Beth bynnag, roedd y seibiant yn braf, a'r gorffwys yn felys. Mae'r awdur at yr Hebreaid, wrth sôn am y Saboth, yn cyfeirio at y modd y mae Duw wedi rhoi diwrnod i orffwyso er mwyn rhoi golwg i ni ar y gorffwys sydd ar ôl prysurdeb, brwydr a phrofedigaethau'r byd, a hynny yn y Nefoedd ar gyfer ei bobl. Mae'n disgrifio'r Nefoedd fel y 'Saboth tragwyddol'. Wrth ymlacio, a phwysau cyfrifoldeb yn ysgafnhau am eiliad, mae'n galw arnom i edrych a disgwyl am yr hyn sydd ganddoar ein cyfer.

Wrth gwrs, tydi hyn ddim yn apelio at bawb, yn wir mae gweithio a pheidio â gorffwyso wedi mynd yn arferol, bron â bod yn ofynnol yn wir. Mae gennym ein disgwyliadau, mae yna safon byw rydym yn anelu ato, mae pawb o'n hamgylch yn chwennych ei gael, a rhaid i ninnau hefyd. Does fawr o gyfle am ryw awr o orffwys heb sôn am ddiwrnod cyfan! A beth am y Nefoedd? Wel, mi wnawn adael i hwnnw ofalu amdano'i hunan, yn hytrach na byw gyda'n golwg arno. Y gwir plaen am hynny yw mai heddiw mae paratoi ar gyfer y Nefoedd, 'tra'i bod yn ddydd'. Ond sut yn y byd gallwn ni gael digon o amser hyd yn oed i feddwl am y Nefoedd?

Mi fydd y cwbl yn swnio braidd yn afreal ichwi heddiw, mae'n siŵr. Mae yna syniad nad oes neb gwaeth na'r gweinidog am beidio â gorffwyso. Er gwybodaeth, rwyf wedi dysgu drwy amryw brofiadau fod peidio â gorffwyso yn medi ei ganlyniadau, a gwn o argyhoeddiad y gall peidio â gorffwyso er mwyn cael cyfle i aros yng nghwmni Duw fod yr un mor boenus.

Diolch felly am y gwyliau, ac wrth ail-afael mewn gwaith, gweddïwn am gael blaenoriaethu yn iawn, a gosod Iesu yn y canol, mynnu amser yn ei gwmni, mynnu amser i fod yng nghwmni ei bobl, mynnu amser i'r teulu, ffrindiau, a'r pethau hynny sydd yn parhau'n werthfawr pan fydd popeth arall wedi colli eu gwerth a'u grym. Diolchwn am nerth i weithio, am y gwerth a rydd hynny ar ein bywydau, ond yn fwy na'r cwbl, diolchwn am nerth i weithio *'nid am y bwyd a dderfydd, ond am y bwyd a bery i fywyd tragwyddol'*.

ADNABOD

Eiddo'r Arglwydd yw fy nyddiau

Rwyf wedi cael wythnos ddigon digri ar sawl ystyr. Mi fyddwch yn gwybod fy mod yn teithio cryn dipyn ar gyfer gwahanol ddigwyddiadau, ond trwy bopeth, mae'r dyddiau diwethaf wedi bod yn weddol ysgafn. Nawr, i bob golwg, mi ddylai hyn fod yn gyfle i ymlacio, yn gyfle i gymryd hoe, ac yn wir, dyna beth rwyf wedi bod yn ei wneud. Cofiwch, dwi ddim wedi mentro i lithro ar yr eira ar sled, fel y mae rhai ohonoch!!! Cofiwch ei bod yn anodd iawn imi ddod i edrych amdanoch yn yr ysbyty mewn tywydd fel hyn!!

Rhaid imi gydnabod fod Mam yn iawn pan oedd yn arfer galaru fy mod yn ei chael yn anodd eistedd yn llonydd. Roedd y ddynes yn arfer hurtio, oherwydd os nad oedd gennyf rywbeth i'w wneud, tebyg y byddwn yn cael hyd i ryw helynt. Mae Sarah yn galaru'r un modd bellach, ac os byddaf yn cael diwrnod i ffwrdd, erbyn tua phedwar y prynhawn daw'r cwestiwn - *"Oes gen ti neb ddylet ti fynd i'w gweld?"*

Ac yna, wrth gwrs, mae'r anghyfleustra o fod wedi bwriadu rhyw weithgarwch, wedi edrych ymlaen, a gorfod eistedd yn edrych drwy'r ffenestr wrth i'r cyfle fynd heibio. Dechreuodd yr wythnos yn wael, colli'r cyfle i arwain oedfaon yn Wrecsam, ac ar ôl hynny, colli nifer o gyfleoedd eraill i rannu'r Efengyl, ac i hyfforddi. Wel, dyma ragluniaeth yn rhoi stop ar y cyfan.

Nawr, rwyf yn nodi'r pethau hyn i gyd er mwyn dangos pa mor rwydd y byddwn yn cymryd heddiw ac yfory yn ganiataol. Rhag i neb feddwl fy mod yn drwm arnynt, yr wyf yn drwm arnaf fy hun, fel un sydd yn meddwl fod gennyf hawl ar fy oriau, hawl i drefnu ymlaen llaw, hawl i fynnu pob dydd, i fynnu iechyd, tywydd, popeth er mwyn i mi gael cwblhau fy rhaglen. Yn fy achos i, tamaid o annwyd a chawod o eira a dyna ni! Trugaredd yw hynny, oherwydd eiddo'r Arglwydd yw fy nyddiau, a does ond angen imi edrych o 'nghwmpas a gweld sut mae bywydau rhai yn cael eu trawsnewid am byth mewn diwrnod, mewn un ymweliad â meddyg, un digwyddiad annisgwyl. Mae Iago yn gosod y mater fel hyn;

'*Gwrandewch, chi sy'n dweud,* "*Awn i'r fan a'r fan heddiw neu fory, aros yno am flwyddyn, sefydlu busnes yno a gwneud arian.*" *Wyddoch chi ddim beth fydd yn digwydd fory! Dydy'ch bywyd chi yn ddim byd ond tarth - mae'n ymddangos am ryw ychydig, ac yna'n diflannu! Dyma beth ddylech chi ei ddweud:* "*Os Duw a'i myn, cawn wneud hyn a'r llall.*" *Ond yn lle hynny rydych chi'n brolio eich bod yn mynd i wneud rhyw bethau mawr. Peth drwg ydy brolio fel hyn. Felly cofiwch, os ydych chi'n gwybod beth ydy'r peth iawn i'w wneud, ac eto ddim yn ei wneud, rydych yn pechu.*

ADNABOD

Amser Duw

Un o fendithion gwyliau yw seibiant, cyfle i aros, ac rwyf yn ddyledus i ragluniaeth dda'r Arglwydd am gyfnod o orffwys, ac am gael amser yng nghwmni'r teulu. Braidd y byddaf yn colli 'nabod arnynt pan fyddant yn mynd am yr ysgol ac amryw o adegau eraill hefyd pan fyddaf yn rhy brysur i werthfawrogi eu cwmni, felly mae'r gwyliau yn amser da inni adfer perthynas.

Un o'r uchafbwyntiau i mi eleni oedd gwneud dim byd o gwbl am brynhawn ar y traeth yn y Borth, ar wahân i gael sgwrs gyda ffrindiau am hynt a helynt eu gwahanol sefyllfaoedd. Wrth edrych yn ôl, rwy'n cael f'atgoffa o bwysigrwydd cymryd seibiant o brysurdeb bywyd, a hynny yn rheolaidd, petai ond am awr neu ddwy. Mae yna bethau sydd hyd yn oed yn bwysicach na hel meddiannau, gwneud arian, gofalu am yfory, sef pethau fel y teulu, pobl eraill, ac yn sicr, Duw ei hunan. Faint ohonoch tybed sy'n neilltuo amser i Dduw er mwyn iddo gael siarad efo chi, gan roi cyfle i chithau siarad â Duw?

Rwy'n hoff iawn o glywed gan aelodau am yr amser maent yn ei dreulio bob dydd mewn gweddi, amser yn darllen y Beibl, a'r modd mae hyn yn gosod eu bywydau mewn gwell persbectif. Roeddwn mewn dathliad yn Llandudno, dathlu 200 mlwyddiant sefydlu Cymdeithas y Beiblau, ac roedd un o'r siaradwyr yn sôn am bobl sy'n cefnogi'r Gymdeithas, ac eto yn eu bywydau yn gwadu lle i'r Beibl gael dylanwad ar eu bywydau. Mae angen Beibl, ac mae angen agor y Beibl ac agor y galon i adael i Dduw siarad â ni drwyddo. Nid gwaith i'w wneud ar frys yw hyn, ac nid gwaith i'w frysio yw ein hamser gweddi ychwaith. Mae yna addewid y bydd treulio amser fel hyn yn talu ar ei ganfed i'r saint. Fel hyn mae Paul yn crynhoi'r gwerth:

'*Peidiwch â phryderu am ddim, ond ym mhob peth gwneler eich deisyfiadau yn hysbys i Dduw trwy weddi ac ymbil a diolchgarwch. A bydd tangnefedd Duw, sydd goruwch pob deall, yn gwarchod dros eich calonnau a'ch meddyliau yng Nghrist Iesu.*' Philipiaid 4:6+7

―――― ADNABOD ――――

Tragwyddoldeb ynom

Mae'n anodd credu fod blwyddyn arall ar ddod i ben! Yr hyn sydd yn fy synnu yw'r holl bethau roeddwn wedi bwriadu eu cyflawni yn ystod ei hwythnosau a'i misoedd. Wrth edrych yn ôl, mae yna fylchau amlwg yn yr hyn a gyflawnwyd, a thebyg y bydd raid aros tan y flwyddyn nesaf bellach. Ond beth am y flwyddyn nesaf? Tydi honno ddim yn eiddo i mi. Does gennyf ond heddiw a dweud y gwir. Felly, mae fy sefyllfa yn un anodd - llond gwlad o fwriadau, ac os na chânt eu gwneud, pryd fyddaf yn eu cyflawni a finnau'n greadur meidrol sydd yn cael pob diwrnod yn rhodd?

Mae'n siŵr fod galw ar bob un ohonom i flaenoriaethu. Byddaf yn gorfod gofyn - 'Beth sydd raid ei wneud?' Yna medraf ofyn, 'Beth fyddwn i'n ddymuno'i wneud?'

Does dim amheuaeth fy mod yn rhannu'r un rhwystredigaethau â chithau, wedi bwriadu llawer, wedi cyflawni ychydig. Mi fyddwn yn edrych ar y plant, ac yn eiddigeddus fod ganddynt eu bywydau o'u blaenau, popeth yn bosibl, ond buan iawn byddant hwythau hefyd yn gweld blynyddoedd yn diflannu ar frys, gan ddod i'r un man â ninnau.

Heno, byddwn yn dathlu Sul y Beibl yng nghwmni'r bobl ifainc, ac yn edrych ar adnodau o Lyfr y Pregethwr, lle mae hwnnw'n gofyn – 'Beth ydy'r pwynt?' Canlyniad yr ymchwil yw darganfod nad oes pwynt, rydym i gyd wedi ein caethiwo gan amser, wedi ein caethiwo gan amgylchiadau, ac nad oes yr un ffordd i wneud synnwyr o fyd amser. Ond, fe ddywed y Llyfr hefyd fod Duw wedi rhoi tragwyddoldeb yn ein calonnau. Beth yw arwyddocâd hynny?

Yn syml iawn, does dim posibl cael digon mewn bywyd, mewn amser, os nad ydym yn gweld amser ochr yn ochr â thragwyddoldeb. Y Duw Tragwyddol, ei Fab Tragwyddol, ei Ysbryd Tragwyddol; dyna'r Un sy'n medru gwneud synnwyr o'n bywydau, o'n hamgylchiadau, oherwydd teithio drwy fyd amser mae'r Cristion. Chaiff o mo'i ddal ganddo, a does dim cadwynau sy'n ei rwystro rhag gweld amser ond fel cyfnod a phen draw iddo. Mewn byd o amser rydym angen gwneud amser i Iesu sy'n goleuo pob amser arall, hwn yw Arglwydd amser, a hwn sy'n awyddus i gael bod yn Arglwydd yn ein bywyd ninnau. Ymaith felly â hualau amser ac amgylchiadau. Rydym wedi profi'r bywyd tragwyddol yng nghwmni Iesu, ac yn ei allu ef, mae popeth bellach yn bosibl i ni. Er bod amser yn cyflymu, cyflymu at y nôd mae ein hamser ni. Defnyddiwn amser i baratoi ar gyfer tragwyddoldeb, trwy wneud y gwaith a fyn Duw, sef credu yn ei Fab, a gwneud gwahaniaeth er gwell ym mywydau pobl eraill heddiw!

ADNABOD

Colli awr – ennill oriau

Wrth deipio hwn ar nos Sadwrn, rwyf yn ymwybodol o'r angen i brysuro, gan y byddwn yn colli awr heno, a bydd angen bod o gwmpas fy mhethau ben bore er mwyn cyrraedd mewn pryd! Nid yw hynny'n hawdd, gan fy mod yn hwyr yn cychwyn; wedi bod ar dramp dros y dyddiau diwethaf, a newydd ddychwelyd o gyfarfod yn Aberystwyth. Roedd y cwbl yn ddigon difyr, gyda thua trigain o ysgrifenyddion eglwysi'r Annibynwyr wedi dod at ei gilydd i drafod y ffordd ymlaen yn eu cyd-destun lleol, a sut i geisio ymestyn eu gweinidogaeth i bobl.

Beth bynnag, yn ôl at y prysurdeb! Pwy fuasai'n meddwl y byddai colli awr yn gwneud gwahaniaeth? Mae yna 168 o oriau mewn wythnos, beth yw un fach arall ar fore Sul? Wel mae'n siŵr na wnaiff nemor ddim gwahaniaeth, er, rhaid cydnabod fy mod yn edrych ymlaen at weld golau dydd yn ymestyn yn sylweddol ar fin nos. Dw'i ddim yn un garw am y gaeaf, mae oriau di-rif o dywyllwch, yn enwedig pan mae hi'n dywyll cyn pump y pnawn, ac yn golygu na allaf braidd ddisgwyl gweld y gwanwyn yn dod yn ddigon buan.

168 awr mewn wythnos! Tipyn o amser â dweud y gwir. Beth petai angen rhoi cyfrif amdanynt? Fyddwch chi'n cyfri' ambell waith sut byddwch yn llenwi'r oriau? Gan ystyried yr oriau o gwsg, tebyg fod yna tua 15 awr bob dydd i wneud ein gorchwylion a'n cyfrifoldebau, ac i fwynhau ein hamdden. Ychydig dros 100 o oriau, a phob munud ohonynt yn llawn! Roedd rhywun yn sôn yn ddiweddar fel y mae gennym ddigon o amser i wneud yr hyn a ddymunwn. Wel, mae hynny'n berffaith amlwg o gyfrif yr amser a dreuliwn yn gwneud yr hyn a'r llall. Un o hoff ymadroddion Bryn Williams, Pwllheli yw fod 'yr Hwn a wnaeth amser wedi gwneud digon ohono!' Ac eto, ychydig iawn o bobl fydd yn dweud wrthyf fod ganddynt ddigon ohono! Tebyg fy mod i'r un mor euog o gwyno yn y maes yma ag unrhyw un arall.

Beth am amser Duw? O'r 168, faint o'r oriau hynny ddylai Duw ei gael? Cyn ichi ddechrau myfyrio'n ofer, cyn ichi wneud y mater yn destun seiat neu Ysgol Sul, peidiwch â gwastraffu eiliad, does dim angen. Yn ôl Paul, 'byw i mi yw Crist'. Dyna ni! O ddod yn Gristion, mae ein bywyd yn eiddo i Dduw, ac os yw hi fel arall, nid gwneud cam â Duw ydym, ond cam-ddeall ein safle ysbrydol. Gwneud cam â ni'n hunain. Nid nad yw Duw yn ein galw i fod ynglŷn â llawer o bethau yn ein bywydau; yn hytrach fod popeth a wnawn yn cael ei wneud yn ei gwmni Ef, yn ôl ei ewyllys Ef, dan ei fendith Ef. Mi fyddwn yn brysur, ac mae popeth yn cael ei wneud i ogoneddu Duw. Rydym yn eiddo i Iesu, nid i ni ein hunain, felly mae ein cerddediad gyda Duw yn golygu ymroddiad amser llawn, nid job ran-amser!

ADNABOD

Anfodlon heb Dduw

Cefais noswaith yn y De neithiwr wrth inni dalu ymweliad byr â rhieni a nain Sarah. Cofiwch, cyd-ddigwyddiad oedd y ffaith fod Pontypridd yn digwydd bod yn chwarae rygbi ar yr un noson!!! Beth bynnag am hynny, roedd yn braf teithio i lawr ac yn ôl a'r tywydd mor hyfryd. Rydym yn byw mewn gwlad brydferth anghyffredin, a braint yw cael gweld ôl llaw Duw yn ei greadigaeth. Mae'n syndod a dweud y lleiaf fod pobl mor awyddus i adael tir Cymru ar eu gwyliau, a hwythau'n fynych iawn heb weld popeth sydd o fewn tafliad carreg iddynt.

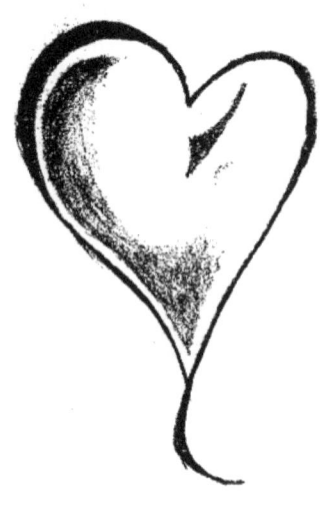

Mae'n debyg mai'r un yw ein hanes ym mhob maes. Pobl sydd yn edrych am bethau y tu hwnt i'r hyn sydd gennym, yn edrych am ryfeddodau, heb weld yr hyn sydd wrth ein traed. Yn hytrach na gwledda ar yr hyn sydd o fewn ein gafael, byddwn byth a hefyd yn anfodlon ac yn dyheu am yr hyn sydd y tu hwnt i'n gafael. Beth sydd i gyfrif am hyn? Dywed y Beibl yn glir fod yna anfodlonrwydd yn rhwym wrth ein natur; rydym yn bell o'r hyn a fwriadodd Duw i ni fod, ac mae'r berthynas a fwriadodd Duw inni ei mwynhau gydag Ef yn ddieithr i ni. Tra pery Duw yn ddieithr, pobl anfodlon fyddwn ni, yn ceisio boddhau ein syched a'n chwant mewn mannau eraill.

'Cloddio pydewau a chael nad oes dim dŵr ynddynt,'

... yn hytrach na mynd at y ffynnon a ganodd Edward Parry, Bryn Bugad amdani. Y ffynnon a darddodd ym Methlehem ac a ffrydiodd ar ben Calfaria. Mae Iesu'n ddigon, mae pob peth arall a gawn yn ychwanegol, neu yn ôl y Sais *'extras'*. Os wyt ti'n Gristion, ai dyma dy brofiad?

ADNABOD

Delfrydu

Nos Fawrth ddiwethaf fe ymwelais ag Eglwys Ebeneser yng nghanol Caerdydd. Roeddwn yno fel Mr Agape, hynny yw yn rhinwedd fy swydd fel Ysgogydd Rhaglen Genhadol yr Annibynwyr. Mae Ebeneser reit yng nghanol y ddinas, rownd y gornel o Marks & Spencer!!! Er bod yr adeilad yno ers dros ganrif a hanner, mae rhywbeth yn ffres yn yr awyrgylch, gyda'r cyfarfod diaconiaid yn flaengar a phawb yn awyddus i weinidogaethu'n berthnasol o fewn eu cyd-destun arbennig hwy.

Un o'r pethau y bu trafod arno oedd yr anhawster o geisio cyrraedd pobl pan mae eich capel mewn lle sy'n brin anghyffredin o bobl - hynny yw, does neb yn byw yn y cyffiniau, a phawb yn gorfod teithio cryn bellter i'w gyrraedd. Doedd yr un o'r diaconiaid wedi cerdded i'r cyfarfod, ac felly'r gweinidog. Yn wahanol i mi, ni fedr groesi cae hwylus pan yn hwyr i bwyllgor!!! Rhaid i'r aelodau wynebu prysurdeb trafnidiaeth y ddinas os ydynt am ddod, ac mae'n anodd cael cyfarfodydd ganol wythnos, efo plant / ieuenctid ac yn y blaen. Ac eto, mae yna weithgarwch ardderchog yn digwydd, ac mae'r gweinidog yn un arbrofol a dygn.

Un o'r pethau oedd yn fy synnu yn y drafodaeth oedd yr eiddigedd a ddeuai i'r amlwg wrth ystyried sefyllfa'r ofalaeth hon. Tra roeddwn yn meddwl gymaint mwy a ellir ei gyflawni mewn dinas, roeddent hwy yn gweld i'r gwrthwyneb yn llwyr. Roedd sawl un yn sôn am 'lwyddiant' eglwysi yn y pentrefi o amgylch y ddinas, ac yn gweld y manteision o gael cymuned benodol i weinidogaethu ynddi. Braidd eu bod yn awgrymu fod hynny bron yn warant o lwyddiant. Ceisiais nodi fod yna ddigon o 'bentrefi' yng Nghymru efo eglwysi tlawd iawn, a phoblogaeth denau'n anhawster i weinidogaethu mewn sefyllfaoedd felly.

Sylweddolais mor hawdd yw delfrydu sefyllfa rhywun arall ym mhob rhan o fywyd. Fyddwch chi yn dymuno bywyd rhywun arall, amgylchiadau rhywun arall? Ddywedoch chi erioed, "Mi fuaswn yn hoffi ei job e'"? Mae defaid yn crwydro oherwydd y blewyn sydd ochr draw'r ffens! Felly rydym ninnau; ac os cyrhaeddwn ochr arall y ffens, bydd rhyw olygfa well i'w gweld o'r fan honno wedyn.

Wrth ysgrifennu at y Philipiaid, roedd gan Paul achos i weld sefyllfa eraill yn well na'i sefyllfa ef ei hun. Roedd o mewn carchar yn Rhufain, a gwyddai am y gelynion oedd o'i amgylch, gwyddai am anawsterau'r eglwysi; mae'n siŵr fod llawer o sefyllfaoedd gwell i'w cael. Gwrandewch eto ar ei eiriau. Ydyn nhw'n dod â thinc o adnabyddiaeth, yn dod â gwen i'r enaid?

'Ym mhob rhyw amgylchiadau, yr wyf wedi dysgu'r gyfrinach sut i ddygymod, boed â llawnder neu newyn, â helaethrwydd neu brinder. Y mae gennyf gryfder at bob gofyn trwy'r hwn sydd yn fy nerthu i.' Philipiaid 4

ADNABOD

Angen amynedd

Cefais fwy nag un achos yn ystod yr wythnos i deimlo fy mod ar ben fy nhennyn! Peidiwch â phoeni, byddaf yn teimlo felly bob wythnos, a thrwy'r cwbl i gyd yn cael fy atgoffa fy mod i, fel pawb arall, yn dioddef o glwyf na all yr un meddyg dynol ei wella. Mae fy niffyg amynedd, fy nhuedd i beidio â rheoli fy rhwystredigaeth, yn dod o galon sydd â staen pechod yn drwm arni.

Cofiwch, mae yna bethau nad oes angen bod â llawer o amynedd gyda nhw. Does dim angen imi fod yn amyneddgar gyda fy mhechod, fy anufudd-dod, fy ewyllys sydd yn gwrthryfela yn erbyn ewyllys Duw. Nid oes angen bod yn amyneddgar chwaith gydag arwyddion o hyn sydd ymhobman o'n cwmpas. Er hynny, byddaf yn sylweddoli fod amynedd yn rhinwedd ysbrydol, ac er ei bod yn iawn inni fod yn ddig gyda'r pethau hynny mewn bywyd sydd yn rhyfela yn erbyn yr Efengyl, eto nid dyma'r achosion yn aml iawn.

Byddaf yn gweld ynof fy hunan, ac mewn pobl o'm hamgylch nad y pethau hyn sydd yn aml yn ein gwneud yn ddiamynedd, ond yn hytrach bethau sydd yn deillio o'n pechod, ac o dywyllwch ein calonnau. Byddwn yn gweld bai ar y pethau lleiaf mewn eraill, byddwn yn gadael i flinder corfforol, i hunanoldeb, i falchder, liwio ein bwriadau yn aml. Ac eto, drwy'r cwbl i gyd, mae gennym Arglwydd sydd 'heb bechod... ac yn medru cydymdeimlo â'n pechodau'. Diolch am amynedd Iesu, amynedd i rai di-amynedd dros ben.

ADNABOD

Pobl yw pobl ymhobman

Cefais siwrne ddiddorol yn ystod yr wythnos. Nos Fercher roeddwn yn pregethu mewn cyfarfod Diolchgarwch (hwyr!) yn Nhregaron. Roedd yr eglwys yno wedi penderfynu ei gynnal yn neuadd y dre, gan estyn gwahoddiad i bawb a'i fam i ddod. Yn dilyn yr oedfa roeddent wedi paratoi bwyd a phaned i bawb oedd yn bresennol. I gynulleidfa arferol o thua pymtheg i ugain, roedd yn braf iddynt gael cynulleidfa o yn agos i gant. Profiad da hefyd oedd cwrdd â nifer helaeth o Gristnogion sydd yn byw yn yr ardal honno, a chlywed am eu baich dros weld neges yr Efengyl yn cael ei lledaenu. Wedi'r oedfa, a sgwrsio efo pobl oedd yn siarad fel fi (!!!), teithio i'r Amwythig, gan fynd drwy Bont-rhyd-y-groes, Pontrhydfendigaid, Ysbyty Ystwyth a Ffair Rhos, ac er ei bod yn dywyll, gwyddwn yn dda am y wlad ardderchog sydd yno wrth ymyl llynnoedd Teifi. 'Doedd y daith ar y trên ddim mor hyfryd ddydd Iau, a minnau'n mynd i bwyllgor i drafod diogelwch plant yn yr eglwysi ar draws Prydain Fawr. Roedd y cyfarfod yn adeilad y Wesleaid sydd gyferbyn â *Madam Tusseaud's* yn Llundain. Rhaid cerdded heibio i gofeb Sherlock Holmes, a mynd drwy dyrfa anghyffredin. Gwahanol iawn oedd yr olygfa i sgwâr Tregaron y noswaith gynt, a'r daith dros dawelwch Pumlumon ac Eisteddfa Gurig.

Er gwaethaf hynny, pobl yw pobl ble bynnag maent yn byw, ac er eu bod yn gwahaniaethu o ran cefndir, magwraeth, diddordebau, iaith, lliw, ac amgylchiadau, eto maent yn rhyfedd o debyg, ac yn y bôn, gyda'r un anghenion ysbrydol. Yn Llundain, fel yn Nhregaron, mae yna Gristnogion sydd yn gweithio i ledaenu'r Efengyl. Maent yn gorfod gwneud hynny mewn ffordd wahanol, yn gorfod darganfod neu adeiladu pontydd gwahanol, ond yn croesi gyda'r un neges; mae arnom angen Gwaredwr, un a all faddau pechod, a'n cymodi â Duw. Mae anghenion dinas, tref a phentref yn gwahaniaethu, mae pobl yn amrywiol iawn, a rhaid i'r Eglwys fod yn effro i ddeall hynny. Ond drwy'r cwbl, rhaid iddi fod yn effro i gyhoeddi Iesu Grist.

Ar y trên, roeddwn yn darllen llyfr yn dwyn y teitl *'Is God past his sell by date?'* a hawdd yw i Gristnogion, yn wyneb cymhlethdod bywyd ac amrywiaeth pobl, i ddechrau credu hynny. Mae'r llyfr yn f'atgoffa, fel y gwna'r Beibl, na fydd hynny fyth yn wir. Mae gennym neges sydd yn gyfoes ym mhob cenhedlaeth, ein gwaith ni yw darganfod sut mae ei chyflwyno o fewn ein cyd-destun ni.

ADNABOD

Gwersi rhagluniaeth

Un o'r adnodau sydd wedi dod yn arbennig o werthfawr i mi yn ystod yr wythnos ddiwethaf yw honno yn llythyr Paul at y Philipiaid (4:19): 'A bydd fy Nuw i yn cyflawni eich holl angen chwi yn ôl cyfoeth ei ogoniant yng Nghrist Iesu.' Gobeithio y byddwch yn dod heddiw gan gredu'r addewid yma, ac y byddwch yn profi ei gwirionedd yn ystod y dydd. Tra 'mod i yn siarad amdanaf fy hunan, roeddwn yn meddwl y buaswn yn rhannu ychydig o'r modd y mae Duw yn delio â mi yn ystod yr wythnosau hyn. Nid fy mod fel arfer yn siarad amdanaf fy hunan (!), ond rwyf wedi dysgu gwersi pwysig yn ystod y cyfnod hwn. Gyda golwg ar fy hwyliau, mae hwnnw yn cael ei drin, ac yn ôl Dr Laura Jones a gwraig arall fyddaf yn ei gweld yn wythnosol, mae yna driniaeth feddygol sydd yn rhaid ei dilyn, a rhaid i afiechyd gael cyfle i wella, er gwaethaf fy amharodrwydd cynhenid i arafu a dadflino'n iawn. Yn union fel pe bawn wedi torri fy nghoes, rhaid aros i'r clwy' wella yn ei amser, ac fel anaf ar goes mae yna therapi ar gael, felly hefyd yn fy achos i. Mae'n amlwg bod Duw am ddysgu amynedd i un digon diamynedd!

Ond mae yna wersi eraill, yn bennaf y wers o gydnabod gwendid, o orfod cydnabod na allaf barhau i weithio heb hoe; gorfod cofio fy mod wedi fy ngeni cyn i mi gael fy ail-eni, fy mod wedi fy nghreu cyn i mi gael fy ail-greu. Yr hyn sydd yn bwysig i'r Cristion gofio yw mai corff sydd gennym ni hefyd, ac er godidoced y cyfoeth mae Duw wedi ei dywallt yn y 'llestr pridd', mae'n dal i fod yn 'lestr pridd'. Rwyf wedi gorfod dysgu cydnabod fy ngwendid o flaen Duw, ac o flaen pobl.

Gwers arall yw'r un a ddysgais wrth ddarllen am hanes gweinidog o'r Alban yn ystod y bedwaredd ganrif ar bymtheg. Roedd Robert Murray McCheyne yn weinidog yn Dundee, ac er mai bywyd byr a gafodd, gwnaeth gyfraniad mawr, a bu i Dduw arddel ei weinidogaeth. Un o'i ymadroddion mwyaf cofiadwy am y gofal sydd angen ei ymarfer gyda'r corff oedd hwn: 'Mae Duw wedi rhoi dau beth i mi: ceffyl ac Efengyl i'w chyhoeddi. Os byddaf yn rhedeg y ceffyl i'r ddaear ni fyddaf yn gallu cyhoeddi'r Efengyl.' Da iawn yw cael ein hatgoffa bod rhaid edrych ar ôl y corff ynghanol y brwdfrydedd o brynu amser i gyhoeddi anchwiliadwy olud yr Efengyl. Mae gan un o flaenoriaid yr ofalaeth ymadrodd gwerthfawr sydd braidd yn dweud yr un peth:

'Meirion, mae isio iti weithio heddiw, fel y medri di weithio 'fory'. Tebyg mai marathon yw ein bywydau yng Nghrist ac nid ras can medr, ac felly rhaid bod â golwg ar weithio i sicrhau ein bod yn gorffen y ras.

ADNABOD

Yn olaf, rwyf wedi dysgu bod Duw yn oedi ei atebion er mwyn ein dysgu, a hynny'n aml oherwydd ein bod mor araf i ddysgu. Mae Iesu'n dweud wrth ei ddisgyblion ei fod am oedi mynd i Fethania at Lasarus er mwyn iddynt ddysgu mai gallu Duw fyddai'n ei godi o farw, yn hytrach nag unrhyw beth arall. Doedd y disgyblion ddim yn deall ar y pryd, ddim mwy na'r emynydd William Cowper (rhif 50 yn yr hen lyfr). Mae Duw yn oedi, ond nid yw'n anghofio - mae'n aros i ni ddysgu, yna mae'n cyflawni ei addewid.

'Ynghudd yn nwfn fwyngloddiau pur
doethineb wir, ddi-wall,
trysori mae fwriadau clir:
cyflwynir hwy'n ddi-ball.

Bwriadau dyfnion arfaeth gras
ar fyr aeddfeda'n llawn;
gall fod y blodau'n chwerw eu blas,
ond melys fydd y grawn.'

ADNABOD
Am dro drwy'r flwyddyn

Yn ystod yr wythnos fe fu criw ohonom am dro i ben y Carneddau a chael amser godidog ar ddiwrnod braf anhygoel, er ychydig yn oer. Fel y digwyddodd, roeddwn wedi prynu copi o'r cylchgrawn cerdded - *'Country Walking'* sydd fel arfer yn cynnwys rhyw ddau ddwsin o deithiau ar gyfer diwrnodau yn yr awyr iach. Wrth fodio trwy'r tudalennau, dyma weld llun o Foel Tryfan ac enw Llansannan wedi'i argraffu yn fras ar frig y dudalen. Rhaid oedd ymchwilio, a darganfod bod y daith am y mis hwn yn cychwyn o'r swyddfa bost yn y llan, mynd â chi drwy dir Plas Newydd i Bryn, heibio'r Pandy, Penglogor, a Hwlffordd ac yna ar draws i gyfeiriad Cae Coed, Coed y Llys ac yn ôl i'r pentref. Roedd yr awdur wedi rhyfeddu at y golygfeydd a welodd, rhai sydd yn gyfarwydd iawn i ni, ac am gymell pawb a'i fam i dreulio diwrnod yn ymweld â'r lle. Rwy'n ymwybodol bod yna ddwy farn am y math yma o erthygl, yn wir am y math yma o weithgarwch. I rai, mae'n iechyd cael treulio amser allan, yn ymarfer y corff, yn clirio'r meddwl, ac yn mwynhau gogoniant y cread. I eraill, pla yw cerddwyr, pobl heb ddim digon i'w wneud sydd yn trampio ar draws tir pobl eraill, a llawer ohonynt yn gwbl anystyriol. Rwy'n cofio sylw o eiddo un na welai'r un diben mewn cerdded am filltiroedd, a hynny er mwyn cyrraedd y lle y cychwynwyd ohono!

    Oes rhywun yn teimlo fel hyn ynglŷn ag amser? Diwrnod ar ôl diwrnod, wythnos ar ôl wythnos, blwyddyn ar ôl blwyddyn, a braidd nad ydych ddim pellach na ble y cychwynnwyd ohono! Fel hyn mae un awdur yn crynhoi:
'Y mae'r hyn sy'n bod wedi bod eisoes, a'r hyn sydd i ddod hefyd wedi bod eisoes...'
Dyna dystiolaeth llyfr y Pregethwr yn yr Hen Destament. Iddo ef, mynd o amgylch mewn cylchoedd mae bywyd oni bai bod yr Arglwydd yn rhoi cyfeiriad neu bwrpas i'n bywydau. Gwastraff o fywyd, o ddiwrnod, o flwyddyn yw byw heb adnabod yr Un sydd wedi ein creu i bwrpas, ein creu i gerdded gyda'r Arglwydd Iesu. Yn ôl y Beibl, gwag fydd ein bywydau, gwag fydd ein blynyddoedd heb inni roi lle i Iesu Grist sydd wedi dod i lenwi'n bywydau, rhoi ystyr a chyfeiriad i'n cerddediad. Iesu yw'r un hwnnw. Yn ei gwmni Ef, mae yna ryfeddodau i'w gweld, mae yna wersi i'w dysgu, mae yna gyfeiriad a nôd i gyrchu ato, byw i ni yw byw iddo Ef. Ar ddechrau blwyddyn, does dim angen i hon fod yr un fath; mae Iesu am ei newid, am ein
newid ninnau. Beth am godi allan ar ei dechrau i adnabod yn bersonol yr Un sydd am roi i ni 'flas ar fyw'?

ADNABOD

Dechrau blwyddyn

Ar ddechrau blwyddyn, roedd un o'r hen ddiaconiaid yng Nghapel Pisgah lle cefais fy magu yn arfer dweud "mae'n ddalen hollol lân". Beth tybed fyddwn ni yn ei sgwennu ar y ddalen, ac yn fwy fyth, beth fydd Duw yn ysgrifennu arni? Gweddïwn y bydd Duw yn gweld yn dda heddiw i ysgrifennu drwy'r oedfaon ei bod yn ddydd o ras, yn gyfle newydd trwy ei amynedd, i frysio i roi ein calonnau iddo.

Mi fyddwch yn siŵr o fod yn edrych yn ôl ac yn edrych ymlaen - dyna fyddwn yn ei wneud ar ddechrau blwyddyn fel hyn. O edrych yn ôl, beth mae Duw wedi ysgrifennu yn llyfr ein bywyd hyd yn hyn? Pa brofiadau ohono, pa gyfarfyddiad ag Ef sydd yn sefyll allan yn y cof, a yw yno yn y gorffennol, neu a ydym yn gweddïo ac yn dymuno ar ddechrau blwyddyn fel hyn y bydd yr Arglwydd yn dechrau ymwneud â ni mewn ffordd newydd, ffordd bersonol, ffordd wyrthiol? Os dyna ein dymuniad, wel mae holl addewidion y Beibl o'n plaid. Meddyliwch am hyn:

"Agos yw'r Arglwydd at bawb sydd yn galw arno"; neu hwn, "Curwch, ac fe agorir i chwi".

Er fod yna wythnosau, misoedd, hyd yn oed blynyddoedd yn mynd heibio a ninnau'n crwydro ymhell oddi wrth yr Arglwydd, mae'n parhau'n agos, yn dymuno agor drws trugaredd a maddeuant i bawb sy'n dymuno hynny, yn wir edifeiriol am bechod, ac yn awyddus i lynu wrth Iesu Grist fel Gwaredwr ac Arglwydd.

Mae'n rhyfeddod fod y cyfle hwn yn dod i ni fel unigolion ac yn dod inni fel eglwysi eto heddiw. Petai Duw fel dyn, mi fuasai wedi rhoi i fyny arnom, mi fuasai wedi ein gadael i'n tynged. Diolch nad 'ein ffyrdd ni yw Dy ffyrdd Di'. Mae gras y Nefoedd yn hollol wahanol i unrhyw beth a wnawn ei ddarganfod yn y byd yma, mae'n dod o fyd arall, o'r Nefoedd ei hun. I Dduw y bo'r diolch am ei gariad, ei amynedd a'i hirymaros. Gwnawn yn fawr o'r cariad hwn heddiw, a hynny ar ddechrau blwyddyn, fel unigolion ac fel eglwysi, fel y bydd y flwyddyn hon yn flwyddyn hollol wahanol yn ein hanes.

ADNABOD

Diwrnod newydd – diwrnod gras

Wrth wynebu blwyddyn newydd fel hyn, mae'n sicr yn adeg dda i ystyried yr hyn a ddisgwyliwn, yr hyn a ddymunwn a'r hyn a ofnwn wrth edrych ymlaen. Mae'n arfer blynyddol bellach i ni wneud hyn, er mae'n anodd cofio pa gasgliadau a ddaethom iddynt yr adeg hon y llynedd.

Un o'r gwendidau sydd yn perthyn i'n natur yw'r gallu i anghofio'r hyn ddylem eu cofio, ac i gofio'r hyn ddylem eu hanghofio. A dyna ni'n sôn am natur eto. Mae'n amhosibl gor-bwysleisio'r hyn a ddywed y Beibl am ein natur ni. Yn ein natur y mae pechod, yn ein natur mae ein gwrthryfel yn erbyn Duw, yn ein natur mae ein balchder, yn ein natur mae anufudd-dod, yn ein natur mae'r anallu i gofleidio Iesu. Mi fuasai'n anodd iawn i ni ddeall ein hunain heb ddeall hyn. Pam nad ydym yn gwneud yr hyn sydd yn iawn? Pam rydym yn pechu? Pam na ddilynwn ni'r Arglwydd? Pam na all Iesu fod yn y canol fel y mae'n haeddu?

Mae'r byd am ein dysgu fod popeth a wnawn yn bethau rydym wedi eu dysgu, ond nid yw hyn yn gwbl wir. 'Does neb wedi ein dysgu i bechu, dim ond ein dysgu sut mae gwneud hynny mewn gwahanol ffyrdd. Does neb wedi ein dysgu i wrthod Duw, dim ond ein dysgu sut i bentyrru esgusodion neu 'resymau' dros hynny. 'Does neb wedi ein dysgu i gefnu ar Iesu, a gwrthod rhoi'r lle priodol iddo yng nghanol ein bywydau, dim ond ein dysgu i daflu'r bai ar eraill am hynny. Lle mae'r Beibl yn dweud fod y clwy' yn ein natur, yn ein calon, mae'r byd am ddweud fod y bai ar y byd, ar y gymdeithas, ar y teledu, ar y papur newydd, ar y cylchgronau, ar ieuenctid ac yn y blaen. Mae'n gysur da i lawer ar ddechrau blwyddyn fel hyn fod y bai a phob problem ym mhobman ond nid yn ein calonnau! Yn ein calon, yn ein natur y mae'r angen, a dyna pam ar ddechrau blwyddyn mae Iesu yn dod atom fel unigolion ac yn dweud eto, *'Mae'n ddydd gras'*. Gall y flwyddyn hon fod yn un newydd i bob un ohonom, oherwydd mai newid natur, newid y galon a wna Iesu. Dyma feddyg bendigedig, yn medru gwella ein clwy', ond, yn anffodus, mae yna gynifer ar ddechrau'r flwyddyn yn meddwl eu bod yn gwybod yn well na'r meddyg!

ADNABOD

Ymateb mewn addoliad

Am faint o amser, tybed, fedrwch chi ganolbwyntio mewn oedfa? Wrth ofyn y cwestiwn, rwyf yn cydnabod fy anallu yn bersonol i gadw fy meddwl yn glir ar rai achlysuron. Byddaf yn mynd i amryw byd o gyfarfodydd, ac o bryd i'w gilydd, petai rhywun yn gofyn i mi am gyfraniad, mi fyddai rhaid cydnabod nad oes gennyf syniad yn y byd am yr hyn y byddai'r unigolyn yn ei geisio. Mi fydd fy meddwl wedi crwydro, yn arbennig felly os nad yw'r testun o dan sylw yn rhywbeth sydd o ddiddordeb, neu yn rhywbeth y byddaf yn tybio sydd yn ymylol.

Sylwaf fod yna amgylchiadau sydd yn medru hwyluso'r diffyg canolbwyntio yma. Os byddaf wedi blino, os bydd yna bethau eraill ar fy meddwl, os bydd y sawl sy'n siarad neu'n cyfrannu yn hirwyntog neu'n ddiflas, mi fydd fy meddwl bach yn mynd i bobman!! Ond y rheswm pennaf, rhaid cydnabod, yw diffyg dealltwriaeth neu ddiffyg diddordeb, ac o bryd i'w gilydd, meddwl sydd wedi ei berswadio nad oes dim byd newydd na sialens i mi yn y cyfarfod.

Nawr, beth am y cwestiwn? Fyddwch chi'n cael oedfaon yn ddigwyddiadau diddorol? Fyddwch chi'n cael oedfaon yn bethau hir a beichus? Fyddwch chi'n dod allan gan feddwl fod yna rannau helaeth na allwch alw i gof o gwbl? Fyddwch chi'n disgwyl rhywbeth newydd neu ryw sialens i beri newid personol ynddoch o ganlyniad i ddod i'r oedfa?

Mi fyddaf yn sylwi fod nifer helaeth yn dal i blygu pen wrth ddod i mewn i'r capel. Heddiw, beth am wneud adduned i weddïo'r weddi yma:

'Dad, diolch am gael bod yma. Yr wyf yn dod o ganol bywyd prysur ond dw'i am d'addoli di. Dw'i am ddefnyddio fy llais a'm meddwl i'th ganmol di. Diolch dy fod yn gwybod beth sydd ar fy nghalon. Dw'i am ddeall dy eiriau. Heddiw, dw'i am adael i ti siarad efo mi. Rwy'n credu fod yna bethau rwyt ti am eu newid yn fy mywyd. Rwy'n agor fy nghalon i ti Arglwydd Iesu. Ysbryd Glân, cyffwrdd fy nghalon, cyffwrdd fy mywyd. Amen.'

ADNABOD

Breuder bywyd

Bûm mewn dwy angladd dros y deuddydd diwethaf. Roedd y naill yn Aberystwyth, nain i ŵr fy chwaer, a hithau wedi marw wedi cyrraedd ymhell dros ei naw deg oed. Heddiw bûm yn angladd bachgen oedd yn ddim ond naw ar hugain oed. Roedd y ddwy oedfa'n wahanol iawn i'w gilydd fel y byddech yn ei ddisgwyl, ond yn y ddwy roedd yna hiraeth a galar, a'r ymwybyddiaeth o golled yn amlwg iawn.

Mae bywyd yn frau iawn, mae'r Beibl yn ei ddisgrifio fel 'tarth y bore'. Gwn yn dda am niwl y bore gan fy mod wedi fy magu wrth ymyl afon, ac ar fore o wanwyn, mi fyddem yn aml wedi ein gorchuddio, hyd nes i'r haul anweddu'r tarth yn llwyr a hynny'n dawel a braidd yn ddiarwybod inni.

'Does dim angen i ni gael ein dysgu am ansicrwydd bywyd, ond yn rhyfedd iawn, mae angen inni gael ein dysgu i beidio ag ymddiried na phwyso gormod ar y bywyd hwn. Os yw'r cyfan y medrwn gyffwrdd ynddo yn ddiflanedig, yn feidrol, mae angen inni gael ein hatgoffa bod sylfaen ein ffydd nid yn ddi-sigl, er yn anweledig. Mae Paul yn sôn am y gobaith tragwyddol sydd gennym a'r sicrwydd a berthyn i'n ffydd yn Iesu Grist: 'dim ond inni gadw'n golwg, nid ar y pethau a welir, ond ar y pethau na welir. Dros amser y mae'r pethau a welir, ond y mae'r pethau na welir yn dragwyddol.' Rhodd Duw i ni yw ei annwyl fab, Iesu Grist, a ddywedodd:

'Fy ngeiriau i, nid ânt heibio ddim.'

ADNABOD

Gwario gwerthfawr

Wrth ysgrifennu'r 'Llais' heddiw, rwyf newydd sylweddoli fod y cyfrwng a ddefnyddiaf yn un drud anghyffredin. Peth anodd i Gardi yw gorfod gwario arian, ac mae cyfrifiaduron yn sobr o euog am ddwyn arian. Nid yn unig rydych yn gorfod gwario yn helaeth i'w gael, ond ar ôl pedair neu bum mlynedd, rhaid prynu un arall, a hynny oherwydd bod meddalwedd newydd yn mynnu mwy o gof a mwy o gyflymder ym mol y peiriant. Wrth gwrs, tydi hyn ddim yn angenrheidiol, gallwn yn hawdd beidio gwario a naill ai dibynnu ar eiddo pobl eraill, neu ddefnyddio'r hen beiriant copïo adawodd Eric Jones ar ei ôl yn nenfwd y tŷ. Yn anffodus, mi fuasai hynny'n cyfyngu ar bethau fel Llais Aled, Cyfarfodydd Plant, Cyfarfodydd Ieuenctid, heb sôn am bethau fel safle ar y we neu gyflwyno'r bregeth ar daflunydd digidol!

Peth arall sydd yn llyncu arian yn ein tŷ ni yw'r car, a'r angen sydd i fynd â hwnnw i mewn i'r garej am wasanaeth neu i'w atgyweirio'n gyson. Yr ateb syml i'r broblem honno fyddai prynu ceffyl, a gofyn am damaid o dir gan ryw amaethwr caredig. Yn anffodus, mi fyddai hynny'n effeithio'n sylweddol ar fy ngallu i wneud y gwaith, ac i'r rhai hynny sydd yn cwyno nawr nad ydych yn fy ngweld, mi fyddai wedi canu arnoch wedyn!

Mae yna apêl ramantus i ffordd ddoe o fyw, ac i brofiadau ddoe, ond yn anffodus, 'does ganddynt fawr i'w gynnig i fywyd heddiw. Yn yr un modd dim ond os cânt eu cryfhau gan brofiadau heddiw y gall profiadau ddoe fod yn werthfawr i ni. Rhaid adnewyddu ein perthynas â Duw o ddydd i ddydd, a chyflwyno iddo mewn gweddi ein holl anghenion ysbrydol, a hynny yn enw Iesu Grist. Yn ddiweddar fe fu'r plant yn gwneud cyfres o'r enw Garej y Gair yn y cwrdd plant, ac mae'n dda tystio pa mor llesol yw i'n bywydau a'n calonnau ddod i'r garej yma yn gyson. Mae'n ddrud i ddilyn Iesu, mae'n fynych yn torri ar draws ein bywydau, ond mae'n sobr o werthfawr. Mae'n aml yn golygu newid personol, gan fod Iesu'n mynnu ein dwyn i dir newydd, ond mae'n fwy na gwerth yr ymdrech.

ADNABOD

Cwmwl y gogoniant

Roeddwn mewn cyfarfod gweddi bore ddoe o dan arweiniad y Parch Bryn Williams. Cyn mynd i weddi, darllenodd Bryn ran o'r bennod olaf yn llyfr Ecsodus. Ar y cychwyn roedd yn anodd deall pa arwyddocâd oedd gan y bennod, oherwydd sôn y mae am Moses yn adeiladu'r Tabernacl, a'r manylder oedd yn gysylltiedig â hynny, ond wrth iddo ddarllen ymlaen, fe glywn, wedi gorffen y gwaith, mai cwmwl presenoldeb Duw ei hun oedd yn cysgodi dros y Tabernacl, a Duw ei hun yn dod i ganol gwersyll yr Israeliaid.

Trwy ragluniaeth, wedyn agorodd Bryn y Beibl yn yr wythfed bennod o lyfr cyntaf y Brenhinoedd, lle ceir sôn am Solomon yn adeiladu'r Deml gywrain, ac eto, wedi gorffen y gwaith mae gogoniant yr Arglwydd yn cysgodi dros y lle, a phresenoldeb Duw yn newid adeilad i fod yn le o fendith arbennig y diwrnod hwnnw. Y gyfrinach yn y ddau ddarlleniad yw bod Duw yn rhoi gwaith i ni i'w wneud, ond yn y diwedd dim ond ei fendith ef sydd yn tycio, a dim ond ein Duw sydd yn caniatáu i'w ogoniant gael ei weld. Mae'n wir am ein bywydau personol hefyd; mae Duw'n gorchymyn i ni edifarhau a dewis Iesu, ond Duw yn unig drwy ei Ysbryd Glân sydd wedyn yn medru newid ein bywydau. Yn yr un modd mae Duw'n rhoi gwaith i'w Eglwys, ond Duw yn unig sy'n peri i'w lewyrch godi ar y gwaith hwnnw. Yn Ioan 1:14, fe ddywed yr awdur ei fod wedi gweld y gogoniant hwn, a hynny ym mherson Iesu Grist, Ei unig Fab, yn llawn gras a gwirionedd.

Yn Iesu, mae pechadur yn gweld gogoniant Duw, yng nghwmni Iesu, a thrwy gadw eu llygaid ar Iesu, mae'r Eglwys yn adnabod presenoldeb Duw. Heddiw, gweddïwn am ras i weld y gogoniant sydd ym Mab Duw, golwg fydd yn newid cyfeiriad ein bywydau, a'r un modd yn newid yr argoelion ar gyfer ein heglwysi. Nid ar adeilad mae'r 'cwmwl' hwn yn disgyn bellach, ond ar unigolion ac ar bobl, ar gymdeithas. Nid gogoniant adeilad ond gogoniant person yw'r olygfa y dymunwn ni ei gweld. Boed i Dduw, trwy ei Ysbryd, drugarhau ac agor ein llygaid.

ADNABOD

Milwyr yn milwrio!

Rwyf wedi teithio a siarad tipyn yn ystod yr wythnos ddiwethaf ac un o'r pethau rwyf wedi sylwi arno o'r newydd yw bod nifer fawr o bobl yn isel iawn eu hysbryd wrth wynebu dyfodol Eglwys Dduw. Mae hyn yn peri eu bod, yn eu tro, yn araf i ymateb i'r her sydd yn ein hwynebu, ac ar yr un pryd yn teimlo fod pob ymdrech yn ddibwrpas. Bûm yn siarad gyda gweinidog oedd yn edrych ymlaen at ymddeol, ac yntau prin yn hanner cant oed, ac ar yr un pryd roeddwn yn siarad ag aelod ifanc oedd yn tybio mai'r peth gorau fedrai ei wneud oedd cadw pen yr eglwys uwchlaw'r dyfroedd.

Mewn cyfarfod yn Llandrindod nos Fercher diwethaf, roedd Elfed Gooding, ysgrifennydd y Gynghrair Efengylaidd, yn ein cyfeirio at y ffaith i'r Eglwys Fore lwyddo i wynebu'r her drwy ymosod ar y byd. Yn ei eiriau ef, mae'r dewis rhwng, *"fortress or frontier mentality"*. Mae'r un dewis yn wynebu'r Eglwys heddiw, a ydym am ddiogelu'r gaer, neu fynd allan ohoni i ymladd a gorchfygu'r gelyn yn nerth yr Arglwydd Iesu? Nid nad oes angen Eglwys gref, sydd yn sicr o'i chredo, o'i hargyhoeddiadau, ond gall gôrbwyslais ar geisio cryfhau'r gaer beri bod y brwydrau mae Duw yn ein galw iddynt yn cael eu hesgeuluso neu eu hanwybyddu'n llwyr. Gallwn ni fel eglwysi, fod yn treulio llawer o amser yn edrych ar yr hyn sydd gennym, heb sylweddoli bod yr Un sydd drosom, Iesu Grist, yn fwy na phob gallu llawn drwy'r byd a'r Nef. Mae Crist eisoes wedi ennill ein buddugoliaeth, ein gwaith ni yw mynd allan yn awr i feddiannu'r tir. Gweddïwn am ras i gael ein tanio i symud ymlaen, i edrych allan, ac i ddirnad ein galwad i fod yn Eglwys yn y byd, nid yn eglwys o fewn yr Eglwys.

Dylai'r un peth fod yn wir yn ein bywydau personol, gan mai'r un fuddugoliaeth sydd wedi ei hennill i ni fel unigolion. Mae'n siŵr eich bod wedi clywed am y person a fu'n poeni am ei iechyd i'r fath raddau fel y bu i gyfleon bywyd ei basio yn gyfan gwbl. Mae iechyd yn bwysig, ac mae iechyd ysbrydol yn eiddo i ni yn yr Efengyl, a gyda golwg ar hyn, awn allan i fyw bywyd Iesu yn y byd, gan brofi ei gariad yn nerth newydd ynom.

ADNABOD

Rhedeg at nod

Wrth feddwl yn ystod y dydd beth hoffwn ei rannu â chi yn Llais Aled heddiw, roeddwn yn gwneud hynny o ganol prysurdeb diwrnod arall. Byddaf braidd yn teimlo fy mod wedi fy nal mewn byd sydd yn gwneud mwy a mwy ac yn cyflawni llai a llai. Caf fy atgoffa o'r mochyn cwta oedd yn arfer byw yn Heulfryn (un o'r pethau hynny roedd yn rhaid i'r plant ei gael am ryw gyfnod). O'm gwely, byddwn yn clywed hwnnw'n rhedeg ar ei olwyn yn ddi-baid, ond er mynd a mynd am oriau, roedd yn yr un fan yn y bore - wedi blino'n lân, ond heb symud i unman. Un o'r rhesymau mae Catrin yn ei roi am ddiffyg brwdfrydedd mewn gwersi ymarfer corff yw bod yr athrawes yn eu gwahodd i redeg mor gyflym ag sy'n bosibl, a hynny rownd y trac er mwyn cyrraedd y lle'r oedd yn sefyll cyn cychwyn. Mae'n siŵr fod eraill ohonoch yn gweld yr un ffordd â hi yn y maes hwn!

Mae yna sôn am redeg ras yn y Beibl. I Paul, rhedeg mewn ras oedd y darlun a ddefnyddiai i ddisgrifio ei bererindod ysbrydol. Ond nid rhedeg oddi amgylch mewn cylchoedd heb symud ymlaen oedd hyn, yn hytrach rhedeg yn syth, rhedeg i ennill y dorch yr oedd Crist yn ei chadw ar ei gyfer yn nhragwyddoldeb. Roedd ganddo ddealltwriaeth o fywyd oedd yn llinell syth o'r cychwyn i'r diwedd. Ar y llinell hon roedd amryw o fannau nodedig, e.e. ei gyfarfyddiad â Iesu, ei brofiadau o fendith, ei brofiadau o wrthwynebiad, ac yn y blaen, a'r cwbl yn ei gymell i ddal ati i symud yn gyflym at ddydd Iesu Grist.

Pa fath o fywyd ydych chi'n ei fyw? Ai mynd oddi amgylch mewn cylchoedd, neu redeg mewn llinell syth gan anelu at sylwedd go iawn fyddwch chi? Pa fath o brofiadau sydd gennych wrth edrych yn ôl? A yw cwrdd â'r Iesu yn un ohonynt? Oes cof gennych am roi eich bywyd Iddo? Oes bendithion wedi bod? Oes yna dreialon wrth geisio byw'n ufudd? Mae bywyd pob Cristion yn amrywio, ond mae yna rai pethau sy'n gyfarwydd. Mae Duw yn mynd â ni gyd trwy fywyd ar hyd ffyrdd gwahanol, ond mae'n mynd â phob un o'i bobl heibio i'r un llefydd. Mae cael bywyd newydd, cael gras, cael maddeuant, cael nerth, a hiraethu am gael bod fel Iesu, hiraeth am gwmni Iesu, yn arwyddbyst y byddwn yn cofio mynd heibio iddynt os ydym yng Nghrist. Yng Nghrist, nid cylchoedd dibwrpas, di-fflach, yw'n bywydau, ond bywydau â chyfeiriad, gwerth, datblygiad ysbrydol â nod clir i bawb sy'n barod i ymddiried ynddo.

ADNABOD

Bywyd go iawn

Tybed glywsoch chi am yr helynt a fu yn nhŷ'r "Brawd Mawr"? Yn ôl pob sôn, aeth un neu ddau ohonynt yn y lle diarhebol yma i'r afael â'i gilydd; bu raid galw'r heddlu a malwyd y lle'n grybibion. Nid fy mod wedi gwylio'r fath sothach yn fy myw, ond clywais gyfeirio at y mater ar y radio fore Gwener, a thrafodaeth fawr yn dilyn wrth holi am briodoldeb rhaglenni o'r fath. Maent i fod i ddarlunio 'bywyd go iawn' ond sut yn y byd mae hyn yn bosibl a'r cynhyrchwyr wedi mynd ati i ddewis pwy gaiff fod yno, o dan ba amgylchiadau, ac ar ben y cyfan, ar yr amod y dangosir popeth a wnewch ar y teledu? Does dim rhaid imi ddweud pa mor ddigalon yw'r fath 'ddiddanwch' ac mae'n anodd gweld sut mae'r Cristion yn medru gwastraffu ei amser yn gwylio'r fath ffars! Mae'n debyg ei fod yn arwydd o'm hoed, ond waeth imi ddweud wrthych fod y math hwn o deledu, gan gynnwys operâu sebon, yn ormod i mi, a hynny'n fynych oherwydd eu bod yn aml y peth pellaf posibl oddi wrth fywyd go iawn.

Wedi bod yn meddwl am hyn, rwyf yn gynyddol ymwybodol mai dihangfa yw hyn i lawer o bobl allan o'r 'bywyd go iawn' y maent yn gorfod ei fyw o ddydd i ddydd. All neb ddewis yr amgylchiadau, all neb ddewis pa bobl yn gwmni. Ac eto, dyma'r bywyd y mae'n rhaid i ni ei fyw, ein bywyd go iawn, ein hamgylchiadau go iawn, gyda'r bobl hynny sydd yn ein teuluoedd, ein cymdogaeth, yn ein capeli. Ond, y gwirionedd bendigedig yw, 'does dim rhaid i ni geisio dyfalu sut mae byw, dyfalu o ble daw'r amynedd, y dyfalbarhad, y nerth i barhau. Mae atebion y Cristion yn ei berthynas â Duw a'i Fab, ein Gwaredwr Iesu Grist. Dyma'r berthynas sydd yn gwneud synnwyr o bob perthynas arall, ac yn rhoi cyfeiriad, nôd a phwrpas wrth i ni fyw ein bywydau yng ngolwg yr Arglwydd. Wedi dod i'r berthynas, mae'r Beibl yn gyfarwyddyd i'n henaid, ei orchmynion yno i'n cyfeirio, a'i addewidion i'n nerthu a'n cynnal. Mae'n llyfr byw a pherthnasol, oherwydd rydym mewn perthynas bersonol gyda'i awdur. Yn anffodus, mae rhai am ei ddeall, am brofi ei gymorth heb yn gyntaf brofi'r berthynas. Dod at Dduw ei hunan, ein Tad, a hynny trwy dderbyn Iesu'n Waredwr personol, dyna rydd ystyr i'n bywydau go iawn, a'n nerthu i fyw bob dydd, beth bynnag fo ein rhan.

ADNABOD

Cwmni da

Oes yna bethau y byddwch yn gorfod eu gwneud sydd yn cael effaith negyddol ar eich bywyd ysbrydol? Cyn ateb y cwestiwn, beth am holi ydy'ch bywyd ysbrydol yn rhywbeth real i chi? Gwaith Duw ym mywyd unigolyn yw ei godi o farwolaeth ysbrydol drwy'r Ysbryd Glân, ac ar sail gwaith Iesu Grist drosom ar y Groes, maddau ein pechodau a rhoi bywyd newydd i ni. Mae'r cwestiwn sydd ar ddechrau'r paragraff yn delio â'r bywyd newydd yma. A ydym yn adnabod y bywyd newydd, y bywyd ysbrydol? Os gallwn ateb yn gadarnhaol, tybed a ydych, fel finnau, yn cael bod yna wasgfa ar y bywyd hwn o bryd i'w gilydd. Mae yna ryw ddigwyddiad, rhyw amgylchiad anorfod, rhyw gwmni, rhyw bechod, sydd yn gwneud i bethau sydd i fod yn werth mwy na'r byd, i ymddangos yn ddi-flas yn ein henaid.

Yn y cwrdd gweddi'r noswaith o'r blaen, roeddwn yn cyfeirio at y gwirionedd fod yr Ysbryd Glân gyda ni'n wastad, ond, ein bod yn cael ein hunain ar donfedd wahanol o bryd i'w gilydd, nid tonfedd yr Ysbryd. Beth yw rhai o'r pethau sy'n achosi hyn? Un o'r pethau, dybiwn i, yw esgeuluso cwmni da, cwmni adeiladol, cwmni sydd yn ein hannog ymlaen yn ein cerddediad ysbrydol. Mae'n anochel y byddwn yn treulio'r rhan fwyaf o'n hamser yng nghwmni pobl nad ydynt yn Gristnogion oherwydd na fydd y mwyafrif byth yn cofleidio Iesu fel Arglwydd a Gwaredwr. Tra bod yna nifer fawr o bobl yn meddu ar ddyneiddiaeth dda, yn gwmni digon difyr, yn bobl y medrwn ddysgu oddi wrthynt, ac yn bobl y dylem rannu'r Efengyl â hwy mewn ffyrdd ymarferol, nid ydynt yn mynd i'n hannog i fwy o dduwioldeb.

Mae'r Ysgrythur yn pwysleisio cwmni'r saint fel rhywbeth na ddylem ei esgeuluso, yn pwysleisio gwerth ymgynnull at ein gilydd fel rhywbeth y dylem ei drysori. Mewn cenhedlaeth lle mae pawb yn byw bywydau annibynnol a phrysur, mae'n ddigon rhwydd i'r pwyslais hwn fynd ar goll. Mi fyddwn yn saff o weld ei ôl ar ein bywydau ysbrydol. Mae gan y byd ei flaenoriaethau, ei athroniaeth, ei werthoedd. I ddiogelu ein bywyd ysbrydol, mae angen rhoi amser i'r cwmni yma, yn y cwrdd, ac yn ein tai.

ADNABOD

Sefyll mewn llif

Wrth deithio i lawr am Aberystwyth yn ystod yr wythnos, sylwais ar y nifer o dirlithriadau sydd wedi effeithio ar ochrau'r llechweddau a'r bryniau o boptu Bwlch Tal y Llyn. Yn ystod y glaw mawr ddechrau'r mis diwethaf y digwyddodd y cwbl, gyda phwysau a chyflymder y dŵr ar wyneb y tir yn peri fod darnau helaeth o'r ochrau wedi eu golchi i lawr i'r dyffryn. Erbyn hyn, mae yna beiriannau mawr wrthi'n ceisio ers dyddiau i gywiro'r hyn y llwyddodd y glaw i'w wneud mewn eiliadau.

Un o'r pethau anodd yw meddwl bod y tir a ymddangosai mor gadarn, wedi cael ei symud mor rhwydd, a gwyrddni'r ochrau wedi ei drawsnewid yn llif mwdlyd ar amrantiad. Yn yr un modd, gall stormydd dorri ar draws ein bywydau ninnau. Fe ddaw pob math o ragluniaethau croes, a'r cwbl yn medru ysgwyd ein hyder a'n sicrwydd. Yn hyn, mae'n arbennig o bwysig ein bod yn sefyll ar graig, ar dir cadarn. Yn y Beibl, adnabyddiaeth bersonol o Iesu yw'r unig dir cadarn i'n heneidiau a'n calonnau ni. Nid ein bywydau personol, nid ein teuluoedd, nid ein cefndir, nid ein crefydd, nid ein gweithredoedd, ond ein Harglwydd Iesu Grist yw unig sail dedwyddwch parhaol i'n bywydau.
dyma gryfder, sydd yn dal y pwysau i gyd '.

ADNABOD

Annigonolrwydd crefydd

Yn ystod yr wythnos, rwyf wedi bod yn cyfieithu'r rhifyn nesaf o 'Bob Dydd Gyda Iesu'. Y thema'r misoedd nesaf fydd 'Gwarant Duw', sef yr addewid yn 2 Pedr y bydd Duw yn sicr o gadw'r bobl hynny sydd yn penderfynu dilyn ei Fab, ac yn dyfalbarhau hyd y diwedd. Un o'r themâu yn y llyfryn yw'r angen i adnabod gras Duw fel yr unig arfogaeth i'n dwyn o afael marwolaeth ein natur, a'n dwyn drwy farwolaeth, i fywyd newydd, bywyd tragwyddol yr Efengyl.

Yn fynych byddaf yn sylwi fod pobl yn credu mai ymdrech bersonol yw Cristnogaeth. Mae angen i ni wneud ein gorau, i ni wylio ein tafodau, i ni wylio ein meddyliau, i ni fod yn ofalus o eraill, bod â chonsyrn dros y byd, ac yn y blaen. Mae'r pethau hyn i gyd i fod yn bethau pwysig ym mywydau Cristnogion, ond y gwir amdani yn y Beibl yw fod yna lawer gormod o ddibyniaeth ar y 'ni' yn y rhestr uchod heb sylweddoli ein bod yn ddi-nerth i wneud dim byd sydd yn dda yng ngolwg y Nefoedd heb nerth gras Duw ynom, a grym ei Ysbryd Glân yn ein cynorthwyo.

Mae'n rhyfedd meddwl fod cynifer o bobl wedi dyfeisio crefydd sydd yn gwbl ddyn-ganolog. Ble mae'r berthynas â Duw? Ble mae'r berthynas â Iesu Grist? Ble mae'r adnabyddiaeth o rym a phresenoldeb yr Ysbryd Glân? Ble mae'r bobl sydd yn pwyso ar adnoddau ysbrydol i frwydro brwydr ysbrydol? Mae hyn wedi arwain nifer yn yr ofalaeth i ddarganfod nad oes mewn crefydd o'r fath le i addoli, na lle i gyd-addoli gyda phobl Iesu, na lle i ddysgu o wirionedd y Beibl, na lle i wasanaethu Duw yn ein bywydau. Mae'n crefydd yn ddynol ac felly nid oes angen cymorth ysbrydol. Ni, a rhai tebyg i ni, yw'r awdurdod ar beth sydd yn iawn, ac felly does dim diben mynd i weld beth sydd gan Dduw i'w ddweud am fywyd. Byw bywyd heddiw sydd yn bwysig, gwneud ein gorau heddiw, nid poeni am fyd ysbrydol tragwyddol, ond trwy'r cwbl, i gyd mae pobl yn mynnu mai hyn yw 'Cristnogaeth'.

Nid dyma Gristnogaeth y Beibl, nid dyma Gristnogaeth ein tadau. Iddynt hwy, adnabod Iesu, ac adnabod ei gariad a'i ras yw hanfod y ffydd. Dim ond wrth i ni sylweddoli hyn, y gallwn wedyn ddirnad y gwirionedd nad nerth personol, ond nerth Duw sydd yn ein galluogi i dyfu fel Cristnogion a diogelu ein meddyliau, ein geiriau, a'n gweithredoedd.

ADNABOD

Symud tŷ

Yn ddiweddar, helpais fy rhieni yng nghyfraith i symud tŷ. Aeth y gwaith yn ddigon hwylus ar y cyfan. Fe synnais at faint o daclau all pobl eu hel dros y blynyddoedd, a ble yn union roedd y ddau yn cael lle i'w cadw. Symudon nhw i dŷ teras toc ar ôl priodi, union ddeugain mlynedd yn ôl, a does ond pump ystafell yn y tŷ i gyd. Ond, er gwaethaf hynny neu oherwydd hynny, roedd pob twll a chornel yn llawn, ac er bod y celfi yn bethau hawdd iawn i'w symud, roedd estyn y papurau, cylchgronau, taclau o bob math, a thrugareddau eraill, yn gwneud imi feddwl fod y ddau yn perthyn rywfodd i bioden!

Ac eto, mae'n siŵr ei fod yn deimlad digon chwithig iddynt, gadael y tŷ ble roeddent wedi cychwyn bywyd priodasol ynddo, magu dwy ferch, a chroesawu pump o wyresau ac wyrion. Yno hefyd cynhaliwyd sawl cyfarfod gweddi, cyfarfodydd pobl ifainc, lletya pregethwyr, a llu o ddigwyddiadau eraill. I esmwytháu ychydig ar eu cur, maent bron yn medru gweld yr hen le o'r tŷ newydd, gan nad oedd fy nhad-yng-nghyfraith yn awyddus i symud yn rhy bell!

Parodd hyn i mi sylweddoli nifer o bethau am fy mywyd ysbrydol fy hunan. Un o ddisgrifiadau'r Beibl wrth gyfeirio at Iesu, yw ei fod yn 'Briod' i'w bobl, a gallwch ddisgrifio'r profiad o'i adnabod ef am y tro cyntaf fel priodas. Ar y cychwyn mae cariad yn ffynnu, sêl a brwdfrydedd yn amlwg, ond fel yr aiff y blynyddoedd heibio, mi fydd yna hel taclau ac mae'r lle yn cael ei lenwi gan amryw o bethau eraill, fel yn y diwedd nad oes fawr o le o gwbl i'r Iesu.

Ymhellach, gwelais fod mam Sarah yn gyndyn o adael inni gael gwared â rhai o'r pethau hynny roedd hi wedi eu casglu, ac felly gall Cristnogion fod, yn ystyfnig, yn dal gafael mewn pethau sydd yn gwneud dim lles ysbrydol o gwbl. Felly yn hanes yr Eglwys, mae newid lle, newid cyfeiriad, gollwng gafael mewn pethau oedd yn iawn yn eu cyfnod, ond sydd bellach yn medru bod yn rhwystr, yn anodd anghyffredin. Gall fod yn broses boenus, ac er ei fod yn bwysig ein bod yn dal gafael yn y pethau hynny sydd yn anhepgorol, dal gafael yng ngwirionedd yr Efengyl, dal gafael yn y cwrdd gweddi, pregethu, lle canolog i'r Beibl, mae yna lu o bethau eraill oedd ond yn briodol yn eu cyfnod yn unig.

Mae dod at Iesu'n golygu newid llwyr yn ein bywydau; rydym yn codi o farwolaeth i fywyd, yn symud o dywyllwch i oleuni. Ac yna, wedi dod ato

35

ADNABOD

ef, mi fydd yn parhau i'n galw i newid, i newid ein hagwedd hunanol, i ildio ein diffyg cariad a maddeuant, i ffarwelio â'r pethau hynny sydd yn ein rhwystro rhag bod yn debyg i Iesu ei hunan. Gall hon fod yn broses boenus, ac mae'r Ysgrythur yn gofyn inni 'aberthu' er mwyn Iesu. Ydyn ni'n ei garu ddigon i wneud hynny? Nid penderfyniad personol, ond canlyniad i gariad ato fydd yn rhwyddhau'r gwaith.

ADNABOD

Cael bywyd yn yr Iesu

'Gan mai trwy ddyn y daeth marwolaeth, trwy ddyn hefyd y daw atgyfodiad y meirw. Oherwydd fel y mae pawb yn marw yn Adda, felly hefyd y gwneir pawb yn fyw yng Nghrist.'

Mae yna ryfeddod, mae yna ogoniant, mae yna obaith byw a thragwyddol yn y newyddion da ddaeth ym mywyd, marwolaeth ac atgyfodiad Iesu. Meddyliwch yn wir bod ein cyflwr truenus yn Adda, a'r diwedd truenus sydd yn ein disgwyl oherwydd ein bod yn deulu i hwnnw, yn cael ei drawsnewid yn llwyr pan ddown at Iesu Grist. Pan mae Duw yn ein tynnu at Iesu, mae pechod yn cael ei faddau trwy ei farwolaeth Ef, ac mae bywyd yn dod yn eiddo i ni, a hyd yn oed i'r corff yma sydd yn darfod. Mae'r adnod yn dweud fod pawb sydd yn credu yn Iesu yn cael bywyd Iesu. Os ydym i gyd yn farw fel plant Adda, mae Cristnogion yn blant Duw, a thrwy Fab Duw, yn sicr o etifeddu'r bywyd tragwyddol y mae'n ei gadw ar ein cyfer.

 Mewn priodas yn ddiweddar, cefais achos i ddweud mai hanfod neges yr Efengyl yw bod Iesu Grist wedi ein rhoi ni, ei elynion, o'i flaen Ef ei hunan, o flaen bywyd y Nefoedd, o flaen ei fywyd ei hunan ar ben Calfaria. Dweud yr oeddwn, bod rhoi dymuniadau ein cymar o flaen ein dymuniadau personol ein hunain yn allwedd ddiogel i brofi bendith mewn perthynas. Yng nghyd-destun y Pasg, cofiwn am yr Un a roddodd y cyfan er ein mwyn, hyd yn oed ei fywyd, a thrwy hynny, mae'n medru rhoi'r cyfan i ninnau'n awr. Gall roi maddeuant, am ei fod wedi dioddef cosb ein pechod, gall roi bywyd am ei fod wedi concro'r bedd. Yn anffodus, rwyf yn gorfod defnyddio'r gair bach 'gall', gall roi maddeuant, gall roi bywyd. Rwy'n ymwybodol na all nifer ohonoch ddweud i sicrwydd:

'Mae Iesu wedi rhoi maddeuant, mae ef wedi rhoi bywyd'.

Heddiw, beth am ofyn am y sicrwydd hwnnw? Sut mae ei gael? Fe'i cewch gydag Iesu - hynny yw, wrth ei dderbyn; a gydag Ef, byddwch yn derbyn holl rinweddau ei waith drosoch. Diolch Iddo!!

ADNABOD

Colli i ennill

Nos Fercher diwethaf, rhaid oedd troi'r car i gyfeiriad Pwllheli, a hynny er mwyn mynychu cyfarfod sefydlu Bryn Williams. Nid ei bod hi'n dywydd arbennig, a dweud y gwir, wrth fynd lawr trwy Feddgelert, roedd arwydd o ddilyw sicr, a gwaith digon garw oedd gweld drwy'r llif oedd yn disgyn ar ffenestr flaen y car. Beth bynnag am hynny, wedi cyrraedd, roedd yn braf gweld y capel yn eithaf llawn, a nifer helaeth yn y blaen yn barod i wneud eu cyfraniad. Yn anghyffredin mewn cwrdd o'r fath, roedd y rhan fwyaf o'r rheiny o dan 30ain mlwydd oed, hyn yn adlewyrchu'r fendith a welwyd yng Ngholeg y Bala dros y ddegawd ddiwethaf, gyda llawer ohonynt yn tystio i waith Duw yn eu bywydau, i'r wefr o ddod i adnabod Iesu, a'r fraint o gael ei ddilyn mewn bywyd.

Mae'n debyg mai dyma'r tro cyntaf i Sarah a minnau fod ym Mhwllheli gyda'n gilydd ers i Mam a Dad symud o'r ardal i weinidogaethu i gylch Llangadfan. Cyn hynny, mi fyddai mam yn ein llusgo yn fynych i'r farchnad ar y Maes, neu, yn fwy buddiol o lawer, am baned i gaffi 'Gwalia' drws nesa i Woolworths! Ond, mae'r lle wedi newid. Roeddwn yn sylwi bod yna siop Asda ar y ffordd i mewn a bod amryw o siopau eraill oedd yn ddieithr i mi wedi agor ac wedi cymryd lle rhai mwy cyfarwydd. Da yw cael mynd ar ôl cyfnod fel hyn; byddwch yn sylwi mwy ar y newidiadau gan nad oes dim yn sefyll yn ei unfan. Gall hyn arwain at deimlad o golled, teimlad o newid anesmwyth, ac yna daw'r gwaith o geisio ymateb yn bositif i hyn.

Yn ddiweddar, rwyf wedi bod yn darllen geiriau Jim Elliott, un aeth yn genhadwr i Ecwador ym 50au'r ganrif ddiwethaf, ond a lofruddiwyd gan y bobl gynhenid yn fuan ar ôl cyrraedd yno. Dywedodd hwnnw, *'Nid ffŵl yw'r dyn sydd yn fodlon colli'r hyn na all gadw, er mwyn ennill yr hyn na all golli.'* Ystyriai fod ei benderfyniad i ddilyn Iesu wedi golygu newid enfawr iddo, ond nid oedd hyn yn ddim o'i gymharu â'r bendithion a ddaeth gyda'r bywyd newydd. Gwelodd golli hen ffordd o feddwl, colli hen ffordd o ymddwyn, ac yn y diwedd colli ei fywyd; ond, roedd wedi ennill meddwl newydd, ymddygiad newydd a bywyd newydd gan Iesu, a'r hyn oedd yn wir am y bywyd hwnnw oedd na allai neb ei ddwyn oddi arno. Yn y seiat y tro diwethaf, roedd Tom Williams yn ein hatgoffa o eiriau'r Iesu:

'Yr wyf fi'n rhoi bywyd tragwyddol iddynt: nid ânt byth i ddistryw ac ni chaiff neb eu cipio hwy allan o'm llaw i.'

ADNABOD

Meddyliwch am y fath sicrwydd, y fath hyder sydd yn eiddo i'r Cristion, mae ei ddiogelwch tragwyddol yn llaw gadarn yr Iesu, mae holl nerth a gallu Duw yn ei sicrhau. Beth yw pris y newid, y colli felly? Pwy na fuasai yn barod i ildio'r cyfan, yn enwedig o sylweddoli na allwn ddal gafael mewn dim am byth, er mwyn cael gafael ar yr hyn na fyddwn byth yn ei golli?

― ADNABOD ―

Sul y Tadau

Heddiw, mae'n Sul y Tadau (rwy'n nodi er mwyn atgoffa'r wraig a'r plant o'u cyfrifoldeb!) I fod o ddifrif, mae'n syndod cymaint o wahanol ddyddiau arbennig sydd bellach ar y calendr. Mae'n ddydd rhywbeth neu'i gilydd drwy'r amser neu mae'n Sul y Mamau, Mam-gu, Modryb, Tadau a.y.b.. Mae 'nhad yn credu mai cynllwyn gan gwmnïau cardiau sydd wrth wraidd y cyfan, ond cofiwch, mae'n hoffi cael owns o faco allan o'r cynllwyn! Y gwir amdani yw na fyddai'r cynllwyn yn gweithio oni bai fod pobl yn barod i brynu. Mae'r cwmnïau yma'n gwybod gymaint o feddwl sydd gan bobl o'u teuluoedd, ac o'u ffrindiau, felly mae pob math o ddyddiau a gwyliau i'w dathlu.

Yn gyffredinol, does gennyf ddim barn bendant ar y pethau hyn, er fy mod yn Dad sydd yn debyg o gael cerdyn heddiw. Ni allaf feddwl fod fawr o'i le ar gael y cyfleoedd gwahanol yma i fynegi'r hyn sydd yn y galon, ac mae'n siŵr fod yna brinder sobr o bobl sydd yn sylweddoli'r gwerth sydd mewn cydnabod gwerthfawrogiad a chariad. Does fawr o neb yn gwneud dim byd er mwyn cael eu gwerthfawrogi, ond mae hi bob amser yn falm i weld rhywun yn cydnabod ac yn rhoi mewn gweithred syml yr hyn sydd yn agos at y galon. Yr unig amod yw, sicrhau mai o'r galon y daw. Mae sôn am ryw wraig yn diolch yn gynnes i'r pregethwr rhyw fore am yr oedfa, ond yn ddiarwybod iddi, wrth eistedd yn ei thŷ yn disgwyl am ei ginio, clywodd y pregethwr hi'n cwyno yn arw wrth ei gŵr fod yr oedfa'n faith, y bregeth yn annealladwy a'r llais yn ddiflas o undonog!

Wrth gael cyfle i ddathlu dyddiau arbennig, cyfraniad pobl arbennig, dylem gofio fod gennym wir achos dathlu yn ddyddiol gan gofio fod pob diwrnod yn 'ddydd o ras'. Yn feunyddiol mae gennym achos i dystio i ffyddlondeb Duw, oherwydd iddo roddi o'i hanfod Waredwr *'yr Hwn yw Crist yr Arglwydd'*. Gweddïwn am gael adnabod y dathliad hwnnw yn ein calonnau, ac yn ein hoefaon heddiw a phob dydd.

ADNABOD

Cytuno i anghytuno

Mae yna amrywiaeth o bethau wedi bod yn y newyddion yn ystod yr wythnos ddiwethaf sydd wedi tynnu fy sylw. Roeddwn yn gresynu at sylwadau Margaret Hodge wrth gyfeirio at rywun oedd wedi bod yn ddioddefwr cam-driniaeth pan yn blentyn. Mae'n siŵr eich bod wedi clywed hefyd am un o weithwyr yr Eglwys yn y De a gafodd ei garcharu'r wythnos hon am lawr-lwytho lluniau o blant ar ei gyfrifiadur. Mae'r ddwy stori yma'n ein hatgoffa o bwysigrwydd gwneud popeth sy'n rhesymol i amddiffyn ein plant a'n hieuenctid tra, ar yr un pryd, yn sicrhau fod y rhai sydd yn gweithio gyda'r plant yn bobl sydd â'r cymhellion gorau yn y gwaith.

Stori arall aeth â llawer o sylw, ac a fydd yn denu sylw yn ystod yr wythnos nesaf, yw ymweliad yr Arlywydd George Bush â Phrydain. Mae yna lawer, yn ôl pob sôn, sydd yn bwriadu mynd i roi 'croeso' iddo pan ddaw i Lundain. Nid dyma'r lle i fynegi barn ynglŷn â'i ymweliad, nac ychwaith i ail-drafod holl gwestiwn y rhyfel yn Irac a'r sefyllfa ddyrys sydd yn parhau yn y wlad honno. Yr hyn sydd ar fy meddwl yw'r modd y mae'r cyfryngau a gwleidyddion yn meddiannu'r sefyllfa ac mewn rhyw ffordd yn ein harwain i ryw gors wrth-Americanaidd. Rhaid i'r Cristion fod yn ofalus iawn o'r modd y mae'n delio gyda phobl o wledydd eraill, er eu bod yn wahanol iawn.

Mae'r egwyddor yn un ddigon clir gan ei bod yn gyfrifoldeb parhaus i'r Cristion i barchu ac anrhydeddu eraill, ac i garu'r rhai sydd yn gweithredu'n aml mewn modd y byddwn yn anghytuno yn ffyrnig â nhw. Ni thâl i'r Cristion garu yn unig y rhai sydd yn ei garu ef, neu'r rhai y mae'n digwydd bod yn cytuno â nhw. Byddaf yn gorfod cystwyo fy hunan yn aml yn hyn o beth, oherwydd mae'n sobr ein bod yn cyhuddo eraill o wneud yr hyn rydym ni'n ei wneud ein hunain. Mae geiriau Iesu am y brycheuyn a'r trawst yn eiriau sydd yn cyhuddo'r saint yn arw, a gweddïwn am ras i ganlyn Iesu ym mhob sefyllfa, hyd yn oed pan mae ambell i ddylanwad am gyfiawnhau ein hagwedd annheilwng. Mae ffordd briodol i anghytuno heb orfod ildio i gasineb ac i ragfarn ddall. Diolchwn i Dduw am y Cristnogion hynny sydd wedi sefyll heb gyfaddawdu â safonau'r byd, gan ddiogelu tystiolaeth sydd yn gwbl eglur, tra, ar yr un pryd, yn dystiolaeth bur.

ADNABOD

Goddef ein gilydd

Rwyf newydd fod yn gwrando ar y newyddion, gyda'r penawdau heddiw yn trafod hela. Mae'n siŵr eich bod wedi dilyn y drafodaeth dros y blynyddoedd diwethaf, trafodaeth sydd bellach wedi symud o drafod yr egwyddor o hela i drafod yr egwyddor o dorri cyfraith, neu'n hytrach, profi cyfraith i'r eithaf. Mae yna siarad brwd ar y ddwy ochr, a hen ddadleuon yn ail-godi, yn sylfaenol, i ba raddau rydym yn rhwym i ufuddhau i gyfraith os tybiwn ei bod yn anghyfiawn? Wrth wynebu'r ddadl, mi fydd pawb yn dod ati o'i ochr ei hunan, ac yn wir, felly mae hi wedi bod dros y blynyddoedd. Os tybiwn fod y gyfraith yn gyfiawn, ni fyddwn yn caniatáu unrhyw hawl i'w thorri, ond os tybiwn fod deddf yn anghyfiawn, yna mae yna le bob amser i dorri cyfraith felly.

Cawsom ein creu gyda'r gallu i ymresymu, i gymryd safbwynt, i feddu argyhoeddiadau cryfion. Ond, yn y galon mae'r gallu i anghytuno ag eraill, ac yn aml i barhau dadl i eithafion, lle mae anghytundeb yn troi yn gasineb. Dyma ble daw'r perygl i ni, i gymdeithas ac yn wir i berthynas pobloedd â'i gilydd ym mhob man. Yn aml, nid ydym yn medru gweld y llinell sydd rhwng anghytuno a dadlau, rhwng parch ac amarch. Mae hanes perthynas pobl â'i gilydd, o fewn i deulu, o fewn i gymuned, ac o fewn gwlad yn dyst i'r anallu yma. Wrth gwrs, fydd neb yn cydnabod yr anghytuno sydd yn troi'n amarch a chasineb, a'r rheswm a geir yn y Beibl am hyn yw bod ein calonnau ni'n llawn twyll, nid yn twyllo eraill, ond yn ein twyllo ni hefyd.

Un o ganlyniadau ein pechod yw'r twyll yma, fel mae ei ganlyniadau yn esgor ar bechodau. Yn y maes hwn, mi fyddai cydnabod a chyffesu pechod, gofyn i Dduw am faddeuant a cheisio cymod gyda'r rhai yr ydych wedi anghytuno â hwy yn fan cychwyn. Mae Paul yn sôn am gynnen yn deillio o'r galon, nid argyhoeddiad, nid cydwybod, ac yn medru arwain at dân anniffoddadwy. Gwelsom hyn o fewn yr Eglwys hefyd. Sawl eglwys tybed sydd wedi bod yn amddifad o fendith oherwydd anallu pobl i oddef ei gilydd mewn cariad? Sawl unigolyn sydd wedi mynnu parhau cynnen, wedi cynnal dadl, gan edrych heibio i'r gorchymyn i garu ein cymdogion fel y carwn ein hunain. Mae geiriau Iesu'n glir ar y mater:-

'... ond wrthych chwi sydd yn gwrando rwy'n dweud: carwch eich gelynion, gwnewch ddaioni i'r rhai sydd yn eich casáu, bendithiwch y rhai sydd yn eich melltithio, gweddïwch dros y rhai sy'n eich cam-drin.' Mathew 6:27+28

ADNABOD

Cefnogaeth ddiwyro

Gwn yn iawn fod nifer fawr ohonoch yn gwbl wrthwynebus i eistedd i lawr i wylio unrhyw fath o fabolgampau. Mi fyddai'n wyrth i weld rhai yn mentro i weld gêm yn cael ei chwarae ganol yr haf, heb sôn am fynd yng nghanol y gaeaf gydag eira yn yr awyr a'ch traed yn rhewi, a chwithau yn methu teimlo'ch bysedd! Wel, am fy ngwiriondeb mi fues i'n gwylio Llansannan yn chwarae ddoe, a hynny yn erbyn Llangernyw. (I'r rhai sydd â diddordeb, daeth Llansannan yn ôl i ennill, a hynny wedi iddynt fod ddwy gôl i lawr cyn hanner amser!) Nid fy mod yn awgrymu i hyn fod yn aberth mawr, wedi'r cyfan dim ond cerdded am ddwy funud fu raid imi. Mae yna rai sydd yn barod i deithio pellter anghyffredin i weld gêm, rhai hyd yn oed yn barod i fynd hanner ffordd o amgylch y byd!!! A beth sydd yn ennyn y fath ymdrech - ymroddiad i wlad neu i dref neu i glwb, a'r awydd i gefnogi, boed hindda neu law? Doedd gan Mam fawr o amynedd gyda'r cwbl, yn gwylio dau ar hugain o lanciau'n rhedeg ar ôl lledr a gwynt! Pwy fuasai'n deall tybed, ar wahân i rywun sydd â'r un diddordeb, yr un profiad, yr un cefndir?

Rwyf wedi bod yn darllen am yr Arglwydd Iesu yn anfon y disgyblion allan i bregethu, i gyhoeddi fod teyrnas Dduw wedi dod yn agos. Ar yr un pryd mae'n dweud wrthynt am ymddiried yn llwyr ynddo, i fod yn barod i golli popeth er mwyn ennill Crist a'r adnabyddiaeth ohono. Mae'n eu rhybuddio am yr anawsterau, y byddent yn dioddef yn llythrennol, y byddai hyd yn oed eu teuluoedd yn troi yn eu herbyn. Ar un achlysur mae'n eu gwahodd i ail-ystyried, ac os oedd y gost yn ormod, i fynd am adref. Eu hateb hwy oedd, 'at bwy yr awn?'. Beth oedd yn gyrru'r disgyblion cyntaf hyn? Beth sydd wedi gyrru Cristnogion ar draws y cenedlaethau? Beth sydd yn eu cynnal mewn anawsterau? Pam mae hyd yn oed cyfeillion yn credu eu bod yn gwallgofi, ac yn rhoi gormod o amser, ymdrech ac adnoddau i ddilyn Iesu? 'Does dim deall ar y saint chwaith, ond y deall sydd yn dod wrth adnabod yr un profiad, yr un cariad at Iesu, yr un olwg ar ei waith bendigedig Ef drosom. Nid yw cyfrif y gost yn rhan o ystyriaeth y saint, mi fyddant yn dilyn Iesu, doed a ddelo. Mae yna ddiddanwch mewn hindda neu mewn tywydd garw, pan fyddant yn gweld Iesu yn glir, ac yn y cyfnodau pan mae yna bethau eraill yn cymylu eu golygon. Ydych chi'n un o'r bobl sydd ddim yn deall y saint, ddim yn deall eu hymlyniad diwyro at Iesu, eu llawenydd yn ei gwmni, neu a ydych yn deall yn iawn? Ydych chi am sefyll gyda'r rhai a aiff i eithafoedd er mwyn dilyn Iesu ac aros yn ei gwmni? Os felly, byddwch yn deall yn iawn fy awydd i weld mwy a mwy yn cael eu meddiannu fel hyn gan Iesu. *'O gariad, O gariad, mor ddrud . . .'*

ADNABOD

Atebion y nefoedd

Yn ystod yr wythnos, bûm yng nghyfarfodydd Undeb yr Annibynwyr Cymraeg yn Wrecsam. Gan fy mod yn hanner Annibynnwr bellach, a chan mai hwy sydd yn talu'r rhan fwyaf o'm cyflog, roedd gennyf nifer o gyfarfodydd i'w hannerch. Wrth gyflwyno fy adroddiad fore Gwener, cyfeiriais at yr amrywiaeth eang o eglwysi a phobl yr wyf wedi cwrdd â hwy yn ystod y misoedd diwethaf. I'r rhai ohonoch sydd yn parhau yn y tywyllwch gyda golwg ar fy ngwaith newydd, rwyf yn ymweld ag eglwysi i geisio'u helpu i ofyn cwestiynau iddynt eu hunain am eu cyfeiriad i'r dyfodol, a cheisio cael ateb i'r cwestiwn 'I ba gyfeiriad mae Duw yn ein galw ni yn ein cenhedlaeth?'

Beth bynnag, bore ddoe, roedd yna seminar wedi ei threfnu, a finnau'n gorfod ateb cwestiynau o'r llawr gan y gwahanol gynadleddwyr. Fel y gwyddoch, nid wyf erioed wedi bod yn brin o rywbeth i'w ddweud, ond roedd ambell i gwestiwn yn anos na'i gilydd. Meddyliwch am hyn - 'Beth yw'r gyfrinach i ddarganfod bywyd?' neu, 'Sut mae eglwys o wyth o bobl i feddwl am eu dyfodol?' Roeddwn yn gorfod dweud, petai'r atebion yn gyflawn gennyf y byddai eglwysi o bob rhan o'r byd yn curo ar ddrws Heulfryn fore drannoeth! Er hynny, mae'n bwysig sylweddoli hefyd fod yr atebion yn wahanol mewn sefyllfaoedd gwahanol. I rai, rhaid ystyried eu dyfodol yng ngoleuni uno gyda chynulleidfa arall, i rai, ystyried cyd-weithio yn helaeth. Mae angen gofyn cwestiynau fel, 'Beth yw ein pwrpas?', 'Pwy rydym yn ceisio ei gyrraedd?', 'Oes gennym ddoniau?', 'Oes gennym rywbeth i'w gynnig?' Yn anffodus, mae'r rhan fwyaf o eglwysi'n fodlon peidio â gofyn dim, maent jyst yn mynd ymlaen heb edrych ar ddim byd, dim ond eu parhad fel capel, gan weld bai ar y byd i gyd am nad ydynt yn dod i'w hoedfaon.

Rhyw sefyllfa drist yw hynny, yn arbennig o ystyried yr adnoddau sydd gan y Nefoedd o'n plaid. Pwy a ŵyr nad yw'r bobl yn credu hynny, ond nad ydynt am ofyn y cwestiynau rhag ofn na fyddant yn hoffi'r atebion. Fuoch chi erioed mewn sefyllfa lle 'roedd ofn yr ateb gymaint fel eich bod yn osgoi'r cwestiwn? Os yw hyn yn wir amdanom fel eglwysi, mae'n wir am ein bywydau personol hefyd, yn arbennig am ein perthynas gyda Duw. Beth yw cyflwr y berthynas? Oes yna berthynas? Ble yn fy mywyd mae'r arwyddion fy mod yn cerdded gyda Iesu? Un o gysuron pennaf yr Efengyl yw bod ein cwestiynau digalon ni yn cael eu hateb yn gyflawn gan Dduw yn Iesu Grist er mwyn ein llawenydd. Fedrwn ni ddim ateb ein hanghenion ein hunain, ond mae Un sydd yn fwy na digon i'w hateb. Diolch Iddo!!

──────── **ADNABOD** ────────

Pleser gweithio

Roeddwn yn Llangrannog gyda'r Cyngor Ysgolion Sul yn ystod yr wythnos ddiwethaf a'm cyfrifoldeb oedd arwain dau ddwsin o ieuenctid. Mae'r ganolfan hon yn lle braf anghyffredin, yn naturiol felly gan ei bod yn Sir Aberteifi (!!!), ond ar yr un pryd mae yna lu o adnoddau ar gyfer gwneud yn siŵr fod y plant yn mwynhau'r profiad. Yn ystod yr wythnos, mae cyfle i fwynhau'r adnoddau, cyfle i grwydro ychydig ar yr arfordir, ac wrth gwrs, yn y boreau, cyfle i egluro'r newyddion da i'r plant a'r ieuenctid. Mae hyn yn fraint anghyffredin, a phan fydd pobl yn holi pam fy mod yn treulio fy ngwyliau yn gwneud hyn, byddaf yn ateb yn syml, beth well fedrwch chi'i wneud o ystyried y fath fraint?

A dweud y gwir, mi fyddaf yn treulio fy mywyd yn gwneud llu o bethau, rhai pethau y byddaf yn eu mwynhau, dyletswyddau eraill sydd yn orfodol, ond nid yn bleserus. Gallaf ddweud gyda'm llaw ar fy nghalon, does dim byd yn fwy rhwystredig na gwneud gwaith sydd yn cael ei gyflawni i ddim diben, rhyw fanion, pethau medrai pobl eraill eu gwneud lawer iawn yn well na fi, ond bod yna rhyw ddisgwyliad ar i weinidogion eu gwneud. Ar y llaw arall, pan mae cyfle i siarad am Iesu, ar y Sul neu yn ystod yr wythnos, os oes cyfle i gynorthwyo pobl ac eglwysi i sylweddoli antur tystio i'r Efengyl yn ein cenhedlaeth, does dim amheuaeth ei fod yn waith cwbl bleserus.

Meddyliwch am funud am y pethau rydych chi'n eu gwneud. Mae'n siŵr fod y rhain yn amrywio rhwng pethau cwbl angenrheidiol, pethau fyddwch chi'n eu gwneud o arferiad, yn eu gwneud o ddyletswydd, ac yn eu gwneud o bleser pur. O'm rhan i, byddaf yn cael fy nhalu am wneud gwaith sydd yn bleser pur yn aml. Heddiw, cefais weddïo gyda dau o'r aelodau sydd mewn gwendid; dyna fraint! Heddiw hefyd cael treulio amser efo aelod arall yn siarad am y pleser o adnabod Duw yn cyffwrdd ei fywyd; braint yn wir. Nid fod y cyfan yn fêl i gyd, ond rhaid dweud, a thebyg fod pob Cristion yn dweud hyn, pan fyddwch yn darganfod fod pob gwaith yn alwad o'r Nefoedd, mae llafur yn troi'n ysgafn, gorchwyl yn troi'n bleser. Pwy na fyddai'n rhyfeddu at fraint pob un o blant yr Arglwydd i siarad am waith Duw yn eu bywydau, am alwad Duw ar eu bywydau? Ydych chi'n adnabod yr alwad yna, neu a ydy'ch gwaith yn llafurus, a'ch gorchwylion yn parhau i fod yn feichus?

ADNABOD

Plannu eglwys yn Abertawe

Nos Wener, bûm yn Abertawe yng nghynhadledd Eglwysi Ynghyd ym Mhrydain ac Iwerddon. Roeddwn wedi cael gwahoddiad i roi ychydig o hanes y gwaith yn yr ofalaeth, ac yn ystod y cyflwyniad, dangosais ychydig o luniau o'r ardal, ac o'r gweithgareddau. Roedd y gynulleidfa'n werthfawrogol o'r naill fel y llall, a minnau yn fy Saesneg gorau yn rhoi ychydig o flas gweinidogaethu a byw mewn ardal wledig fel hon. Roedd yn gyfle i mi edrych yn ôl dros y blynyddoedd diwethaf, a gweld cyn belled mae'r Arglwydd wedi dod â ni. Mae gennyf achos i ddiolch am Ei ddaioni, wrth gydnabod y ffordd sydd eto i'w cherdded, a'r materion sydd eto i gael ein sylw.

Cefais y fraint anghyffredin o rannu'r cyflwyniad gyda gweinidog annwyl ryfeddol sydd wedi cychwyn eglwys newydd ar stad ddifreintiedig iawn yn Abertawe. Roedd yn bleser cael bod yn ei gwmni, a gweld y modd mae Duw wedi bendithio ei weinidogaeth. Cychwynnodd gyda'i wraig a saith neu wyth o ffrindiau 14eg mlynedd yn ôl, a bu raid byw heb ddim bron am nifer o flynyddoedd wrth iddynt ymddiried y byddai Duw yn bendithio'r gwaith. Byrdwn ei weinidogaeth yw cyflwyno'r neges trwy gael pobl i wrando ac i ymddiried ynddynt yn gyntaf. Maent wedi gwneud hyn drwy nifer o brosiectau. Soniodd am fynd i ysgolion i gynorthwyo drwy wrando ar blant yn darllen; bellach maent yn cyflogi chwech o bobl yn llawn amser gan fod yr awdurdod addysg yn cyfeirio atynt blant sydd yn cael anhawster aros yn yr ysgol, i ddysgu sgiliau fydd yn eu paratoi ar gyfer byd gwaith. Mae yna gyrsiau eraill, dysgu pobl ifainc yn eu harddegau cynnar sut i fod yn gyfrifol, sut i fod yn rhieni, sut i gael swyddi. (Mae'r mwyafrif o ferched y stad yn feichiog erbyn eu bod yn bymtheg oed, a nifer o'r bechgyn efo plant ym mhobman.) Cawsant wobr arbennig yn ddiweddar gan Gyngor Sir Abertawe am eu cyfraniad i adfer y gymuned. Ochr yn ochr â hyn, mae'r capel wedi tyfu a bellach mae dros 200 yn yr oedfaon o Sul i Sul. O edrych ar ei sefyllfa, roedd yn anodd credu beth oedd yn bosibl ei wneud, ond diolch byth, does dim byd yn amhosibl gyda Duw. Diolch am eglwysi sydd yn cyrraedd pob math o bobl; allwn ni ond gweddïo am gael cryfhau a helaethu ein gweinidogaeth fel ein bod yn gweinidogaethu i gymuned gyfan yn hytrach nag i un grŵp o fewn cymuned.

Mae gennym neges gwerth chweil, ond i gael pobl i wrando, rhaid wrth hygrededd yn ein bywydau ac yn ein geiriau. Rhaid wrth yr Iesu, yr un sy'n ein gwneud yn gyson yn ein tystiolaeth, ac yn enillgar ein cymeriad a'n geiriau. Wedyn gallwn ofyn yn ein gweddïau am i eraill, drwom ni, gael adnabod ei gariad, adnabod ei fywyd Ef.

ADNABOD

Mentro i ddarganfod llwybr bendith

Mae'n siŵr fod nifer ohonoch naill ai wedi mynychu neu wedi gwylio'r Steddfod. Mae pob un o'r cyflwynwyr yn nodi o flwyddyn i flwyddyn fod y safon yn codi'n uwch ac yn uwch yn gyson. Mae'n rhyfeddol i weld doniau amlwg y lleiaf fel yr hynaf wrth iddynt ymddangos mor gartrefol ar y llwyfan anferth yna, a hynny o flaen cynulleidfa fawr yno ac mewn cartrefi. Does dim amheuaeth fod safon y paratoi, lefel yr hunanhyder a graen y perfformiadau wedi ei gwneud yn wledd. Mae hwn yn ddigwyddiad sydd yn unigryw bron i ni fel Cymry, a da tystio ein bod yn llwyddiannus, ac yn gwybod hynny.

Fel arfer, rhaid cydnabod bod lefel ein hunanhyder yn isel iawn, ac ychydig iawn o fenter yn perthyn inni. Mi glywais yr wythnos ddiwethaf mai dim ond 5% o arweinwyr busnes yng Nghymru sydd yn Gymry. Felly mae hi hefyd o fewn yr eglwysi, diffyg menter yn deillio o ddiffyg hyder, â'r cyfan yn arwain at ryw iselder ysbrydol, a hwn fel cadwyn yn ein dal yn ôl.

Rhaid cydnabod mai grym y Nef yn unig sy'n medru symud pobl i wneud pethau anghyffredin, yn medru arfogi pobl i fod yn 'fwy na choncwerwyr', yn medru nerthu cynulleidfa i feddiannu'r tir sydd gan Dduw ar ei chyfer. Ond y gwir amdani yw bod yna bobl sydd wedi profi'r grym hwn, sydd wedi eu bendithio gan fywyd yr Ysbryd, ac sydd yn gwybod eu bod yn fwy na choncwerwyr trwy ras y Nefoedd. Y rhyfeddod yw bod y rhain yn parhau yn ddihyder, yn ofnus wrth gamu ymlaen, wrth wynebu her ein cenhedlaeth.

Rwyf wedi nodi sawl gwaith fy mod yn gweld pethau gwahanol ym mywyd cynulleidfaoedd nepell o'r ofalaeth, ond yn anffodus i ni, cynulleidfaoedd sydd yn addoli yn Saesneg ydy'r rhai hynny. Nid nad yw llawer iawn o gynulleidfaoedd Saesneg yn wynebu'r un difodiant a welir yn y Gymru Gymraeg, ond mae yna eithriadau, a dyma'r rhai ddylai fod yn esiamplau i ni. 'Does werth yn y byd dysgu o eglwysi sydd yn wynebu'r un clefyd â ninnau; a beth bynnag, rwyf yn cyfeirio yn benodol at bobl, pobl sydd wedi eu bywhau, wedi profi gras. Beth tybed sydd yn bod arnom sydd yn peri nad ydym yn meddu ar yr un awydd, ar yr un fenter ag eraill? Pam na allwn gredu Duw, ymddiried yn ei addewidion, a bod yn barod i fentro, heb ofn methu, yn yr ymgais i ddarganfod llwybr y fendith? Os gall ein cenedl lwyddo mewn maes cystadleuol, os gallwn arddangos y fath hyder fel cenedl,

ADNABOD

pam na all y saint arddangos hyder yn eu Duw, yn Ei addewidion, yn Ei Efengyl, yn Iesu, yng ngallu a dawn yr Ysbryd?

Rwyf wedi cael digon ar ystyried y rhwystrau yn fwy na'r cyfleon, o chwarae yn saff yn hytrach na bod yn fentrus, o gerdded ar y lan, yn hytrach na mentro i'r dwfn. Mae gennym Dduw sy'n awyddus i'n cynnal, a Gwaredwr, Brawd, a Phriod sydd am ddod gyda ni i lefydd newydd. Mentrwn arno!

ADNABOD

Golwg Caleb

Bûm ar ymweliad ag Oriel Glyn y Weddw yn ddiweddar, hen blasty yn Llanbedrog ger Abersoch, sydd bellach yn oriel gelf. Rhag ichi feddwl fod un sy'n arferol Philistaidd wedi cael ei drawsnewid, ac wedi meithrin brwdfrydedd gyda golwg ar y gelfyddyd gain, wedi mynd yno yr oeddwn i annerch Cwrdd Chwarter Annibynwyr Llŷn ac Eifionydd.

Dau beth diddorol, yn gyntaf y lleoliad a'r amser. Roedd yr ysgrifennydd yn dweud fod peidio â chynnal y cyfarfod mewn capel wedi chwyddo'r gynulleidfa, a hynny cofiwch i gyfarfod o aelodau capel yn unig, a'i gynnal ar brynhawn Sadwrn, gan nad oedd fawr o ddiddordeb gan y rhain yn yr arlwy o chwaraeon sydd yn cael ei gynnig. Yr ail beth diddorol oedd y nifer helaeth oedd yno, a'r awydd i ddysgu a thrafod yn bositif beth a ddylem ei ddisgwyl gyda golwg ar ddyfodol capeli. Roedd ambell gyfraniad ar y diwedd yn dangos na chaniateir i ddim sefyll rhwng y capeli a'u dyfodol, hyd yn oed pan fo hynny'n golygu tipyn o aberth. Rwy'n nodi hyn heddiw gan fy mod yn dirnad fod yna garfan o fewn ein capeli sydd yn gweld yr angen i symud ymlaen, ac yn barod i wneud hynny, costied a gostio, beth bynnag fo'r cewri sydd angen eu concro.

Mewn pregeth yn ddiweddar, fe soniais am hanes Caleb yn yr Hen Destament. Roedd hwn yn un o'r deuddeg ysbïwr a anfonodd Moses i gael golwg ar y wlad roedd Duw wedi ei haddo iddynt. Roedd y wlad yn llifeirio o laeth a mêl yn ôl yr Arglwydd, a dyma oedd eu hetifeddiaeth fel pobl. Ond Caleb yn unig ac un cyfaill iddo ddaeth yn ôl gydag adroddiad teg am y wlad. Gor-bwysleisio'r anawsterau, a chwyddo'r rheini y tu hwnt i bob rheswm gan godi ofn ar y bobl wnaeth y deg arall; roedd yn well ganddynt aros yn yr anialwch na meddiannu'r wlad. Roedd Caleb am fynd ymlaen, gan wybod, er gwaetha'r anawsterau real, fod digon o adnoddau gan Dduw i amddiffyn ei bobl.

Gyda phwy tybed y byddech chi'n y sefyllfa yma? Ai pobl yn ofni symud ymlaen, neu bobl sydd, er yn ansicr, yn gwybod fod gan Dduw, yn Iesu Grist y gallu i'n cadw ac i'n harwain i'r wlad y mae yn ei haddo ar gyfer ei eglwys, gwlad sydd yn well na'r anialwch presennol. Diolch fod yna fwy a mwy, yn edrych ymlaen at y dyfodol yn hytrach nag edrych am ddiogelwch y gorffennol.

ADNABOD

Yn unig ynghanol tyrfa

Faint ohonoch sydd yn gwybod am Garnlydan tybed? Wel, ystâd o dai cyngor sydd o amgylch Garnlydan, a hynny ar gyrion tre Glyn Ebwy ar ffordd Blaenau'r Cymoedd. Doeddwn i ddim yn siŵr iawn o'r ffordd, ond ar ôl mynd ar goll cefais hyd i'r capel y tu ôl i ffens uchel efo dwy giât anferth yn amddiffyn y lle. Roeddwn yn falch o weld y ddwy giât, oherwydd yr oedd arnaf ofn y byddai rhywun wedi dwyn y teiars erbyn imi ddod allan! Beth bynnag, yng nghanol y fath le, yr oedd eglwysi Gwent wedi dod at ei gilydd i edrych am ffyrdd newydd o ymestyn allan i'w cymunedau, a cheisio tystio i'r Efengyl.

O fynd i mewn i'r capel, gwelais ei fod yn adeilad ardderchog, yn lân, yn ddestlus, yn adeilad y byddech yn medru ei ddefnyddio i bob math o ddigwyddiadau, gyda chegin ddefnyddiol a nifer o ystafelloedd o amgylch y brif neuadd ymgynnull. Roeddwn yn weddol gynnar yn cyrraedd, a chan na welais fawr neb yno, meddyliais eu bod yn debyg i chi, ac yn gadael capel tan y funud olaf! Ond yn y wir, roedd y bobl yn brydlon, oherwydd ddaeth neb arall, a chyflwynais fy sgwrs i'r dwsin o bobl 'aeddfed mewn oedran' oedd wedi cyrraedd. O gael sgwrs a phaned hanner ffordd, dyma ddeall fod rhai o'r bobl yn aelodau yn y capel hwnnw, a chefais ei hanes. Roedd y cyngor lleol wedi adeiladu'r capel yr un adeg a'r ystâd, gan ei roi i'r aelodau, ac ar y cychwyn roedd pethau yn reit addawol, gyda nifer o blant ac ieuenctid yn mynychu clybiau ac yn y blaen. Ond bellach, 'doedd ond rhyw hanner dwsin o wragedd annwyl, a'r rhain yn ei chael yn anodd gweld beth i'w wneud.

Roedd rhywbeth yn drist yn y sefyllfa - capel ardderchog ond dim gwaith, pobl ddisgwylgar ond dim gweithwyr, llond lle o bobl y tu allan a neb tu mewn. I ble aeth perthnasedd yr Efengyl? Pam fod capeli yn ei chael hi mor anodd i gyrraedd eu cymunedau? Mi fuasech yn meddwl fod yna gyfle ardderchog i wneud gwaith yno, ond roedd y ffens yn fwy na weiar, a'r giatiau yn cadw ceir a chynulleidfa yn ddiddan rhag wynebu her eu cymuned. Duw a'n gwaredo rhag i'n crefydd fynd yn gulfan i ddosbarth canol parchus, a'n cyfforddusrwydd ni yn cael y flaenoriaeth ar ein galwad i weini ar bawb - pwy bynnag ydynt!

Pwy yw'r bobl fyddwn ni'n eu hosgoi, pwy fyddai'n tarfu ar ein cyfarfodydd sidêt? Pa ymdrechion newydd sydd eu hangen i sicrhau ein bod yn ymdrechu i gyrraedd pawb gyda newyddion da'r Efengyl?

ADNABOD

Wedi fy mherswadio

Yn ddiweddar, roedd yna is-etholiad yn un o etholaethau Llundain. Pethau digon digri yw'r rheini yn ôl pob golwg - y cyfryngau a phwysigion y gwahanol bleidiau yn disgyn yn ddidrugaredd ar ryw ardal, ac yn gwneud eu gorau glas i'n perswadio o bwysigrwydd y digwyddiad. Ac yna fe ddaw'r canlyniad, y sioc arferol, os gall sioc fod yn arferol, a chlywed am y llu o bobl sydd wedi 'newid eu meddyliau' ac wedi pleidleisio o blaid, (neu yn erbyn!) rhywun neu'i gilydd. Yn dilyn, rhaid wrth ddadansoddiad manwl, a daw proffwydi o'r cyfeiriadau mwyaf annhebygol i ddarogan y dyfodol. Y cyfan a ddysgwn mewn gwirionedd yw sut mae pobl yn medru newid eu meddyliau, ac nid oes dim byd y gall yr arweinwyr ddibynnu arno. Mae pobl yn gyfnewidiol. Pa mor ddibynadwy ydym ni tybed?

Mae newid meddwl yn rhywbeth digon clodwiw mewn llawer ystyr. Mae'n dangos nad ydym yn benstiff, yn mynnu nad oes ond ein ffordd ni o weld pethau yn iawn. Gall adlewyrchu anian sydd yn barod i wrando, yn barod i gael ein perswadio. Wrth gwrs, fe all arwyddo rhywun sydd yn chwitchwat, yn newid gyda phob awel, heb fath o argyhoeddiadau yn y byd.

O ran anian, buaswn yn tybio gyda llawer o bethau fy mod yn agored i gael fy mherswadio, ond mewn un peth, rwyf wedi fy mherswadio unwaith, ac ni fyddaf byth yn newid fy meddwl. Pan ddaeth yr Arglwydd Iesu i mewn i'm bywyd, newidiwyd fy meddwl am bron bopeth, ond uwchlaw pob dim, fe'm perswadiwyd mai hwn yw fy unig Waredwr a'm Harglwydd.

Nid bod yn glên yw bod â meddwl agored am hyn. Yn hanes y saint, Iesu yw'r un sydd wedi ennill eu bryd, a beth bynnag a ddywed y byd, y cnawd neu'r diafol, does dim byd a all eu symud. Maent wedi dewis Iesu yn awr ac am byth, ac yn hyn, mae iddynt hyder llwyr. Os bydd y llif yn mynd yn ein herbyn, trwy ras, byddwn yn dal i sefyll.

Pa mor ddibynadwy tybed yw eich perthynas chwi â'r Arglwydd Iesu? Ydych chi wedi eich perswadio yn llwyr, a yw eich ffydd yn ddiwyro a didroi'n ôl? Gobeithio nad ydych yn galed a phenstiff, ond gobeithio hefyd fod gras wedi eich gwneud yn ddiwyro eich ymlyniad at Iesu.

ADNABOD

Gwerthu meinciau

Treuliais ychydig o amser yn ystod yr wythnos yn teithio eto fyth! Nos Fercher, roeddwn yn un o eglwysi'r Annibynwyr yn y cymoedd, ac wrth gyrraedd y lle, ni allwn lai na rhyfeddu at grandrwydd yr adeilad, ac er nad yw'r capel yn cael ei ddefnyddio yn rheolaidd bellach gan fod yr oedfaon i gyd yn y festri, roedd yna gryn raen ar y lle. Roedd y pren yn dywyll, gyda galeri o amgylch y cyfan ac organ bib anferth yn y pen blaen y tu ôl i'r pulpud. Mae'n siŵr fod y capel yn eistedd tua 800 o bobl, ac yn ôl Dewi Myrddin Hughes, mae'n cofio pregethu yno gyda thyrfa dda iawn yn gwrando. Cofiwch, mae Dewi yn ymddeol eleni, felly mae sawl blwyddyn ers hynny! Ni allwch lai na rhyfeddu at ymdrech y tadau yn adeiladu'r llefydd yma, yn gwneud hynny yng ngwres twf Anghydffurfiaeth, a phobl yn llifo i'r cymoedd i gael gwaith yn y pyllau a'r gweithfeydd haearn. Ar y pryd, roeddent yn fodern iawn, gyda'r pren gorau, yn mynegi eu hawydd i weld y gwaith yn adlewyrchu eu cariad at yr Arglwydd. Bellach wrth gwrs, er bod yna rai yn parhau i wirioni atynt (a hynny yn bennaf oherwydd naill ai cysylltiad personol neu hoffter o hen bethau) maent yn dangos eu hoed yn arw. Yn festri'r capel mae yna hen feinciau ac Ysgol Sul yn tyfu, ac roeddwn yno i geisio cytundeb ar gyfrif elfen o anghydweld. Roedd pawb eisiau gweld y gwaith yn mynd yn ei flaen, ond roedd yna anghytuno wrth ystyried a oedd angen cael gwared â'r meinciau i sicrhau hynny. Fel y gallwch dybio, ychydig o gydymdeimlad oedd gennyf, yn wir, mae'r cwbl y tu hwnt i mi. Pam yn y byd fod angen i ni fod yn wahanol i'n tadau? Pam fod angen i ni fodloni ar yr hen, tra'r oeddent hwy yn anfodlon ar ddim ond y gorau?

Yn hyn, nid problem adeilad neu gelfi a welwn ni, ond anhawster i wahanu rhwng crefydd a Christnogaeth. Mae crefydd yn dal at bethau, mae Cristnogaeth yn cyrraedd pobl; mae crefydd yn dibynnu ar brofiadau eraill ddoe, mae Cristnogaeth yn brofiad newydd i ni heddiw; mae crefydd yn diogelu crandrwydd diddefnydd ddoe, mae Cristnogaeth yn adnabod grym ymarferol heddiw; mae'r crefyddol yn caru ac adnabod lle a phethau, mae'r Cristion yn caru ac adnabod person - Iesu.

ADNABOD

Rhagbrofion

Dwi ddim yn siŵr faint ohonoch fu yn yr eisteddfod, mae'n siŵr fod fy mhlant i ar fin cael eu hanrhydeddu fel cymrodorion yr Urdd gan nad aeth diwrnod heibio heb i un os nad mwy ohonynt fod yno! Nid felly eu tad, a rhaid imi gydnabod na fûm i yno ar wahân i nos Fawrth i weld y sioe gynradd, a dydd Gwener, i weithio ar drelar y Mudiad Efengylaidd. Ond roedd Radio Cymru ac S4C yn dda iawn yn dangos y cyfan, ac mae'r olygfa o sedd y stydi yn fwy hylaw na'r un o sedd ym mhen draw'r pafiliwn.

Roeddwn ar y radio fore Gwener yn 'Dweud fy Nweud', ac yn sôn bod y blas a gawn ar ragbrofion a chystadlu eisteddfodol wedi edwino rhywfaint dros y blynyddoedd. Tebyg fy mod wedi cael un cam yn ormod, neu efallai yn nes at y gwir, nad fi oedd yr ymgorfforiad Cymreig o Placido Domingo! 'Dwi'n cofio mynd yn flynyddol i'r steddfod Sir, ac yn ddiau, mi fyddai yna grwt ffein ofnadwy o ochr Tregaron yn rhoi cweir iawn i mi yn y gystadleuaeth. Tybed a oes gwobr am y person a ddaeth yn ail mwyaf cyson mewn Eisteddfod Sir? Erbyn hyn, yr unig adeg fyddaf ar lwyfan eisteddfod yw pan yn arwain - nid fod gennyf ryw arbenigedd yn y maes hwnnw chwaith, mwy na bod rhyw ddisgwyl fod hynny'n mynd gyda'r job. Beth bynnag, dwi'n ddigon cyfarwydd ar y busnes o fedru dirnad brwdfrydedd ac ymroddiad pobl a phlant yn eu paratoadau. Petai plant yr Ysgol Sul mor selog yn dysgu eu hadnodau â chystadlu mewn eisteddfodau mi fyddent wedi mynd drwy'r Hen Destament yn grwn erbyn hyn, a hanner ffordd drwy'r Newydd hefyd.

Pan oeddwn yn blentyn, daeth yna fodryb i fyw atom, ac un o'i thrysorau oedd Beibl a gafodd yn rhodd am ddysgu Salm 119 ar ei chof – pob un o'r 176 adnod. Doedd hi ddim yn unigryw, a thebyg fod ei rhieni wedi ei hannog, yn yr un ffordd y byddwn ni yn annog ein plant i ddysgu cerddi, caneuon a.y.b. Mae'r cyfan yn gwestiwn o flaenoriaeth. Yn ôl Iesu:

"Does neb yn gallu gweithio i ddau feistr gwahanol ar yr un pryd. Mae un yn siŵr o gael y flaenoriaeth ar draul y llall."

Mae hynny'n wir p'run ai mewn 'steddfod, ar gae chwarae, yn y gwaith, yr ysgol neu gartref. Byddai mam yn aml yn sôn am rywbeth neu rywun yn mynd yn feistr ar berson. Mae awdur y llythyr at yr Hebreaid yn deud mai'r unig ffordd i gywiro fy mlaenoriaethau yw trwy gadw fy ngolwg ar Iesu, awdur a pherffeithydd fy ffydd.

ADNABOD

Derbyn ddoe, byw heddiw

Daeth y glaw yr wythnos ddiwethaf ac wrth deithio drwy'r De ddydd Mercher, roedd yna nifer di-rif o afonydd wedi hen ymadael â'u llwybrau arferol. Roedd rhaid osgoi'r dŵr ym Machynlleth, yn Nhregaron, yn Llanybydder ac yng Nghaerfyrddin, a nifer o'r ffyrdd wedi eu cau oherwydd y llif. Cofiwch, welais i neb yn adeiladu arch!!! Ond, i fod o ddifrif, fe wnaeth lanast mewn sawl ardal, a nifer o deuluoedd wedi eu heffeithio yn drwm, gyda llawer yn colli eiddo a phytiau o'u hanes wrth i'r dyfroedd godi. Ni allaf ddychmygu am eiliad y siom, a'r anobaith a ddaw yn sgil hyn, a chlywais un wraig yn sôn am y modd y bu'n ceisio sychu lluniau priodas o flaen y tân er mwyn diogelu rhywbeth o'r atgofion yn weladwy.

Mae'r gorffennol yn dal llawer o drysorau inni, ac fe berthyn rhyw ddiogelwch iddo sydd ar gael yn naturiol wrth inni wynebu'r dyfodol. Yn sicr dyma pam y mae cynifer yn amharod i fentro gyda golwg ar yfory, gan ei bod yn haws o lawer aros gyda'r hyn a fu. Mae ddoe wedi ei wynebu, a bu raid ymgiprys â'r her a'i helyntion. Onid yw'n bosibl i fodloni ar hynny, a byw bellach gyda ddoe? Yn anffodus, nid felly y mae hi; yn wir, i'r gwrthwyneb. Mae heddiw yn llawn helyntion, a phopeth yn newid heddiw, heb sôn am yfory. Yn y cyd-destun hwn roeddwn yn gwrando ar wraig yn siarad ar Radio 4, yn sôn am y cysur mawr a gâi wrth fynd i eglwys y plwyf. Yng nghanol rhuthr bywyd, yng nghanol y newid parhaus, yng nghanol yr ansicrwydd sydd yn perthyn i bopeth, roedd muriau'r hen eglwys yn dod â chysur mawr iddi; muriau oedd wedi sefyll dros y canrifoedd, muriau oedd yn dyst i oes 'well' Ddywedodd hi ddim byd am graidd yr Efengyl, dim am Iesu, dim am faddeuant, dim am waith gras yn ei chalon, ond fe ddywedodd am 'rywbeth' oedd yn peri ei bod yn dal i fynychu'r lle. Mae'n siŵr fod nifer ohonoch yn medru cydymdeimlo a deall y wraig fach, a rhaid imi ddweud fy mod innau'n fynych yn chwilio am ryw ddihangfa o sŵn y byd. Ond mae'r byd yn dal i fod yma, ac nid yw cilio i ryw gilfachau yn gymorth ond am eiliad megis. Yr hyn sydd o gymorth yw adnabyddiaeth o Iesu, yr Hwn sydd yr un ddoe, heddiw, ac yn dragywydd. Yr ateb yw, nid cefnu, ond cofleidio Iesu, y person, a thrwy hynny, medrwn ddiolch am yr hyn a fu a symud yn hyderus ymlaen i ddyfodol yn ei gwmni yn barhaus.

Cyfoeth Iesu

Gwaith ysbrydol yw addoli, mae Iesu yn dweud fod rhaid i Dduw gael ei addoli 'mewn ysbryd a gwirionedd'; rhaid inni felly wrth yr Ysbryd Glân wrth inni fynd at y gwaith.

Cefais ddeuddydd yng Ngregynog ddiwedd yr wythnos. Faint ohonoch sydd yn gwybod lle mae'r plasty hardd yma? Wel, tua hanner ffordd rhwng Y Trallwng a'r Drenewydd ac ychydig i mewn oddi ar y ffordd fawr. Roeddwn yno ar gyfer Cyngor Undeb yr Annibynwyr, sef y corff sydd yn edrych ar wahanol agweddau o fywyd yr eglwysi, ac yn trafod gwahanol agweddau ar faterion cyfoes, cenhadaeth, gweinidogaeth, ieuenctid, cyllid ac addysg. Fel y gwyddoch, nid wyf yn un enwog am fy amynedd mewn pwyllgor, ond dyna ni, mae'r lle yn anhygoel o brydferth, ac roedd sŵn yr adar yn canu yn y bore yn f'atgoffa fod y greadigaeth yn dal i ganu mawl i Dduw.

Mae'r adeilad yn eiddo i Brifysgol Cymru, wedi ei roi yn rhodd gan ferched Llandinam, Margaret a Gwendoline Davies. Roedd eu brawd, David Davies yn gyfalafwr enwog yn y bedwaredd ganrif ar bymtheg, wedi cychwyn fel prentis i saer coed, cyn mentro. Ef adeiladodd y rheilffordd rhwng Llanidloes a'r Drenewydd, ac yn ddiweddarach agor llu o byllau glo yn y Rhondda, ac er mwyn allforio'r glo, adeiladodd ddoc y Barri. Roedd hefyd yn aelod seneddol, yn drysorydd cyntaf Prifysgol Cymru, ochr yn ochr â pharhau i brynu ystadau helaeth.

Rwyf yn sôn amdano yma oherwydd roedd yn esiampl o ddyn o gefndir syml amaethyddol a aeth yn ei flaen, ac yna wedi llwyddo yn anhygoel, parhaodd i gofio ei wreiddiau, ond yn fwy arbennig, parhaodd i gofio ei Waredwr. Roedd yn aelod gyda'n henwad ni, yn rhoi degfed o bopeth a enillai i'r eglwys, ac yn gofalu fod Duw yn cael y flaenoriaeth yn ei fywyd yn wastad. Mi fuasai pobl yn dweud fod y dyn yma wedi mynd ymhell, a thebyg ei fod yn un o ddynion mwyaf cyfoethog ei genhedlaeth, ond, nid aeth ymhell oddi wrth yr Arglwydd. Gwnaeth yn sicr, ynghanol ei brysurdeb, fod Iesu ynghanol ei fywyd.

Rwyf yn ymwybodol o brysurdeb yn fy mywyd fy hunan ac yn ymwybodol hefyd eich bod chwithau yn brysur y dyddiau hyn. Mantais bod yng Ngregynog oedd cofio ei bod yn bosibl, ynghanol prysurdeb, cyfrifoldebau, cyfoeth, ac yn y blaen, i roi Iesu yn y canol, i'w roi yn gyntaf yn fy mywyd. Os wyf yn rhy brysur i roi amser i Dduw, rwyf yn brysurach nag y mae Duw am i mi fod!

ADNABOD

Dylanwad Mr Davies

Yn ystod yr wythnos ddiwethaf, fe fûm mewn oedfa goffa i lawr yng Nghaerdydd. Pan oeddwn yn weinidog yng Nglanaman, cefais gymydog arbennig yn y Parch. Gareth Davies. I fachgen ifanc, roedd ei brofiad a'i argyhoeddiad bob amser yn galonogol, ac ar yr un pryd yn heriol. Un o'r pethau a ddysgais yn gynnar ganddo oedd yr angen i wneud yn siŵr o'r gwreiddiau cyn mynd i fwrw canghennau allan i ganol yr elfennau. Gall gwyntoedd amgylchiadau gwahanol greu llanast o goeden sydd heb fod wedi ei gwreiddio yn ddiogel. Mae hyn yn arbennig o wir i weinidog, ond yn wir hefyd i bob Cristion. Mae'r darlun yn un rhwydd i'w ddeall. O fyw yn yr ardal hon un o'r hoff deithiau yw mynd i lawr drwy goed y Llys. Roeddwn yn sylwi fel roedd traul y pridd wrth ymyl gwreiddyn un goeden wedi peri i honno syrthio yn y storm ddiwethaf. Roedd hi'n goeden fawr, ond 'doedd hynny ond yn gweithio yn ei herbyn yn y storm. Beth bynnag a dybiwn am faint ein ffydd, 'does dim amheuaeth fod peidio â gwreiddio yn ddwfn ym mherson Iesu Grist, beth bynnag a ddigwydd inni yn y byd, yn mynd i fod yn gamgymeriad arhosol yn y byd tragwyddol. Beth a olygir wrth wreiddio ym mherson Iesu? Wel, yn syml, nid mewn athrawiaeth, dysgeidiaeth, arferion na dim oll arall y mae ein gobaith ni. Iesu Grist yw'r drws i obaith, y drws i adnabyddiaeth sicr o Dduw, a'i adnabod yw sicrhau diogelwch i bechadur o flaen Duw. Yn eich bywydau, mae'r gwreiddiau yn y lle iawn os gwyddoch fod Iesu Grist yn angenrheidiol ac yn bopeth i chi, yr un sydd wedi dwyn maddeuant, wedi talu dyled a dod â llawenydd a bodlonrwydd i'n bywydau.

    I ddychwelyd at yr oedfa yng Nghaerdydd, un o'r pethau hynny a wawriodd arnaf o'r newydd oedd yr angen i gadw'r Nefoedd yn glir o flaen ein llygaid. Yng nghyd-destun y sylwadau hyn, rhaid gwybod o ble y daethom, ac i ble rydym yn mynd; rhaid adnabod gwreiddiau sicr, a gadael i'r canghennau ymestyn i fyny yn uchel tua'r fuddugoliaeth sydd gan Iesu ar ein cyfer. Diolch Iddo!

ADNABOD

Crefydd bersonol?

Yn ystod yr wythnos ddiwethaf, bûm mewn parti pen-blwydd arbennig gan fod un o'm chwiorydd yn cyrraedd yr hanner cant. Cafwyd cinio blasus yng nghwmni y rhan fwyaf o'r brodyr a chwiorydd, a Dad yn y canol. Yn dilyn cinio, mynd i gartref Dad am baned, a chyfle i gael y diweddara' am bawb, a sgwrsio am amrywiol bynciau. Yn ystod y sgwrs, daeth cyfle i siarad am yr hyn a gredwn; rhydd hyn gyfle i mi sydd wedi fy ynysu braidd o fywyd 'arferol', i gael golwg ar y ffordd mae pobl sydd ddim yn weinidogion neu ddim yn dod yn selog i gapel, yn siarad yn agored iawn am eu credoau personol. Yr unig beth a ddywedaf am y sgwrs yw hyn, mae'n amlwg ddigon i mi fod crefydd bersonol yn rhywbeth cyffredin iawn.

Beth yw ystyr crefydd bersonol? Wel, ymdrech unigolion i greu crefydd, neu 'Gristnogaeth' sydd yn siwtio'r ffordd y maent yn ei feddwl ac yn byw. Mi fyddant yn tynnu rhyw bethau o'r Beibl, rhyw bethau o'u haddysg, rhyw bethau o'u bywydau, rhyw bethau o'u profiad, rhyw bethau o'u rhagdybiaethau personol, tynnu o bobman, ac yna cymysgu'r cyfan gyda'i gilydd, ac wedi berwi'r potes, yn dod allan â rhyw frawddeg fel '*mae fy Nghristnogaeth i gystal â'th un di'*.

Nawr, beth sydd o'i le, os oes rhywbeth o'i le, ar y ffordd yma? Mae'n berffaith wir nad yw syniad un person am Gristnogaeth neu grefydd damaid yn well na syniad rhywun arall. Mae pob un ohonom â hawl i fynegi unrhyw syniad ac i goleddu unrhyw gredo. Ond, a yw'n iawn i alw hyn yn 'Gristnogaeth'? Na! Dim am eiliad. Mae'n iawn i'w alw yn gredo, yn grefydd, ond nid dyma yw Cristnogaeth. Mae Cristnogaeth wedi ei seilio ar yr hyn mae Duw wedi ei wneud, wedi ei ddangos, wedi ei ddweud. Nid beth a feddyliaf fi am Dduw, ond beth mae Duw yn ei ddatgelu ohono fe'i hunan yn hanes ei bobl, yn Iesu Grist, ac yn y Beibl. Nid beth a feddyliaf fi am y ffordd at Dduw chwaith, ond beth mae Duw ei hun yn ei ddweud am y ffordd honno. Nid beth a wnaf fi, ond beth mae Duw wedi ei wneud drosof. Mae Cristnogion yn medru anghytuno ar rai pethau, ond nid ydynt yn anghytuno ar y cwestiwn sylfaenol - Beth yw Cristion? Mae'r ateb i hynny yn syml a chlir. Yn y Beibl, ac yn yr eglwys, yr ateb yw *"unigolyn sydd wedi ei alw i berthynas gyda Duw, trwy Iesu Grist yn unig, ac sydd yn byw i'r Iesu bob dydd. Person sydd wedi rhoi crefydd bersonol o'r neilltu ac wedi credu tystiolaeth Duw am ei Fab, wedi credu yn y Mab, ac yn awr yn byw i'r Iesu."*

ADNABOD

Nicodemus

Mae'r Suliau diwethaf wedi bod yn rhai digon digri, efo'r eira yn atal unrhyw fath o rediad esmwyth i oedfaon yn y gwahanol gapeli. Mae'n rhyfedd fel y caiff tywydd y fath effaith, a hynny yn weddol annisgwyl. Y broblem gyda hynny i gyd yw bod y gwaith yn wynebu rhyw atalfa, ac mae'r llif arferol yn cael ei dorri. Nid bod hynny ynddo'i hunan yn anhawster, yn wir gall torri ar y llif fod yn fantais os yw'r cyfan yn mynd i rigol. Mae yna bethau ddaw i dorri ar ein rhagdybiaethau, i dorri hyd yn oed ar ein dealltwriaeth o gyfeiriad a phwrpas bywyd, ac o bryd i'w gilydd mae hynny yn fanteisiol.

Y cwestiwn yw, sut wyf fi yn delio gyda hyn? Ydw i am ddefnyddio'r pethau hyn i gyd mewn ffordd fanteisiol? Yn efengyl Ioan, mae'r hanes am Nicodemus yn un diddorol. Dyma ddyn na fuasech yn credu ei fod yn naturiol mewn rhigol. Roedd yn athro yn Israel, hynny yw, roedd yn ddyn oedd yn gyfarwydd iawn â geiriau Duw yn y Beibl, mi fyddai'n gwybod geiriau'r Hen Destament ar ei gof. Meddyliwch am yr wybodaeth oedd ganddo, ac eto, mae Iesu am ddweud wrtho ei fod heb ddealltwriaeth ysbrydol. Un peth oedd o'i blaid, mi aeth at Iesu, er ei fod yn gwneud hynny yn y nos, rhag i neb o'i gyfeillion ei weld mae'n debyg. Roedd wedi clywed am Iesu, tebyg mai clywed am ei wyrthiau, am ei eiriau, ac roedd yn ymwybodol fod yna rhywbeth oedd yn eisiau yn ei fywyd. Roedd Nicodemus mewn rhigol grefyddol, roedd yr wybodaeth i gyd ganddo, ond doedd ganddo ddim dealltwriaeth, dim adnabyddiaeth, dim profiad o fywyd yr efengyl. Mae Iesu'n torri ar draws canmoliaeth Nicodemus gan ddweud wrtho fod yna ffordd allan, ffordd wahanol, dim llai na dechreuad newydd, un sydd yn cael ei ddisgrifio fel aileni. Cafodd Nicodemus anhawster i ddeall, ond yn ddiweddarach yn yr hanes clywn am Nicodemus eto, yn awr fel yr un sydd yn gofalu am gorff Iesu ar ôl ei farwolaeth. Mae'n manteisio ar y digwyddiad, yn gwrando ar Iesu, yn profi bywyd newydd.

Tebyg na allwch feddwl am ffordd fwy dramatig o dorri ar draws llif arferol bywyd, ac eto, yn ôl Iesu, dyma'r digwyddiad sydd yn angenrheidiol i adnabod teyrnas Dduw yn y galon, yn ein bywyd, ac am byth. Nawr, sut bynnag mae hyn yn digwydd yn ein bywydau, yn raddol neu mewn eiliad, mae'n newid angenrheidiol yn ôl Iesu. Ydyn ni yn yr un rhigol â Nicodemus? Oes angen yr un her arnom ni?

―――――― ADNABOD ――――――

Sul y Blodau

Heddiw yw'r dydd y byddwn yn cofio am y daith fuddugoliaethus i mewn i Jerwsalem, am y tyrfaoedd oedd yn cyfarch a chroesawu Iesu fel brenin i mewn i Jerwsalem. Cofiwn yr olygfa, gyda llu yn chwifio canghennau palmwydd i gyfarch y brenin a ddaeth, nid ar farch rhyfel, nid mewn rhwysg, ond ar ebol asyn, y 'Brenin Tlawd'. Mae'n ddigon i ni i ryfeddu at ei barodrwydd i ddod i'r byd, ei barodrwydd i ddod i Jerwsalem, ei barodrwydd i wynebu'r wythnos olaf yma yn ei fywyd daearol, a'r cwbl er ein mwyn ni. Rydym yn dathlu heddiw, nid yn gymaint gyda'r bobl oriog yma yn Jerwsalem, ond gyda'r saint ym mhob cenhedlaeth sydd wedi croesawu Iesu, eu Brenin, i mewn i'w bywydau am iddo fyw a marw yn eu lle.

Mae fy holl atgofion plentyndod o Sul y Blodau yn troi o amgylch tri pheth a ddigwyddai yn flynyddol ddi-dor yn ein cartref. Mi fyddai dad yn ceisio sicrhau y byddai'r ardd wedi ei throi, mi fyddai mam wedi gwneud ei siwrne flynyddol o amgylch mynwentydd cylch Machynlleth i osod blodau newydd ar feddau'r teulu, ac ar y Sul ei hunan, mi fyddem yn mynd yn ein dillad newydd i lawr i Gei Newydd ar gyfer cymanfa ganu flynyddol yr Annibynwyr. (Roedd y profiad o dreulio tair oedfa yn gwrando ar ganu yn cael ei orbwyso gan y profiad o gael bod yn y Cei rhwng yr oedfaon!) Oherwydd y cwbl i gyd, gan gynnwys cymanfa arall ar Lun y Pasg, fel plant roeddem yn ymwybodol bod hon yn wythnos arbennig ym mywyd y capel. Ni allaf ddweud bod y Nadolig yn cynnal yr un prysurdeb, oherwydd un parti oedd hwnnw'n ei gynnig.

Yn ddiarwybod i mi felly, roedd yna ymwybyddiaeth o bwysigrwydd yr wythnos fawr hon yn cael ei hau yn fy meddwl ers fy mlynyddoedd cynnar. Wedi rhoi fy mywyd i'r Iesu daeth gwir ystyr gwaith yr wythnos yn eglur, a dyna'r adeg pan welais gyntaf pam fod y digwyddiadau yn Jerwsalem gannoedd o flynyddoedd ynghynt yn ddigwyddiadau oedd ag arwyddocâd personol iawn i bob Cristion. Eleni eto, mi fyddwn yn cael cyfle dros y dyddiau nesaf i gerdded drwy'r wythnos gyda'n gilydd, gan atgoffa'n gilydd o'r angen am i hon fod yn wythnos sydd ag ystyr arbennig i ni. I'r Cristion, pan fydd yn addoli, yn cerdded, yn gweddïo, yn cyrraedd y Nefoedd, digwyddiadau'r wythnos hon fydd testun ei gân, a thestun ei ryfeddod. Ac . . .

'Er treulio myrdd o oesoedd glân,
Ni fydd y gân ond dechrau.'

ADNABOD

Dyna pam rwyf mor hoff o eiriau Isaac Newton -

> *'When we've been there ten thousand years,*
> *Bright shining as the sun;*
> *There's no less days*
> *To sing God's praise*
> *Than when we first begun.'*

- Cymanfa'n wir !!!

ADNABOD

Tymhorau a'u gwersi

Daeth arwyddion clir o'r gaeaf dros y deuddydd diwethaf, a rhyfedd oedd dod allan o'r cyfarfod plant nos Iau a gweld haenen o eira yn gorchuddio'r ddaear. I'r rhai hynny ohonoch sydd ddim yn hoffi eira, tebyg y bydd y cyfan wedi diflannu erbyn ichi ddarllen y Llais.

    Mae natur yn athro amlwg iawn, yn yr ystyr ei bod yn ein dysgu'n glir pryd mae tymhorau'n newid. Mae'r nosweithiau wedi hel i mewn wrth i'r haul 'bellhau', a bellach mae canlyniadau hynny i'w gweld wrth i'r tymheredd syrthio, a ninnau ar drothwy'r gaeaf eto. Ond dyna ni, mae pawb yn gwybod ei fod yn dod, ac felly pawb wedi paratoi. Un sobr iawn ydw i am gofio edrych i weld faint o olew sydd yn y tanc, ac mae lle i ddiolch eto fod Sarah yn gofalu, neu mi fyddai'r gwres canolog wedi hen ballu. Ond yn gyffredinol, mi fyddwn yn gofalu yn weddol daclus, gan mai nid hwn yw'r gaeaf cyntaf a welwyd, ac mae'r arwyddion yn ddigon clir.

    Yn anffodus, mae hi dipyn yn anos gwybod pa dymor yw, cyn belled ag y mae ein cyflwr ysbrydol yn y cwestiwn, p'run ai yn bersonol, neu fel eglwysi. Mae yna arwyddion, ond rydym yn cael anhawster i'w deall a'u gweld. Yn y bywyd personol, bydd prysurdeb, prysurdeb aelwyd, prysurdeb gwaith, prysurdeb cymuned, prysurdeb bywyd, a phob math o alwadau yn gwasgu unrhyw ystyriaeth o arwyddion ein tymheredd ysbrydol i bellafoedd y cof. Ond, mae'n angenrheidiol gwneud amser i hyn, i holi ein hunain, archwilio ein bywydau, ein bywyd gweddi, ein defosiwn, ein perthynas â Christnogion eraill, ac uwchlaw pob dim, ein perthynas â Iesu ei hunan. Dyma'r unig beth sydd yn dragwyddol, dyma'r unig berthynas sydd yn diogelu enaid, dyma'r unig waith â'i effaith yn dragywydd.

    Yn yr un modd, mae'n anodd dirnad pa dymor yw hi ar yr eglwys gan fod y gaeaf yn dod yn ddisymwth, heb rybudd, a Haul Cyfiawnder, Iesu ei hunan, wedi ein rhybuddio'n glir ei fod yn abl i symud ei bresenoldeb o gynulleidfa. Mae yna arwyddion amrywiol, rhai yn awgrymu fod yna wanwyn ar droed, ond mae'r difaterwch, diffyg ymroddiad, esgeulustod, a bydolrwydd, diffyg cariad a chonsyrn, yn awgrymu ein bod yn parhau yn nyddiau'r gaeaf. Beth wnawn ni? Sut dylem ni deimlo? Y cysur pennaf heddiw yw bod yr Haul yn dal i wenu, a buan y gallwn symud i fan lle mae ei wres i'w brofi'n amlwg. Symud at Iesu, mewn edifeirwch, mewn mawl, mewn ymddiriedaeth. Ei roi ef yn y canol, ei roi ef yn gyntaf, ac yn bersonol, ac fel eglwysi, mi fyddwn yn profi'n fuan 'wanwyn Duw'.

―――――― ADNABOD ――――――

Claddu fy mhen!

Dydd Gwener diwethaf, bûm yng nghyfarfod y Panel Diogelwch Plant, gwaith rwyf wedi bod ynglŷn ag ef er y cychwyn. Dyma'r panel wnaeth gyhoeddi'r ffeil las sydd ym mhob capel, ffeil sydd yn cynnwys gweithdrefnau i hybu ymwybyddiaeth o ddiogelwch plant yn yr eglwysi. Erbyn hyn, fe ddylai pawb sydd â gofal plant, neu sydd yn dod i gysylltiad â phlant, fod wedi mynychu'r cwrs hyfforddiant. Mae hyn yn bwysig, nid yn unig oherwydd y lles amlwg a ddaw o ganlyniad, ond oherwydd ei bod yn ofynnol bellach gan ein cwmni yswiriant.

    Mae hyn yn dod â mi at fyrdwn y neges y bore ma. Yn anffodus, mae yna nifer fawr o bobl yn y gymdeithas a hefyd yn yr eglwys sydd o ran eu hagwedd yn ymdebygu i'r estrys. Maent yn mynnu nad yw'r byd yn newid, nad oes angen poeni o gwbl am reolau a disgwyliadau newydd, ond yn hytrach, maent yn defnyddio eu holl egni i daranu yn erbyn y sefyllfa fel ag y mae hi. I'r rhain, mae'r gorffennol yn nefoedd, heb weld mai oherwydd camgymeriadau'r gorffennol y daeth nifer o'r pethau hyn arnom.

    Ym maes diogelwch plant, mae'r eglwys wedi bod yn euog o geisio cuddio pechodau a chaniatáu i oedolion sydd wedi cam-drin, gael parhau mewn sefyllfaoedd lle y gallant barhau i wneud hynny. Ym maes adeiladau, rydym yr un mor iwtopaidd, yn credu fod plant, pobl ifainc, rhieni, pobl anabl a hyd yn oed yr henoed yn barod i ddod i adeiladau sydd yn amhriodol. A'r un modd yng nghredo a diwinyddiaeth yr Eglwys. Mae edrych yn ôl yn dangos fod y camgymeriad a wnaethom o wneud dim mwy na phedlera diwylliant ar draul Efengyl wedi arwain ein cenhedlaeth i weld nad oedd gan hyn ddim i'w gynnig nad oedd ganddynt eisoes. Os bu inni geisio newid hyn o fewn yr eglwysi dros y blynyddoedd diwethaf, nid ydym wedi gwneud digon o bell ffordd! Rhaid ymestyn i geisio gorseddu Iesu yn ôl yng nghanol y gwaith, ac fel rheswm dros bob gweithgarwch. Drwy wneud hynny, mi fydd ein pobl yn dystion, nid yn unig yn yr Eglwys, ond yn eu bywydau o ddydd i ddydd, ac yn ennill pobl eraill i geisio Iesu Grist. Rydym ni yn y gwaith o adeiladu'r Eglwys, a golyga hyn nid yn unig awydd i weld unigolion yn cael eu hadeiladu yn yr Eglwys, ond unigolion yn mynd allan o'r Eglwys i fod yn 'halen y ddaear'.

ADNABOD

Ffrindiau da

A minnau wedi bod yn weinidog bellach ers bron i 21ain mlynedd, rwyf wedi cyfarfod â llawer, ac wedi gweithio ymhlith llawer sydd wedi bod yn gefn imi yn y gwaith. (Cofiwch mae yna ambell un wedi bod fel arall hefyd!) Beth bynnag, daeth y newydd ddiwedd yr wythnos fod yna un o flaenoriaid fy eglwys gyntaf wedi marw, gwraig a fu yn ffrind, ac yn ofalus ohonof, yn agor ei chartref ac yn diogelu fod bachgen ifanc sengl, oedd yn meddu mwy o sgiliau bwyta bwyd na sgiliau paratoi bwyd, yn cael tendans parod. Bu iddi, gyda'i gŵr, fy nghadw rhag anobeithio, bu iddynt wrando yn ofalus pan oedd trafferth y dydd yn gwasgu, ond uwchlaw popeth, wrth bregethu neu arwain astudiaeth, roedd yna werthfawrogiad cyson. Roedd ei thad, y diweddar Barchedig Jenkin Lewis yn rhagflaenydd imi yn yr eglwys, ac mae'n siŵr y gallai fod wedi fy nghymharu ag ef, a gweld llu o feiau mewn bachgen ifanc a dibrofiad. Ond nid felly y bu, ac er nad oedd yn arbennig o gyhoeddus ei chyfraniad, gwerthfawrogais yn arw ei chyfraniad mewn gweddi drosof droeon, ochr yn ochr â'i charedigrwydd ymarferol. Hi hefyd oedd yr organydd yn ein priodas, ac fe glywais i hi yn gwerthfawrogi droeon bregeth y Parch Watcyn James y diwrnod hwnnw.

Pa fath o gyfaill wyt ti? Braint imi yw medru tystio i gyfeillgarwch yn aml, ond beth mae pobl yn ei ddweud amdanaf i, amdanat ti tybed? Fyddwn ni yn gweld beiau, neu yn cuddio beiau? Yn codi calon neu yn torri calon? Yn annog neu yn digalonni? Yn cynnal neu yn pwyso? Ac yna, a ydym yn gweddïo, yn cofio o flaen Duw? Rydym yn medru bod yn hunanol iawn yn ein perthynas ag eraill, beth am ein bywyd gweddi? Erbyn rhestru ein hanghenion ni, oes yna le i unrhyw beth arall? Gwyddom fod Duw yn galw arnom i ddod â'n beichiau, ond mae perygl mewn cyfyngu ein hunain i hyn yn unig.

Mae disgwyliadau Iesu arnom gyfryw fel ei bod yn berffaith amlwg na allwn fod yr hyn ddylem ei fod heb ei adnabod yn iawn. Nid gwahoddiad i ymdrech sydd yn y geiriau yma, ond gwahoddiad i ganiatáu i Dduw ein herio, i edrych ar ein bywyd i weld a oes ôl gwaith Duw arnom. Ni fyddwn yn cael ein derbyn gan Dduw yn y diwedd oherwydd ein bod yn glên, ond mae gennym gryfder i gyfeillgarwch a chariad iawn os yw Duw wedi ennill ein calon, os yw Iesu yno yn Arglwydd. Ac os yw yno, er ein bod yn methu, ni ddylem fethu oherwydd diffyg ymdrech i feddiannu nerth Duw i fod yn bobl Iddo yn ein perthynas ag eraill. Mae hunanoldeb yn deillio o fywyd lle mae'r hunan yn y canol; Iesu sydd i fod yn y canol ym mywydau ei bobl.

ADNABOD

Bod yn ffrind

Fel y gwelwch, rwyf wedi dychwelyd yn ddiogel o'r Gymanfa Gyffredinol yn Llambed, ac er bod fy ysbryd bron â'i ddryllio'n llwyr, eto does dim amheuaeth bod y cyfle i gwrdd â hen ffrindiau wedi bod yn felys iawn. Mae'n un peth rhyfedd iawn am fy mherthynas â'm ffrindiau! Byddaf wrth fy modd yn eu cwmni, yn mwynhau sgwrsio, hel atgofion, rhannu profiadau calonogol ynghyd â rhannu rhwystredigaethau, ond, wedi eu gadael, mae'n sobr o anodd cadw cysylltiad parhaus. Efallai fy mod yn rhy brysur, neu yn esgeulus, ond byddaf yn meddwl yn aml y dylwn wneud mwy o ymdrech. Mae gennyf ffôn, e-bost, llythyrdy gerllaw, car, popeth ddylai wneud y gwaith yn rhwydd iawn, ac eto byddaf yn methu.

Yr un peth a welwn yn ein perthynas â'r Arglwydd Iesu Grist. Eto, does dim i gymharu â bod yn ei gwmni, dim i gymharu â threulio amser yn gweddïo neu yn moli, neb sydd yn fwy parod i'n derbyn wrth rannu profiadau o lawenydd a thristwch; ond, mae diogelu'r berthynas yn rhywbeth all fod yn anodd o ddydd i ddydd. Mae pob cyfleustra gennym yn hyn hefyd, pob math o lyfrau i'n helpu i ddeall ei waith, Cristnogion i'n cynorthwyo, cyfarfodydd amrywiol i'w mynychu, ac eto, byddwn yn aml yn ei wasgu allan o'n bywydau.

Tybed ai fel hen ffrind, neu fel un rydym yn barhaus yn ei gwmni y byddwn yn adnabod Iesu yn yr oedfa heddiw? Peidiwch â gadael i'ch perthynas ag Ef fynd yn oeraidd, peidiwch â'i esgeuluso, oherwydd wrth ddiogelu adnabyddiaeth bersonol, byddwch yn adnabod cyfaill sydd yn werth ei gael, a hynny ym mhob amgylchiad.

ADNABOD

Byddwch yn barod

Peth rhyfedd yw eira! Yn ystod yr wythnos ddiwethaf, fe fu yna ragolygon o dywydd difrifol gydag awelon oer o Begwn y Gogledd i ysgubo drwy ein gwlad. Yn unol â'r proffwydo, fe ddaeth blanced dros sawl ardal yng Nghymru nos Iau fel bod Jonsi yn mynd i elfen o orfoledd fore Gwener wrth iddo gymryd arno'i fod yn gyfarwyddwr y genedl yng nghanol ei thrybini. Roeddwn i ar fy ffordd yn ôl o Aberangell, ac roedd yna eisoes ddarnau digon peryglus ar y ffordd o amgylch Tal y Llyn, Llanuwchllyn a Gellïoedd. Er, dwi ddim yn sicr beth oedd fwyaf brawychus, ai gweld yr eira ar y ffordd, neu weld olion olwynion ceir yn mynd i bob math o gyfeiriadau ar y ffordd. Mae'n amlwg fod yna amryw wedi bod yn goryrru (rhywbeth na fyddaf fi byth yn ei wneud wrth gwrs!) ac wedi colli rheolaeth.

Roeddwn yn gwrando ar adroddiad newyddion lle'r oedd y gohebydd yn dweud sut y gall y tamaid lleiaf o eira ddod â phopeth i stop braidd. O feddwl ein bod yn rhai mor abl, yn bobl sy'n medru teithio i bobman, 'does ond angen modfedd neu ddwy, ac mae'n trefniadau'n cael eu drysu'n llwyr gan ei fod mor annisgwyl. Y tro hwn roedd pawb yn gwybod ei fod ar ddod, pawb yn gwybod hefyd ei bod yn aeaf, ond neb wedi ei ddisgwyl, neb wedi paratoi ar ei gyfer. Yn ôl un swyddog sirol yn y de, *"doedden ni ddim wedi disgwyl hyn!"*

Braidd nad oes angen imi gymhwyso hyn i gyd i'n sefyllfa bresennol. Nid yn unig cawn bobl yn tybio eu bod yn medru gwneud popeth, yn ddigonol i bopeth, ond cawn bobl sydd yn gwybod fod yr oerni ar ddod, stormydd ar y ffordd, ac eto yn gwbl ddi-baratoad ar eu cyfer. Mae'n berffaith wir ein bod i gyd yn dymuno y buasai'n haf o hyd, ond dim ond breuddwyd ffŵl yw hynny. Nid felly mae bywyd yn gyffredinol, ac wrth gwrs, nid felly mae'r bywyd ysbrydol chwaith. Yn ein bywydau o ddydd i ddydd, mae'n angenrheidiol cofio y daw dyddiau digon blin, a rhaid gofyn, a ydym wedi paratoi yn y dyddiau da i gynnal ein hunain pan ddaw'r tywydd blin? Fe ddaw siom, fe ddaw methiant, fe ddaw salwch, fe ddaw angau! Yn y bywyd ysbrydol fe ddaw cyfnodau o bellhau, fe ddaw dyddiau pan fydd Duw yn ymddangos ymhell.

Nawr yw'r amser i baratoi, i sicrhau na fyddwn yn llithro yn y dydd blin. Heddiw yw dydd gras sy'n rhoi cyfle i geisio ac i adnabod yr Un all ein cynnal. Heddiw yw'r dydd i wneud yn sicr, beth bynnag ddaw, ein bod yn derbyn Iesu yn Waredwr, yn Arglwydd, yn Ffrind, yn ddigon i ganol tragwyddoldeb.

'Craig yr oesoedd, cuddia fi, er fy mwyn y'th holltwyd Di'

ADNABOD

Cwmni'r saint

Cawsom gwmni cyfeillion o'r de yn ystod yr wythnos a bu'r ychydig ddyddiau'n fendithiol iawn. Rydym wedi meithrin perthynas dros nifer o flynyddoedd ac mae'r cwlwm sydd rhyngom yn adlewyrchu'r ffaith ein bod yn brofiadol o'r un Gras, a'r un cariad at yr Arglwydd Iesu Grist. Wrth dreulio amser yng nghwmni ein gilydd, roeddwn yn gwerthfawrogi o'r newydd y cyfle i drafod y ffordd mae Duw wedi delio â'n bywydau, trafod yr anawsterau a'r temtasiynau, a chael blas ar gymharu'r bendithion rydym wedi eu derbyn. Nid ein bod yn treulio'r holl amser yn delio ag ymwneud Duw, roedd cyfle hefyd i siarad am y plant, a hyd yn oed i drafod y rygbi!

Byddaf bob amser yn pwysleisio'r angen am ddarganfod ffrindiau da. Nid yn unig mae yna werth mewn cyfeillgarwch, ond mae yna gymorth mawr i'r Cristion ym mhrofiadau Cristnogion eraill. Mae bywyd yn rhy fyr i ddarganfod yr holl fendithion eich hunan, ac yn sicr yn rhy fyr i wneud y camgymeriadau mae eraill eisoes wedi dysgu oddi wrthynt. Mae Duw wedi darparu pob math o fendithion, a dylem wneud yn fawr o'r bobl hynny sydd yn cerdded yr un daith â ni. Gwnewch yn fawr o gwmni'r saint, yn yr Eglwys ac yn eich bywydau bob dydd. Mae cwmni da yn sicr o fod yn ddylanwad da.'Does ryfedd ein bod yn aml yn methu yn ein cerddediad pan fyddwn yn treulio gormod o amser yng nghwmni pobl sydd heb fod yn rhannu'r un dymuniadau a syniadau am dduwioldeb â'r Cristion. Mae'n bwysig nad yw Cristnogion yn cefnu ar y byd, nac ar eu cyd-Gristnogion.

ADNABOD

Cyfleon

Rydym wedi bod yn mwynhau tywydd braf eto heddiw. Mae Sarah yn gweld hwn yn gyfle ardderchog i geisio cael trefn o gwmpas y tŷ cyn i'r Hydref ddod a chyn i gyfleon i dacluso ddiflannu. Dwi bron â gorffen y gwaith ar y rhestr, ar wahân i dorri'r gwair sydd yn dal i dyfu gyda brwdfrydedd. Tybed faint ohonoch chi sydd wedi ceisio gwneud yn fawr o gyfleon gwahanol yn ystod yr wythnos ddiwethaf - cyfle i edrych am rywun, cyfle i ddweud rhywbeth, i wneud rhywbeth? Mae'n siŵr fod yna nifer ohonoch fel fi sydd wedi methu cyfleon hefyd. Ar ddechrau'r wythnos, byddaf yn llawn bwriadau i wneud llond gwlad, ac i ddal i fyny efo'r gorchwylion bugeiliol yn arbennig, sydd wedi hel dros mis Awst. Erbyn heno, â'r wythnos wedi mynd heibio, mae yna bethau yn dal i aros, gan obeithio y daw wythnos nesaf â gwell trefn. Y broblem fyddaf yn gorfod ei hwynebu yw delio gyda'r adnod honno, 'ni wyddost beth a ddigwydd mewn diwrnod', ac felly y bu wythnos ddiwethaf a.y.b., ond, mae yna bethau sydd raid eu gwneud, ac ni ddylai unrhyw beth ddod ar eu traws.

Mae'r un peth yn wir am ein holl ymwneud â Duw. Faint ohonom tybed sydd wedi bwriadu sawl gwaith rhoi lle i Dduw yn ein bywydau, yr had wedi ei hau, ond yna, gofalon y byd wedi dod i'w dagu? Pwy a ŵyr beth a ddigwydd mewn diwrnod, a pha un ohonom ni sydd yn gwybod i sicrwydd y daw'r cyfle mae heddiw yn ei gynnig, fyth i'n rhan eto? Gall ein hamgylchiadau newid yn sydyn iawn, a diolchwn am y cynnal sydd wedi bod drosom hyd yn hyn, gan gydnabod na wyddom ddim am yfory. Gadewch inni wneud yn fawr o'r dydd felly, a rhoi'r flaenoriaeth ddyladwy i'n henaid. Gadewch inni geisio Duw o'r newydd tra bod y breintiau hyn o fewn ein gafael, fel, pan ddaw newid, y bydd gennym oll graig i'n dal a'n diogelu.

ADNABOD

Golau oren

Cefais brofiad diddorol iawn y dydd o'r blaen. Roeddwn wedi teithio am y de, ac wedi imi dreulio'r noson ym Mhontypridd dyma gychwyn am y swyddfa yn Abertawe. Mae hynny yn golygu taith go dda ar hyd yr M4, taith ddigon prysur yn y bore. Beth bynnag, a minnau yn mynd yn gymedrol yn ôl fy arfer (!), sylwais fod y traffig o'm blaen yn arafu yn sydyn iawn. Yn naturiol, breciais, ac o gornel fy llygad, gwelwn olau oren ar y sgrin fach wrth ymyl y mesurydd cyflymder. Golau yn fy rhybuddio fod rhywbeth o'i le ar y brêc! Cyn ichwi ofidio dim, roedd y car yn arafu yn iawn, ond rhaid cydnabod fod y cyfan yng nghefn fy meddwl wrth imi barhau ar fy nhaith, ac felly gyrrais yn arafach nag arfer.

Wedi cyrraedd Abertawe, cefais hyd i ddyn bach handi oedd yn medru trwsio brêcs cefn y car, a hwnnw yn dweud wrthyf nad oedd yna berygl, gan fod ceir heddiw yn rhoi rhybudd digonol cyn ichwi fynd i unrhyw helbul. Rhaid cydnabod nad wyf yn un da iawn am weithredu ar y rhybuddion yma fel arfer, yr un fath â'r rhybudd am y bil ffôn, rhaid i hwnnw droi yn goch cyn imi feddwl gwneud rhywbeth ynglŷn ag ef! Gobeithio nad yw hwn yn glefyd cyffredin yn yr ofalaeth, yn wir, fuaswn i ddim yn cynghori neb i wneud yr un fath rhag ofn...!

Wrth fynd yn y car, dyma feddwl sut mae rhybuddion yn medru effeithio arnom; y newidiadau, y camau y byddwn yn eu cymryd os ydym yn eu hystyried yn iawn. Yn sicr, nid yw gadael y peth i fynd yn opsiwn. Felly yn union mae hi yn ein bywydau ysbrydol. Wrth natur, does dim diddordeb yn y gwir Dduw yn perthyn inni. Mae gennym ddiddordeb mewn rhywbeth neu'i gilydd, ond nid yn y peth iawn; dim diddordeb mewn cael ein newid gan y Duw sydd yn rhoi bywyd newydd yn Iesu Grist. 'Does gennym fawr o ddiddordeb mewn newid o unrhyw fath, ar wahân i ambell i beth arwynebol.

Y diwrnod o'r blaen roeddwn yn gofyn i rywun beth hoffai newid amdano'i hunan yn ystod y flwyddyn newydd, cyn cael ateb maith am steil gwallt - cwbl amherthnasol i mi! Mae rhybuddion y Beibl am ein hangen am faddeuant, am fywyd, am berthynas iawn â Duw yn Iesu Grist yn heriol, yn mynnu ymateb a pharodrwydd i gymryd ein newid. A ydym ni yn ddigon dewr i fentro i wneud yr hyn sy'n angenrheidiol, i gredu, i roi ein hunain i'r Iesu tra bo'r cyfle gennym?

ADNABOD

Methu cyfle

Dydd Iau, roeddwn ar fy ffordd adref o'r de, ac wedi addo galw heibio Coleg y Bala erbyn 8 yr hwyr. Sylweddolais wrth ddod i fyny, fod gennyf amser yn sbâr cyn cyrraedd. Nawr, fel rheol, mi fyddaf yn cyrraedd ar y funud olaf, dim ond cael a chael yn fynych. Dwi ddim yn siŵr o'r rheswm; tebyg fy mod yn cychwyn yn rhy hwyr!!! Beth bynnag, wrth ddod i fyny Bwlch Talyllyn, ac yn fy mlaen dros Gefnyclo i Cross Foxes ac i gyfeiriad Brithdir, penderfynais stopio'r car i fynd lawr am dro at yr afon. Mae yna lwybr bychan ar y chwith ac arwydd 'Torrent Walk' beth bynnag yw hwnnw yn y Gymraeg. Does gen i ddim syniad sawl gwaith rwyf wedi teithio heibio i'r lle, a byddaf yn dweud yn aml fy mod am gymryd y cyfle i fynd i lawr i olwg yr afon, felly, o'r diwedd, gyda chamera yn fy llaw, i lawr â fi.

Ychydig bach yn siomedig yw'r daith, fawr iawn i'w weld ar wahân i raeadr fechan, ac mae'n debyg mai'r peth harddaf oedd y coed lliwgar, coed rhododendron ar eu gorau. Beth bynnag am hynny, roedd bwriad blynyddoedd wedi ei gyflawni.

Pwy a ŵyr nad oes yna leoedd felly yn eich profiad chi, neu'n bwysicach fyth, pobl felly. Mi fyddwch yn bwriadu mynd yno, mynd i'w gweld, ond am ryw reswm neu'i gilydd nid yw'r cyfle wedi cynnig ei hunan hyd yn hyn. Efallai eich bod yn rhy brysur, ar frys, erioed wedi gwneud y dasg yn flaenoriaeth. Roedd rhywun yn dweud wrthyf yn ddiweddar eu bod wedi bwriadu dringo'r Wyddfa, ond gan fod y blynyddoedd wedi mynd, bellach y gorau y medrent obeithio oedd dal y trên. Tristach yw'r bobl hynny sydd wedi colli cyfle i weld rhywun, i ddweud rhywbeth, i ddilyn rhyw drywydd.

Felly mae hi'n aml efo'r ymateb mae Iesu yn ei ddisgwyl gennym. Efallai ein bod wedi bwriadu mynd i'r oedfa, wedi bwriadu cael sgwrs efo Cristion, wedi bwriadu gweithredu ar ein penderfyniad i weddïo, i ddarllen y Beibl, i roi ein hunain yn llwyr i Iesu. Mae gennyf ffrind yn y de oedd wedi bod mewn oedfa unwaith lle roeddwn yn pregethu, ac wrth ddod oddi yno penderfynodd y byddai yn mynd adref ar ei union i roi ei galon i'r Arglwydd. Wedi cyrraedd, dyma ddarganfod ei fod wedi cael ei gloi allan, ac yn y gwaith o estyn ysgol, edrych am ffenest, a cheisio torri i mewn, aeth y cyfle heibio. Trwy ryw ragluniaeth ryfedd, roedd fy mrawd yn pregethu yno'n fuan ar ôl hynny, a diolch i Dduw, fe ddaeth y cyfle eto, a bellach mae'n un o'r bechgyn anwylaf yn ei gerddediad gyda'r Arglwydd.

Beth bynnag arall fyddwn yn gofidio am fethu'i gyflawni, am ei osgoi, am fod yn rhy brysur i'w wneud, peidiwch â gadael i ddim byd ddod rhyngoch â phobl, nac ychwaith rhyngoch â phenderfyniad i sicrhau eich bod yn eiddo i Iesu, ei fod yn Arglwydd yn eich bywyd.

ADNABOD

Emynau newydd?

Yn ystod haf 2006, cefais gyfle eto i fynychu cynhadledd Gristnogol yn Aberystwyth. Nawr, 'does angen fawr iawn o esgus arnom i fynd i Aberystwyth, yn wir, mae Sarah yn gwirioni ar y lle. Pan mae'n braf, mae mynd am dro ar hyd y prom, neu fynd i'r wlad o gwmpas, yn bleserus anghyffredin. Mi fyddwn yn cael cyfle i gwrdd â ffrindiau hefyd, cael yr hanesion diweddaraf am eu teuluoedd, cael cyfle i rannu profiadau ysbrydol, ac i sgwrsio am yr hyn y mae Duw yn ei wneud mewn gwahanol ardaloedd. Ochr yn ochr â hyn, cawn gyfleoedd i rannu cyfnodau yn addoli mewn capel llawn.

Eleni, ar y prynhawn dydd Iau, roedd S4C yn recordio rhaglen gyntaf cyfres newydd o Dechrau Canu Dechrau Canmol. Daeth llond gwlad o bobl at ei gilydd, ac ar brynhawn poeth, cafwyd amser braf yn mynd drwy rai o emynau mwyaf cyfarwydd Cymru, ynghyd â rhai emynau mwy newydd. Fe wyddoch yn iawn fy mod yn ffafrio emynau'r ddeunawfed neu'r bedwaredd ganrif ar bymtheg, yn wir, mi fydd yna un yn arbennig yn Heulfryn yn aml yn dweud fy mod yn eu ffafrio ar draul popeth arall! Ond mae gan Sarah bleidiwr newydd bellach, gan i Catrin sôn ar ôl yr oedfa'r Sul diwethaf ei bod yn ei chael yn anodd addoli'r Arglwydd Iesu drwy gyfrwng emynau oedd, yn ei thyb hi, yn drwm a beichus.

Ymhlith yr emynau 'newydd' mae yna ddau fath i'm golwg i. Mae yna emynau sydd wedi eu hysgrifennu yn y dull traddodiadol, ond y maent yn sobr o brin o unrhyw gynnwys profiadol ysbrydol, unrhyw elfen o athrawiaeth Feiblaidd, gan gael eu cyfyngu gan fwyaf i delynegu digon prydferth, ond ddim yn rhoi Duw, a'i waith yn Iesu Grist drosom, yn y canol. Mae'r rhain yn bethau 'poblogaidd', maent yn cadw gwaith y capel yn orchwyl crefyddol, heb fod yn benodol, heb fod yn bersonol. Cewch glywed yn aml am ryw feiau o eiddo pobl, rhyw harddwch, rhyw wirionedd, ond does dim manylu, dim dweud, 'dyma'r gwirionedd'. Dydy'r ail grŵp ddim yn 'boblogaidd', oherwydd ar y naill law mae'r arddull yn newydd, ond yn fwy na hynny, mae'r geiriau yn llawer rhy bersonol i amryw. Er bod ymdrech i guddio tu ôl i'r syniad nad ydynt yn cystadlu gyda'r 'hen emynau', y gwir amdani yw bod y profiadau personol sydd ynddynt yn ddieithr i ni. Gallwn fyw gydag ystrydebau gwag, ond mae'n anos o lawer byw gyda gwirionedd plaen, profiadau real a phersonol.

ADNABOD

Rhowch i mi Williams, Ann Griffiths, David Charles ac Edward Jones, ond petawn yn gorfod dewis y newydd, a gwneud hynny sydd raid gan ein bod yn byw heddiw ac yn ceisio cyfleu gwefr addoli Iesu i'n cenhedlaeth ni, peidiwch â rhoi emynau disylwedd, dibrofiad imi. Nid yw'r rhain yn gwneud dim i gyrraedd y nod o addoli'r Arglwydd am ei waith yn Iesu Grist. Rhowch y caneuon hynny sydd yn siarad am ryfeddod gwaith Duw, gwaith Iesu, gwaith ei Ysbryd; emynau sydd yn adleisio'r hyn y mae fy nghalon wedi ei brofi o waith gras Duw, yr hyn yr wyf wedi ei brofi o'i gariad.

ADNABOD
Yr etholiad

O droi'r teledu ymlaen, mi fyddech yn credu fod pawb wedi gwirioni ar yr etholiad. Honno ddydd Iau, a thebyg, o wrando, bydd yr etholiad hwn yn un cwbl dyngedfennol. Beth bynnag am hynny, mae yna rywrai yn credu felly i'r graddau fod parch ac urddas wedi hen ddianc, a bellach mae'n dderbyniol i gyhuddo pobl o dwyllo, i ymosod ar gymeriad, i orliwio, unrhyw beth yn wir er mwyn ennill pleidlais, os yw hynny drwy godi ofn, neu drwy berswâd arferol. Cofiwch, dwi'n meddwl ei bod yn angenrheidiol i bleidleisio, yr unig anhawster yw - pleidleisio i bwy?

Mae'r cwestiwn yma'n un sydd wedi rhannu Cristnogion dros y blynyddoedd, a dweud y gwir, wedi achosi cryn anhawster i nifer. Yr unig beth sydd yn briodol i nodi yw nad oes yr un blaid 'Gristnogol' yn y wlad yma, ond mae yna elfennau 'Cristnogol' yn perthyn i'r rhan fwyaf ohonynt. Rhaid gochel felly rhag bod yn rhy bendant mewn materion fel hyn, gan gydnabod fod ein lliw yn fwy i wneud â'n cefndir, ein magwraeth a'n hamgylchiadau nad yw i wneud â chredo. Yr unig beth y dylem gytuno arno yw bod llywodraeth yn rhywbeth mae Duw wedi ei ordeinio, nid ei fod yn ordeinio llywodraeth o blaid arbennig, ond yn hytrach yr egwyddor, gan ein bod yn bechaduriaid, rhaid wrth reol a threfn, rhaid wrth gyfraith, a ffyrdd i gyfarfod â chostau. Meddyliwch, petai neb yn talu trethi, mi fyddem yn gweld sefydliadau megis y wladwriaeth les, ysbytai, heddluoedd a.y.b. ar drugaredd y 'farchnad'. Yn hynny, yr wyf yn mynnu cynnal fod yr Ysgrythur yn glir, oherwydd uwchlaw popeth, pobl yn mynnu bodloni ein hunain ydym ni, a dim ond i'r graddau y byddwn yn credu ein bod ni yn gyffyrddus y byddwn ni'n meddwl am hawliau ac anghenion pobl eraill.

Rydym yn cael ein dysgu, felly, i ddiolch ein bod yn byw mewn gwlad lle mae llywodraeth, lle mae democratiaeth, a ninnau yn cael yr hawl i bleidleisio. Ond gyda phob hawl mae yna gyfrifoldeb, cyfrifoldeb i barchu'r rhai sydd yn ceisio llywodraethu, a hynny yn arbennig pan fyddwn yn anghytuno â hwy. Mae i lywodraethwyr, fel i lywodraeth, barch yng ngolwg y Cristion oherwydd ei fod yn byw gyda'r gorchymyn i 'barchu pawb', a thristwch o'r mwyaf i ni yw gweld yr ymgyrch bresennol yn anghofio hynny. Nid yw parchu yn golygu cytuno bob amser, ond ar yr un pryd, nid yw'n golygu casineb, na thor-cyfraith chwaith. Gweddïwn y bydd Duw yn mynnu ei le ym mywydau'r rhai sydd yn ein harwain, ac y byddant yn llywodraethu o dan ei lywodraeth Ef.

ADNABOD

Amrywiaeth

Roeddwn yn teithio dros y Mynydd Du nos Iau, ar y ffordd rhwng Llangadog a Brynaman, ac mae'r profiad yn ddigon melys ynddo'i hun, ond yr hyn rwyf am ddweud yw sut mae'r tirwedd yn newid braidd mewn amrant. Un funud, byddwch yn troelli i fyny'r ffordd i gyfeiriad y mynydd, o amgylch 'Tro'r Gwcw' ac i fyny am y copa. Yna yn sydyn, mae'r gorwel yn newid o dirwedd anial i banorama o dai, diwydiant a phrysurdeb. A dweud y gwir, mae'n anodd dychmygu'r gwahaniaeth. Roeddwn yn teithio a hithau'n nosi, ac wrth ddechrau disgyn i lawr am Frynaman roedd goleuadau Abertawe a Phort Talbot yn llenwi'r gorwel. Yn nrych y car, doedd dim byd i'w weld ond ambell olau o dyddynnod Gwynfe, Trap a Twynllanan, ond drwy'r ffenestr flaen, roedd yr awyr yn goch gan oleuadau strydoedd a ffatrïoedd. Y tu ôl i'r goleuadau mae yna ddau ddiwylliant, y naill yn 'draddodiadol' wledig amaethyddol, y llall yn 'draddodiadol' ddiwydiannol, y naill yn weddol araf, y llall yn brysur a gwyllt. Rwyf wedi gweinidogaethu o fewn y ddau fath, a phan oeddwn ym Mrynaman, gwyddwn am y traddodiad byw oedd i'r Efengyl yn y cymoedd diwydiannol. Er bod y dirywiad yn y capeli i'w weld yn fwy amlwg, roedd yno stôr o brofiadau ysbrydol, a chyfarfodydd gweddi ac oedfaon bendithiol iawn. Beth bynnag am hel atgofion, rwyf am ddiolch am yr amrywiaeth sydd yma hyd yn oed yn ein gwlad ein hunain mewn ardaloedd gwahanol. Ceir yr un amrywiaeth o fewn ardaloedd. O fewn i hyn oll, ceir amrywiaeth mewn pobl, a'u hamrywiol anghenion a dyheadau.

    Peth peryglus iawn felly yw mesur pawb yn ôl ein ffon fesur ni, a pheth anffodus yw tybio fod pawb i efelychu neu i deimlo'r un fath â ni. Trwy'r cwbl i gyd mae gennym Dduw sydd yn adnabod yr amrywiaeth a'r anghenion, ac yn diwallu pob un yn ôl y galw. Yn Iesu Grist, nid yn unig mae Duw wedi delio â'r angen sydd yn gyffredin i bawb, yr angen am faddeuant pechod ac am fywyd newydd, ond hefyd y mae'n ymwybodol o'r angen i ddarparu moddion arbennig penodol i gyfarfod ag anghenion amrywiol ei blant. Diolch heddiw ein bod yn cael ein gwahodd i ddod i berthynas â Duw sydd yn ein hadnabod ni, ein caru ni, fel unigolion, a thrwy hynny, yn Dduw yn Iesu Grist sydd yn fwy na digon beth bynnag yw'n cefndir, beth bynnag yw'n hangen.

ADNABOD

Dysgu rhywbeth newydd

Rwyf yn ysgrifennu hwn heno a hithau wedi bod yn ddiwrnod braf i ryfeddu. Mae'n ddigon amlwg bellach fod y gwanwyn yn dechrau ildio i'r haf, a thrwy hynny mae hi'n cynhesu ac yn brafio. Diolch i Dduw am ei ffyddlondeb. Yr unig beth anffodus, rwyf yn llosgi top fy mhen am ryw reswm (!!!) bob tro y daw'r haul allan. Heddiw roeddwn yn helpu rhywun i osod ffens o amgylch terfyn ei dir. Mae'n rhyfedd beth mae gweinidog yn cael i'w wneud ar ddydd Sadwrn. Roedd y gwaith yn mynd yn ei flaen yn dda, y polion wedi eu gosod yn weddol syth, y postyn tynnu yn ei le yn saff, a ninnau'n barod i ddechrau tynnu a rhoi'r ffens yn ei lle. Wrth orffen styffylu'r polyn cyntaf, dyma lais gwybodus yn dod o rywle, yn gofyn a oeddem wedi gosod y ffens â'i phen i fyny. O'r holl wybodaeth rwyf wedi'i gasglu yn ystod fy nghyfnod yn y lle bach amaethyddol yma, doeddwn i erioed wedi dysgu fod pen a chynffon i ffens!! Mae'n debyg fod y sgwariau o wahanol faint, ac mai'r rhai bach sydd i fod ar y gwaelod a'r rhai mawr ar y top. Roedd y ffermwr profiadol a dynnodd fy sylw at hyn yn gwaredu fod dyn yn medru bod mor anwybodus, ond dyna ni, nid oedd y cwrs B.D. yng Ngholeg Diwinyddol Aberystwyth yn cyffwrdd â materion fel hyn! Roedd rhaid tynnu'r styffylau i gyd, a dechrau o'r dechrau.

Mae'n rhyfedd fel mae rhywbeth sydd yn berffaith amlwg a dealladwy i un, yn medru bod yn ddirgelwch mawr i un arall. Byddaf yn amau weithiau fy mod yn dweud pethau am yr Efengyl y byddaf yn tybio fod pawb yn eu deall, heb ystyried, efallai nad ydych wedi cyrraedd y fan hon eto. Does dim cywilydd am fethu deall, a does dim cywilydd am beidio â gwybod. Yr hyn sydd ei angen yw'r awydd i ddysgu, yr awydd i ddeall, fel bod yr hyn sydd gan Dduw yn Iesu Grist ar gyfer ein bywydau ni yn dod yn eglur. Peidiwch â bodloni ar beidio deall; holwch, chwiliwch, gwrandewch o'r newydd. Mae newyddion da'r Efengyl yn newyddion pwysig ac iddo arwyddocâd tragwyddol. Uwchlaw popeth, gofynnwch i Dduw eich helpu i ddeall, gofynnwch am yr Ysbryd Glân, sydd yn medru agor ein meddyliau ac agor ein calonnau. Trwy'r cwbl, gobeithio y bydd yna ddealltwriaeth newydd yn ein haddoliad, yn ein gweddïau, yn ein gwaith, yn ein tystiolaeth, fel y medrwn rannu'r profiad o foli Duw, a rhannu profiad ag eraill am ei waith ynom ni.

ADNABOD

Cynnal parti

Roeddwn yn darllen am hanes Nehemeia ddoe. Faint ohonoch tybed sydd yn gwybod beth a wnaeth Nehemeia ar ôl bod yn adeiladu waliau Jeriwsalem gyda'i bobl am 52 o ddiwrnodau? Penderfynodd gynnal gŵyl yn y ddinas cyn cychwyn ail-adeiladu'r tai a'r deml. Roedd am wneud cyfrif o'r holl weithgarwch ac o'r holl bobl oedd wedi bod ynglŷn â'r gwaith. Nawr, dydyn ni fel eglwysi ddim yn rhai sydd yn rhagori yn hyn o beth. Mi fydd yna lawer o weithgarwch, a nifer o bobl yn gweithio'n galed, ond mae rhyw ysbryd anghydffurfiol yn gwadu i ni'r dathlu sydd yn dilyn y gwaith.

Mi fyddai'r Iddewon yn cadw gwyliau yn aml, cyfle i ddathlu beth oedd Duw wedi'i wneud yn eu gorffennol, a'r ffordd yr oedd yn parhau i'w cynnal. Gwyddent sut i drefnu parti, a byddai pobl o bob rhan o'r wlad yn dod i fyny i fod yn rhan o'r dathliadau, a hynny yn aml deirgwaith y flwyddyn. Dydy parti a chapel ddim yn ddau air y byddwn yn eu cysylltu yn aml, ond wedi dweud hynny, roeddwn yn siarad neithiwr ddiwethaf am y ffordd y mae'r Nefoedd yn cael parti pan mae un person yn rhoi ei fywyd i'r Arglwydd.

Nawr, pam yr holl sôn yma am ddathlu? Wel, heddiw mi fyddaf yn cychwyn gweinidogaethu yma am yr 16eg flwyddyn. Wrth edrych yn ôl dros y cyfnod, does dim amheuaeth fod yna lawer o rwystredigaeth, pethau y byddem i gyd yn dymuno fyddai wedi mynd yn well. Ond, ar yr un pryd, mae yna fendithion wedi bod, mae yna fywydau wedi eu newid gan Iesu ei hun, mae yna bobl eraill sydd wedi dod i ddeall yr Efengyl yn well, mae yna weithgarwch wedi ei gyflawni fel bod plant, ieuenctid a phobl yr ardal wedi cael cyfle i glywed am waith Iesu drostynt. Mae yna lu o bobl wedi rhoi oriau o waith, ac onid yw'n iawn i'r eglwys gydnabod hynny, i ddathlu hynny, i ddiolch i'r bobl, ac i ddiolch i Dduw?

Yn ôl a ddeallaf, mae cwmnïau yn cael dathliadau o gyrraedd gwahanol gerrig milltir, yn sylweddoli pa mor bwysig yw gwerthfawrogi pawb sydd yn gweithio. Meddyliwch, mae'r rhain yn cael eu gwerthfawrogi am wneud gwaith fydd yn darfod a diflannu, tra bod yna bobl sydd yn yr eglwys yn gwneud gwaith fydd yn parhau i dragwyddoldeb. Nid am fwyd sy'n darfod mae'r rhain yn llafurio, nid trysorau lle bydd gwyfyn a rhwd yn llygru, ond llafurio am fara'r bywyd, trysor y nefoedd. Tebyg ein bod yn haeddu dathliad, cyfle i eraill ddangos i'n gweithwyr gymaint y gwerthfawrogir eu gwaith. Beth am ddiolch am waith rhywun sydd yn gweithio yn eich eglwys y bore 'ma? Ewch atynt, ysgydwch law â nhw, diolchwch am eu hamser ac am eu dyfalbarhad.

ADNABOD

Cynnig da

Wrth ddarllen dechrau Efengyl Marc y dydd o'r blaen, sylwais o'r newydd sut mae Marc yn cyflwyno'i neges yn yr adnod gyntaf:

'Dechrau Efengyl Iesu Grist, Mab Duw.'

O'r adnod gyntaf cawn glywed mai newyddion da sydd gan Marc i ni, newyddion am berson arbennig, Iesu Grist, yr un mae Duw wedi ei ddewis, a'r Un sydd yn Fab Duw. Mae'n cynnig newyddion arbennig, a pherson arbennig o'r cychwyn, ac yn cynnig hynny i ni. Tebyg eich bod wedi cael nifer o bethau drwy'r post sydd yn awgrymu newyddion da iawn ichwi yn ddiweddar. Fel arfer, mae'r addewid am arian sylweddol, neu wyliau am ddim, yn rhywbeth na fyddwn yn cymryd fawr sylw ohono.

Aeth criw i wneud ymchwil ger un o orsafoedd tanddaearol Llundain yn ddiweddar, gan roi papurau i bawb oedd yn gadael y trên. Ar y papur roedd gwahoddiad ichwi fynd yn ôl at y person a roddodd y papur ichwi, a byddech yn derbyn £5 am ddim. O'r 1,200 o bapurau a ddosbarthwyd, dim ond 13 aeth yn ôl i hawlio eu £5. Mae yna berygl ein bod ni, wrth ddarllen y Beibl, neu wrth wrando ar bregeth, yn credu nad yw'r addewid am newyddion da yn un y dylem gymryd sylw ohoni. Efallai ein bod yn amheus o unrhyw beth sydd yn cynnig ateb hawdd! Ac eto, dyna a wna'r newyddion da am Iesu. Mae'n cynnig bywyd, maddeuant, gobaith, y cyfan, ac nid oes angen i ni wneud dim i'w hennill ar wahân i gredu yn Iesu, Mab Duw. Mae hwn yn gynnig na chawn ein siomi ynddo, mae'n gynnig i'w dderbyn!

ADNABOD

Masnach deg

Yn ystod yr wythnos fe wnes i ail-feddwl am hanes Esther. Faint ohonoch sydd yn gyfarwydd tybed â chynnwys y llyfr bach diddorol hwn? Roedd Esther yn byw mewn llys brenin annuwiol, ond, roedd yno am reswm. Roedd yna helynt a helbul yn amgylchynu pobl Dduw, a'r rheini ar y pryd o dan law brenin yr Assyriaid. Un o'u harweinwyr oedd Mordecai, a hwnnw anfonodd air at Esther yn gofyn iddi ddweud gair o blaid y bobl wrth y brenin, rhag iddo orchymyn eu difa. Mae'n cloi ei gais gyda'r geiriau, "Pwy a ŵyr nad ar gyfer amser fel hwn y daethost i'r frenhiniaeth." Yn y geiriau mae galwad ar i Esther ystyried pam ei bod mewn amgylchiadau o'r fath, a beth oedd bwriad Duw yn ei rhoi yn llys y brenin. Fel y trodd amgylchiadau, Esther oedd yr un a lwyddodd i atgoffa'r brenin o ffyddlondeb Iddewon iddo yn y gorffennol, a thrwy'r ffaith ei bod wedi ymgymryd â'i chyfrifoldeb, fe achubwyd y genedl.

I ddychwelyd at wythnos Cymorth Cristnogol ar hyn, mae yna ymgyrch gan y mudiadau elusennol eleni i ddiogelu cyfiawnder i bobl mewn masnach. Byddwn yn clywed cri gyson yn y gwledydd gorllewinol am Fasnach Rydd, hynny yw, dylai pob gwlad, beth bynnag yw eu cryfderau mewn dulliau cynhyrchu ac ati, fod yn agored i'r un farchnad. Ond, er mor glodwiw mae hyn yn swnio, mae'r rheolau gyda golwg ar hyn yn cael eu llunio yn y gorllewin cyfoethog, a rheolau cwmnïau mawrion sydd yn medru effeithio ar lywodraethau sydd yn ennill y dydd. Mae'r llywodraeth bresennol wedi cymryd rhai camau i geisio unioni'r cam y mae gwledydd tlawd yn ei ddioddef, ond cam bach iawn yw hwnnw.

Beth sydd gan hyn i wneud â hanes Esther? Wel, rydym ni'n byw mewn lle ac mewn amgylchiadau i fedru dewis gweithredu er budd y tlawd. Os yw rheolau byd masnach yn golygu fod cwmnïau yn gwneud biliwn o ddoleri o elw bob munud oherwydd 'rheolau' masnachu, mae hefyd yn golygu fod yna blentyn yn marw o newyn bob wyth eiliad. All y Cristion ddim penderfynu anwybyddu ffaith o'r fath. Gwyddom fod pawb yn y byd yn cwyno am reolau a biwrocratiaeth, ond 'does yr un o'r cyfyngiadau sydd arnom ni yn golygu fod plentyn yn marw bob wyth eiliad oherwydd hynny. Pwy a ŵyr nad ar gyfer amser fel hwn y cawsom ni ein breintio â llais all berswadio, â dewis wrth siopa a all wneud y gwahaniaeth? Gall pob un ohonom ddewis nwyddau masnach deg, pob un ohonom blagio, nes bod llef y plant yn cyrraedd clustiau cwmnïau masnachol, clustiau llywodraethau, clustiau'r rhai sy'n mynnu gwneud rheolau i fodloni eu chwantau a'u dibenion eu hunain.

ADNABOD

Profedigaeth

Mae tystio nad ydym yn gwybod beth sydd o'n blaenau mewn bywyd yn ystrydeb, ond ar yr un pryd, mi fyddaf yn diolch yn aml mai dyma sydd yn wir. Wedi dweud hyn, mi fuasai'n gysur o bryd i'w gilydd petaem yn medru gweld ystyr yr hyn a ddigwydd inni. I'r emynydd David Charles, 'roedd troeon rhagluniaeth iddo ef y dryswch mwyaf; gwyddai Vernon Lewis am *'hau mewn dagrau'* ac am *'hirnos gofidiau'*.

I lawer fe gyfyd y cwestiwn 'ble mae Duw pan fyddwn yn dioddef?' Ateb yr Ysgrythur yw, yn yr union le yr oedd pan oedd ei Fab yn dioddef ac yn marw. Rwy'n dyfynnu'r llythyr at yr Hebreaid: *'Gan fod gennym, felly, archoffeiriad mawr sydd wedi mynd drwy'r Nefoedd, sef Iesu, Mab Duw, gadewch inni lynu wrth ein cyffes. Canys nid archoffeiriad heb allu cyd-ddioddef â'n gwendidau sydd gennym, ond un sydd wedi ei brofi ym mhob peth yr un ffunud â ni, ac eto heb bechod. Felly, gadewch i ni nesáu mewn hyder at orsedd gras, er mwyn derbyn trugaredd a chael gras yn gymorth yn ei bryd.'*

ADNABOD

Llyfr natur a llyfr gras

Rwyf newydd gychwyn ar y gwaith o bregethu yn y Cyfarfodydd Diolchgarwch blynyddol. Mi fydd yn anodd ichi gredu hyn, ond pan oeddwn yn weinidog yn y De, ychydig iawn o'r eglwysi yn y pentrefi a'r trefi diwydiannol oedd yn cynnal oedfa ddiolchgarwch arbennig yn yr wythnos. Ar y gorau, byddent yn neilltuo oedfa ar fore Sul, a digon diffwdan oedd hynny. Beth bynnag, mae'n naturiol fod byw mewn ardal amaethyddol yn esgor ar lawer mwy o deithio yn ystod y mis hwn, a byddaf yn edrych ymlaen at y cynulleidfaoedd da sydd yn dod ynghyd i oedfa o'r fath.

Gan fod y rhan fwyaf ohonoch â chysylltiad â'r tir, fydd hi ddim yn anodd ichi ddeall yr hyn sydd gennyf heddiw. Yn ôl John Calfin, (*yr un y byddwn yn olrhain enw ein henwad iddo - Methodistiaid Calfinaidd*) mae Duw wedi ysgrifennu dau lyfr, natur a gras. Y byd a greodd yw'r naill, y Beibl yw'r llall. Mae'r ddau lyfr yn ein dysgu am Dduw, yn ein dysgu am Iesu, yr un y mae'r byd wedi ei lunio drwyddo, y byd wedi ei lunio er ei fwyn, y byd yn cael ei gynnal ganddo. Gallwch ddysgu pethau am Dduw yn Llyfr Natur na fyddwch yn ei ddysgu yn y Beibl. Mae'r greadigaeth yn ein dysgu am fawredd Duw yn ei waith, ymhob manylyn y mae gwyddonwyr yn ei ddarganfod o'r newydd. Mae'r darganfyddiadau diweddar er enghraifft am natur hanfod ein bodolaeth - DNA, yn gogoneddu ein Crëwr, yn gogoneddu Iesu am waith nad oeddem yn gwybod dim amdano o'r blaen. Mae llyfr natur yn ein dysgu am ein cyfrifoldeb fel stiwardiaid, i ddefnyddio'r greadigaeth, ond i beidio â'i cham-ddefnyddio. Mae hyn yn cyffwrdd â'n cyfrifoldeb gyda golwg ar bynciau fel arbed ynni, ail-gylchu, pethau y dylai Cristnogion fod yn flaengar yn eu hybu. Rydym wedi gweld, ac yn parhau i weld effaith cam-ddefnyddio adnoddau'r ddaear, y pethau mae Duw wedi eu rhoi er ein mwyn, ond sydd bellach yn cael eu hecsploetio.

Ar yr un pryd, mae yna bethau na all y llyfr yma mo'u dysgu i ni. Mae natur yn dysgu am lygredigaeth, am ddrain a mieri, ond nid yw'n ein dysgu pam fod y pethau hyn yn bodoli. Nid yw chwaith yn dangos yn eglur fod y pethau hyn yn ein calonnau ni. Rhaid darganfod hyn yn y Beibl, ac yno, cewch glywed am y clwy' a'r moddion. Dau lyfr i'w darllen, dau lyfr i'n dysgu, y naill yn dangos mawredd Duw yn y creu a llygredigaeth y ddaear wedi'r cwymp, a'r llall yn dangos mawredd Duw, llygredigaeth dyn a ffordd iachawdwriaeth.

ADNABOD

Diolchgarwch

Yn ystod yr wythnos neu ddwy nesaf mi fydd y cyfarfodydd 'Diolchgarwch' yn digwydd gymaint fyth hyd y lle ma. Mae'n siŵr nad yw'n anodd deall pam fod angen diolch, Yn wir, mae'n un o'r pethau hawddaf i'w ddeall o fewn ein ffydd. Mae Duw yn Greawdwr ac yn Gynhaliwr, a dywed Paul, er y diwrnod y creodd Duw y byd, mae wedi gadael digon o dystiolaeth i'w allu a'i fawredd yn y pethau a greodd i'n gadael ni'n ddi-esgus o ran credo ynddo. Ond mae'r apostol yn mynd ymlaen i nodi fod dynion yn ddall i hyn hyd yn oed. Mae'n crynhoi fod pobl wedi addoli'r hyn a wnaeth Duw yn fwy na Duw ei hunan, gan arddangos y pellter sydd rhyngddynt â'u Duw.

Ond Paul, onid yw pawb yn diolch? Nag ydynt, meddai hwn, er efallai eu bod mewn rhyw ffordd fel Cain yn Genesis 4. Roedd offrwm hwn yn annerbyniol am ei fod wedi nesáu, nid fel un oedd yn ymddiried yng ngofal Duw, nid fel un â ffydd ganddo, ond o arfer a dyletswydd. Mae arfer a dyletswydd yn gallu bod yn gynorthwyon mawr i'r saint, ond gallant fod yn rhwystr i'r rhai sydd heb adnabod Iesu. Pam? Oherwydd gall pobl fodloni ar yr allanol, bodloni ar arfer a dyletswydd, heb ddod â Duw i mewn i'w bywydau eu hunain ac i mewn i'w diolchgarwch a'u haddoliad. Os yw Duw yn y canol, mae Iesu yn y canol, ac os yw Iesu yn y canol mae ein bywyd i gyd yn ddiolch, yn addoliad, yn offrwm iddo Ef.

Rwy'n cofio un o'm chwiorydd unwaith yn diolch i mam am rywbeth nad oedd yn fy ngolwg i yn arbennig. Roeddwn yn cael anhawster i ddeall y fath frwdfrydedd ar gyfrif rhodd ddigon cyffredin, a dim ond yn awr byddaf yn edrych yn ôl a meddwl am y peth. Y rhoddwr oedd yn arbennig, a dyna oedd testun y diolch pennaf. Felly y mae hi yn hanes y saint. Amser gwynfyd ac amser adfyd, y Rhoddwr sy'n arbennig; dim ond cadarnhau hynny wna'r rhoddion. Gweddïwn am ras i gyrraedd y tu hwnt i arferiad a disgyblaeth ac i adnabod llaw Duw ac wyneb Iesu ym mhob peth a gawn.

ADNABOD

Disgwyliad Duw

Rwyf ar hanner darllen cyfrol yn dwyn y teitl *'The Jesus I never knew'* gan Philip Yancey. Mae hwn yn awdur poblogaidd iawn yn y byd Cristnogol ar y funud ac mae un o'i lyfrau *'What's so amazing about Grace?'* yn werth chweil. Yn y llyfr hwn mae'n edrych ar Iesu eto drwy ail-astudio'r Efengylau. Un o'r pethau trawiadol i'r awdur yw cynnwys pregethau Iesu, yn arbennig y Bregeth ar y Mynydd. Mae'n synnu at ofynion Iesu, pethau tebyg i: *"Byddwch chwithau berffaith, fel y mae eich Tad yn y Nefoedd yn berffaith"*. Un arall sydd yn ei synnu yw'r ymadrodd ychydig adnodau ynghynt yn Mathew 5: *"Oni fydd eich cyfiawnder yn rhagori llawer ar eiddo'r ysgrifenyddion a'r Phariseaid, nid ewch fyth i mewn i Deyrnas Nefoedd"*. Cofiwn o'n dyddiau yn yr Ysgol Sul fod y Phariseaid yn fanwl iawn yn y modd yr oeddent yn cadw cyfraith Duw, ac yn ofalus iawn o'u holl feddyliau a'u gweithredoedd. Yr unig beth oedd yn amlycach oedd eu rhagrith.

Mae disgwyliadau Duw oddi wrth ei bobl yn yr Efengyl yn rhai sylweddol iawn. Yn wir, rydym yn ymwybodol iawn o'n gwendid yn hyn o beth, ac eto heb le i guddio rhag gorchmynion Iesu. Diolchwn fod yr Efengyl yn tystio i Dduw sydd yn maddau, i Dduw Gras, ond ar yr un pryd, yn ymwybodol nad ydym i wneud gras yn esgus dros bechod. Nid nerth i ddal o dan bwysau'r byd yw ein hunig angen felly, nid nerth i wynebu anawsterau'n unig, ond rhaid wrth nerth i fedru mynd i'r afael â'r gwendid sydd yn perthyn i'n natur. *'Y dyn truan ag ydwyf, pwy sydd ddigonol i'r pethau hyn?'* Mi fyddaf yn aml yn clywed pobl yn esgusodi eu pechodau, ond dim llawer yn gofidio na hyd yn oed yn galaru am eu pechodau. Bydded i Dduw roi Gras inni adnabod ei ddisgwyliadau Ef ar ein cyfer, fel y byddwn yn fwy dyfal yn ein hymdrechion at dduwioldeb.

ADNABOD

Cynnwrf disgwyl

Ar ddechrau oedfaon gweddïwn am fendith Duw, ac roeddwn yn meddwl y buasai'n dda o beth i lenwi rhyw ychydig ar ystyr y disgwyl yma. Mi fyddaf yn sylwi yn aml ar y modd y mae'r plant yn arddangos rhyw nodweddion arbennig wrth iddynt ddisgwyl am ryw achlysur, neu ryw ddigwyddiad arbennig. Mae'r broses yn dechrau diwrnodau ymlaen llaw, ac wrth i'r amser nesáu, mae'r tensiwn a'r cynnwrf yn cynyddu. Y noswaith gynt, braidd does yna ddim cysgu, ac mae'n siŵr y buasent ar ddihun drwy'r nos oni bai iddynt sylweddoli fod amser yn mynd yn gyflymach wrth iddynt gysgu.

Beth am ddisgwyl bendith felly? Oes yna rywbeth o gwbl yn gyffredin yn eich profiad chi i brofiad y plant, neu a ydy bod mewn llu o oedfaon o'r blaen wedi peri nad ydych yn disgwyl rhyw lawer ac na fydd yna ddim yn arbennig am yr oedfa heddiw? A oedd yna unrhyw gynnwrf yn eich gweddïau neithiwr, oes yna frwdfrydedd yn eich camau y bore ma? Ai llusgo dod oedd eich profiad, cadw arferiad yn unig, bodloni dymuniad i barhau rhyw draddodiad rydych wedi cael eich magu ynddo ac o dan ryw fath o rwymedigaeth i'w gynnal? Neu efallai bod yna sylweddoliad eich bod yn dod i addoli'r Duw byw, yn dod i glyw'r Efengyl fendigedig sydd yn Iesu Grist, ond bod prysurdeb eich bywydau wedi peri nad oedd gennych amser i edrych ymlaen, dim amser i baratoi. Efallai eich bod wedi disgwyl o'r blaen a'ch bod wedi cael eich siomi na fu i'r oedfa ddyrchafu Iesu, na fu i'r gwasanaeth eich cyfeirio at Waredwr pechaduriaid.

Beth bynnag am yr hyn a fu, dylai'r fath hiraeth a'r fath gariad at yr Arglwydd nodweddu bywyd Cristnogion fel bod pob Sul, pob cyfarfod, yn gyfle newydd i'r sawl sydd yn dod gan wybod y gall Duw dorri drwodd a bendithio. Heddiw, gall Duw eneinio ei Air, fel ei fod yn Air grymus, yn Air i newid ein bywydau, yn Air i lenwi ein bryd. Hyderwn y bydd cynnwrf a thensiwn ein disgwyliad, yn arwain at weddïau taer am fendith yn ystod oedfaon y dydd, ac y bydd Duw yn trugarhau wrthym, ac yn ein bendithio.

ADNABOD

Yr eglwys – man gwaith

Fe ŵyr rhai ohonoch i mi fod yng Nghaerdydd yn ystod y deuddydd diwethaf. Roedd y gynhadledd roeddwn yn ei mynychu yn Eglwys Highfields, eglwys ifanc sydd yn cyfarfod mewn hen adeilad wedi ei addasu. Roedd yn braf anghyffredin i fod yno, i glywed am waith Duw ac i fedru tystio i'r modd y mae'r Arglwydd yn arwain ei bobl yn ein cenhedlaeth. Yn ddiweddar bu raid i'r eglwys newid ei threfniadaeth eto, a chynnal dwy oedfa yn y bore oherwydd nad oedd digon o le i'r gynulleidfa. Diolchwn i Dduw am hyn. Diolch hefyd am gael clywed fod yna dros 8,000 o bobl yn cael eu cyflogi bellach gan eglwysi ym Mhrydain i weithio ymhlith plant a ieuenctid. Mae hynny dros ddwywaith yn fwy nag y mae pob awdurdod lleol gyda'i gilydd yn eu cyflogi o weithwyr gyda'r un oedran.

Ddoe, cefais gyfle i fod yng nghwmni rhai ohonynt, ac er ei fod yn beth anghyffredin mewn eglwysi Cymraeg, a hynny oherwydd bod yna ddiffyg gweledigaeth a diffyg difrifoldeb wrth gyfrannu, mae hyn yn rhywbeth cwbl naturiol bellach i eglwysi Saesneg. 'Does ryfedd fod pobl sydd yn mentro yn gweld y fath fendith yn dilyn eu gwaith. Ond roedd rhywbeth arall yn drawiadol iawn; roedd y bobl yma yn disgwyl gweld bendith, yn disgwyl gweld Duw yn dod â phobl i berthynas ag Ef, yn disgwyl gweld bywydau ac eglwysi yn cael eu newid. Maent yn trefnu bywydau eu heglwysi gyda newid fel rhywbeth anorfod, anhepgor. Nid trafod a ddylid newid, ond mynd gyda'r newid y mae Duw yn ei gyflawni wrth iddo ychwanegu at eu niferoedd, a'r nifer yma yn cael eu lle, ac yn cyfrannu gweledigaeth newydd. Yn hytrach na thrafod, maent yn byw, ac mae byw yn golygu symud, addasu i amgylchiadau sydd yn newydd, a dathlu pob diwrnod a chyfle newydd fel rhodd oddi wrth Dduw. Mae'n arwydd o ddaioni Duw.

Ar ochr arall y geiniog, clywais hefyd am deuluoedd a ieuenctid mewn un eglwys oedd wedi cychwyn gwaith newydd mewn tref, a hynny oherwydd ceidwadaeth oedd yn eu cyfyngu. Nid fy mod yn llawenhau fod eglwys yn rhannu, ond, mae'n ddiddorol iawn, dim ond eglwysi sydd ar ddarfod sydd yn gwneud undod gweledig yn rhyw nod aruchel. Byddaf yn gweld mantais anghyffredin mewn cyd-weithio, ond cyd-weithio yw'r nod, nid cyd-fyw. 'Does ddiben yn y byd i uno os yw pobl ar y naill law yn mynd i duchan eu bod wedi colli eu hen le, neu os ydynt yn uno gyda dim mwy nag awydd i oroesi ar eu calon. Lle gwaith yw'r Eglwys, ac mae'r cynhaeaf yn wyn. Trwy ein gweddïau, ein haddoliad a'n gweithgarwch, gweddïwn am gael hel cynhaeaf Duw yn ein dydd yn yr ardaloedd hyn.

ADNABOD

Gweddïo a gwrando

Un o'r pethau y byddwn yn ei ddefnyddio i annog gweddi ymhlith yr aelodau yw'r calendr gweddi. Mae'n dda deall fod cynifer yn defnyddio'r calendr yn rheolaidd, a thrwy hynny, yn cryfhau'r gwaith sydd yn cael ei wneud. Gwyddom yn iawn na fydd dim yn llwyddo yma os na fydd yr Arglwydd yn gwrando o'r Nefoedd ac yn dod i'r canol. Mae Duw wedi addo ateb gweddi, a diolch am y rhai sydd yn cymryd yr addewid yma o ddifrif ac yn symud y gwaith ymlaen wrth orsedd y Nefoedd.

Peth arall y bu inni ei wneud oedd gwahodd criw i ddod atom i roi arweiniad inni gyda golwg ar sgiliau gwrando. Y bwriad oedd cryfhau ein gweinidogaeth yng nghyfeiriad ymweld ag aelodau. Nid gwaith un dyn yn unig yw hyn, ac eisoes mae yna nifer yn mynd oddi amgylch i helpu gyda hyn. Un o'r pethau pwysicaf yn y gwaith yw'r gallu i wrando yn adeiladol ar bobl, gwybod pryd i fod yn dawel a phryd i siarad. Efallai y byddai rhai ohonoch yn teimlo fod gennych ambell awr i ymweld â rhywun sydd adref ac yn unig, rhywun sydd yn yr ysbyty neu mewn cartref henoed, ond ddim yn ddigon hyderus ynoch eich hunain i fynd. Beth am sesiwn hyfforddiant yn y maes, a phwy a ŵyr nad oes gan Dduw rôl ar eich cyfer yn y cyfeiriad hwn?

Ein diben drwy'r cyfan i gyd yw adeiladu'r eglwys, cyrraedd pobl yn effeithiol a dangos cariad a chonsyrn Duw mewn ffordd ymarferol ac effeithiol. Mae'r holl waith y byddwn yn ei wneud yn ein cyfeirio at fod yn ffyddlon i Dduw yn ein cenhedlaeth. Mae taer angen gweddi arnom, mae angen gweithio arnom, nid yn unig mewn cyfarfodydd, ond o ddydd i ddydd. Mae'r Beibl yn disgrifio holl aelodau'r eglwys fel gweinidogion gyda doniau gwahanol. Beth yw eich gweinidogaeth chi? Beth yw eich dawn a'ch cyfraniad i adeiladu'r Eglwys, Corff Crist?

ADNABOD

Paratoi'r tir

Pan oeddwn i'n blentyn yn Sir Aberteifi, mi fyddai Dad yn gofalu y byddai'r ardd yn barod i'w hau ar gyfer y Pasg bob blwyddyn. Tipyn o gamp, oherwydd roedd yna ddarn helaeth o dir oedd angen ei droi efo fforch, a byddai'n tynnu pob chwynnyn yn y broses. Byddem yn treulio oriau fel plant yn gwylio wrth i dir oedd wedi tyfu'n wyllt dros y gaeaf gael ei godi a'i droi, ei falu yn fân, a'i lefelu yn barod i dderbyn hadau'r flwyddyn honno. Ni fu fy nhad yn un erioed am frysio wrth ei waith, ac roedd y broses o droi yn cymryd wythnosau, awr neu ddwy bob fin nos ym Mawrth, a sawl munud o'r rheini yn cael eu treulio ar fonyn, wrth iddo danio ei getyn gan edrych ar ôl ei waith yn datblygu. Wrth edrych yn ôl, mae rhywbeth yn ddelfrydol iawn am y darlun, a bron na allaf feddwl ei fod yn loes iddo orfod mynd â'i draed i wasgu'r tir wrth agor y rhychau i blannu. Beth bynnag, pwysleisiai Dad mai'r gwaith gorau y medrech ei wneud fel garddwr oedd y gwaith cyn hau dim byd; y gwaith paratoi, y chwynnu, gwrteithio, a malu'r pridd bron yn dywod. Rhaid ei fod yn dweud rhywfaint o'r gwir, oherwydd roedd yr ardd yn ffynhonnell sawl pryd blasus ar hyd y gaeaf i deulu o un ar ddeg!!

Wrth siarad â Jeremeia, mae Duw yn sôn am y gwaith roedd wedi'i wneud yn ei fywyd cyn iddo gael ei eni, a cheir cyfeiriadau eraill yn y Beibl at Dduw fel un sydd yn gweithio ar ein calonnau, yn delio â'n bywydau cyn i ni ddod i'w adnabod yn iawn. Dyma'r Un sydd yn anfon ei Ysbryd Glân i blannu awydd am bethau oedd yn arfer bod yn ddieithr i ni, i beri inni ofyn cwestiynau tragwyddol, i beri ein bod yn dod i deimlo'n annigonol, yn dod â ni i fan lle y gwelwn anobaith ein cyflwr heb Dduw. Dyma'r Ysbryd sydd yn peri fod ein calonnau'n anfodlon efo popeth, heb i ni gael adnabod cariad Duw. Dyma'r Duw sydd yn paratoi'r tir, er mwyn i'r hedyn ddisgyn mewn lle ffrwythlon.

Ydy Duw wrthi'n gwneud hyn yn ein bywydau ni? Ydy Duw yn ein gwneud ni yn anfodlon efo popeth, yn dod â ni i fan lle na allwn fod hebddo? Lle addawol iawn yw hwnnw, oherwydd oddi yno byddwn yn troi ato ac yn crefu am gael adnabod ei Fab Iesu?

Roedd yr ardd yn lle prydferth wrth iddi ddisgwyl am yr hadau, a does dim prydferthach yn y byd na chalon sydd wedi ei pharatoi gan Dduw i dderbyn hadau'r Efengyl. Dyma'r galon fydd yn ymateb yn llawen, fydd yn derbyn Iesu fel Gwaredwr, fydd yn byw bywyd ffrwythlon, fydd yn dyrchafu Iesu.
'Y mae fel pren wedi ei blannu wrth ffrydiau da, yn rhoi ffrwyth yn ei dymor, a'i ddeilen heb fod yn gwywo. Beth bynnag a wna, fe lwydda'. Salm 1:3

ADNABOD

Mis Mehefin

Wrth gyrraedd canol blwyddyn arall, mae'n siŵr bod y rhan fwyaf ohonoch yng nghanol prysurdeb y tymor. Mae'n anodd bron i gael munud i chi eich hunan pan fo gymaint o alwadau arnom. Mae'r plant a'r ieuenctid yng nghanol arholiadau ac mae'n siŵr ein bod am eu cofio wrth iddynt fynd drwy gyfnod digon anodd. Mae na lawer mewn ymdrech i geisio cael y cynhaeaf i mewn, eraill yn ceisio dod i ben â galwadau gwaith a theulu, eraill yn trefnu gwyliau, heb sôn am y gwaith arferol sydd raid ei gyflawni.

Yn yr Eglwys, mae prysurdeb y gaeaf a'r gwanwyn yn dechrau llacio ac mae'n gyfle i edrych yn ôl ac i edrych ymlaen at y tymor nesaf. Beth lwyddodd, beth fu'n fethiant, lle medrwn ni gryfhau ein darpariaeth? Mae'r rhain yn gwestiynau pwysig i'r arweinwyr, ond yr un pryd mae yna gwestiynau sydd yn wynebu pob un ohonom. Oes yna bethau rwyf wedi eu mwynhau, pethau sydd wedi dod â bendith? Ydw i wedi gwneud y gorau o'r doniau mae Duw wedi eu rhoi i mi? Oes yna addewidion rwyf wedi methu eu cadw? Oes yna gyfarfodydd y dylwn fod wedi eu mynychu?

Beth bynnag yw'r prysurdeb sydd yn eich wynebu yn awr, gobeithio y cewch ychydig hamdden, a chyfle i holi eich hunain am eich perthynas a'ch cyfraniad i'r Eglwys. Rydym yn wynebu cyfnod anodd iawn, ond wrth i bob un ohonom gyda'n gilydd ymrwymo i droi ein hanawsterau yn gyfleon i wasanaethu, hyderaf y bydd y tymor nesaf, os Duw a'i myn, yn dymor o fendith i chi.

ADNABOD

Anti Miw

Bûm mewn angladd ddydd Gwener, lawr yn yr hen ofalaeth. Roedd yn brofiad rhyfedd, a hynny gan fod cymaint o amser wedi mynd heibio ers i mi weinidogaethu yno. Roedd angen sgwrsio â phawb dros baned, gwrando ar yr hanes, clywed am golledion, a cheisio cael rhyw olwg ar yr hyn sydd yn digwydd yno heddiw. I Lanaman y'm galwyd gyntaf, a minnau newydd adael y coleg yn 22ain oed. Roeddwn yn fachgen sengl ar y pryd, er, fe briodon ni ymhen y flwyddyn, ond roedd Sarah yn gwneud cwrs yn Aberystwyth ac yna yn Abertawe am ddwy flynedd wedyn! Un o'r pethau a gofiaf oedd cymwynasgarwch cymaint o'r bobl, a byddai galwad ffôn yn dod yn aml yn fy ngwahodd am bryd o fwyd a.y.b.. Un o'r rhai fu ffyddlonaf oedd yr un roeddwn yn ei chladdu echdoe - Muriel Rees neu Anti Miw i bawb yn y Cwm. Roedd hi'n flaenores yn eglwys y Tabernacl, wedi ei hordeinio yn 1956, peth anghyffredin i ferch yn y dyddiau hynny; ond dyna ni, roedd yn ferch anghyffredin. Meddai ar adnabyddiaeth bersonol a sicr o'r Arglwydd Iesu Grist, ac ni fyddai yn peidio â son am ei hyder ynddo. Pe byddwn ar ei haelwyd, yn y cwrdd gweddi, neu mewn unrhyw fan arall, byddai'n cael achosion i sôn am ei chariad at yr Arglwydd. Fel blaenores, fe fu'n llywydd y cwrdd misol, ac yn llywydd Sasiwn y Chwiorydd ddwywaith. Un o'r pethau mwyaf hynod oedd ei thystiolaeth i ofal Duw a hynny mewn amgylchiadau anodd. Collodd ei mam mewn damwain ar waelod y stryd, a chollodd fab oedd yn byw yn ei hymyl - hwnnw'n syrthio'n farw wrth estyn y car o'r garej rhyw fore. Trwy'r cwbl byddai'n tystio 'Iddo Ef' yr un oedd yn cynnal, ac yn dal i fod yn ffyddlon er mor arw oedd yr hinsawdd o'i chwmpas.

Peth arall hynod amdani oedd ei chof aruthrol. Cofiai stori am Seth Josua, y diwygiwr, yn pregethu un noswaith a rhywun yn aflonyddu yn y dorf ac yn ceisio gweiddi i dawelu'r pregethwr. Ar ôl mynd yn ei flaen am ychydig, dyma Seth yn codi ei lygaid tua'r nefoedd gan weddïo: *'Give me two minutes, Lord'*. Roedd Seth wedi bod yn focsiwr, ac yn meddwl y buasai'n handi cael bod yn ôl yn y cylch er mwyn rhoi cweir i'r aflonyddwr. Byddai Anti Miw yn dweud bod angen sawl dwy funud pan fyddai rhai pobl yn ceisio tynnu oddi ar yr Efengyl. Beth bynnag am hynny, roedd yn ei hwythdegau pan gwrddais â hi, ac ni welais erioed esiampl well o'r sicrwydd ffydd a brwdfrydedd heintus a all berthyn i bobl yr Arglwydd, beth bynnag fo'u hoedran. Diolch am gael ei hadnabod, a diolch am y bobl hynny sydd, fel hithau, wedi dod trwy bob math o anawsterau, ac wedi dal yn ffyddlon.

ADNABOD

Dod i gwrdd – cadw oed

Mae cael bod yn y cwrdd yn fraint anghyffredin, a gwawriodd hyn arnaf o'r newydd yn ystod yr wythnos. Roeddwn mewn cyfarfod, o dan arweiniad Arfon Jones, yn trafod addoli yn yr Ysbryd ac fe'n hatgoffodd fod y gair 'oedfa' neu 'gwrdd' yn y Testament Newydd yn debyg i'r gair Saesneg '*date*', hynny yw'r trefniant yna sydd gan ddau mewn cariad i gwrdd â'i gilydd. Anodd credu bod ein hoedfaon ffurfiol ni yn dod yn agos at gwrdd yn yr ystyr hwnnw! Beth am heddiw? Beth am y dyfodol? A ydym yn fodlon llusgo dod, gydag ychydig o ddisgwyliadau? Mae'n amlwg mai gwahanol oedd disgwyliadau'r disgyblion, a llu o rai eraill drwy hanes yr Eglwys. Wrth gwrs, i wneud y cwrdd yn werthfawr rhaid wrth y berthynas o gariad yna'n bersonol real i ni. Pa mor anodd yw sicrhau hynny? Yn ôl y Beibl, mae'n borth isel, rhaid plygu mewn edifeirwch; mae'n borth agored, a chyfle i ni gael mynd drwyddo wrth roi ein bywyd i'r Iesu. Byddaf yn meddwl fod yr emyn bach yma yn crynhoi'n hyfryd y ffordd i berthynas wedi ei selio ar ymddiriedaeth yng Nghrist, ar garu a byw:-

> *Mae ynddo nerth diderfyn, doethineb maith yn rhad;*
> *Deg miliwn o rinweddau, a rhagor, yn ei waed:*
> *Mae ynddo at bob angen sydd ar bechadur gwan,*
> *Dan filoedd o amheuon, i godi ei ben i'r lan.*
> *O! cred, O! cred, cei gymorth i dynnu'r llygad dde;*
> *O! cred O! cred, cei allu i dorri'r fraich o'i lle:*
> *Trwy gredu, ti orchfygi elynion rif y gwlith;*
> *Cred yn yr Oen yn unig, a'th wna yn hapus byth.*

I Bantycelyn, dim ond credu oedd yn angenrheidiol i ennill y dydd, credu yn Iesu, yr un sydd â'r gallu i'n cynnal ac i'n cadw; yr Iesu hwn y mae Duw ei hunan drwyddo yn cyrraedd atom yn ei gariad perffaith.

ADNABOD

Pwy sy'n adeiladu?

Bûm i lawr yn Llanbed yn ystod y dyddiau diwethaf, a hynny yng nghyfarfodydd Undeb yr Annibynwyr Cymraeg. Unwaith y flwyddyn mae'r enwadau yn cyfarfod gyda'i gilydd, ac ymhen wythnos byddaf yn mynd i gyfarfodydd blynyddol Eglwys Bresbyteraidd Cymru. Mewn llawer ystyr, 'does fawr o wahaniaeth rhwng y cyfarfodydd, yr un pethau sydd yn cael eu trafod yn fras, a hynny yn ddigon naturiol, oherwydd yr un genhedlaeth, yr un anawsterau, yr un sefyllfaoedd mae pob un yn wynebu. Ond ochr yn ochr â'r trafodaethau, mae yna elfen o ddathlu, elfen gref o gymdeithasu, gyda phawb yn cael cyfle blynyddol i adfer hen gyfeillgarwch, ac ar ôl blwyddyn yn gweithio ac yn byw mewn eglwysi lleol, cael dod at ei gilydd.

Rwyf wedi bod yn mynd i'r cyfarfodydd am flynyddoedd cyn imi weld yr hyn ddigwyddodd y tro hwn. Yn ystod trafodaeth ar ddyfodol y Cyngor Ysgolion Sul, penderfynwyd fod angen anfon y cynrychiolwyr yn ôl at y Cyngor i drafod eto sut y gall yr enwadau gyda'i gilydd weithio gyda phlant a ieuenctid. Cododd Elizabeth James o Aberystwyth i gyfrannu ar ddiwedd y drafodaeth, ac wedi ychydig eiriau, fe'n gwahoddodd i ymuno gyda hi mewn gweddi dros y cynrychiolwyr, a thros waith cyd-enwadol ymhlith yr oedran yma. Mae hon yn wraig sydd wedi cyfrannu'n helaeth dros y blynyddoedd i waith yr Ysgol Sul, wedi cyhoeddi stôr o ddeunyddiau ardderchog, ac wedi calonogi llu wrth iddynt weithio yn y maes. Does dim angen dweud braidd bod ei gweddi yn hyfryd, yn berthnasol, ond yn fwy na dim, yn gwbl hyderus. A dyna gloi'r drafodaeth.

Nawr, mae angen trafod, mae angen gwyntyllu dadleuon, mae pawb eisiau cyfle i ddweud ei ddweud, ond mi ddysgais o'r newydd nad ydy'n barn ni naill ai yma nac acw yn y diwedd. Mae'n syniadau ni fel arfer yn dod o galon sydd yn y bôn yn hunanol, mae trafodaethau yn gyfle i bobl fynnu eu bod hwy yn iawn; mae gweddi yn gosod y cyfan o flaen yr Arglwydd, gan arwyddo ein hawydd i weld ewyllys Duw yn cael ei gyflawni, a hynny yn aml ar draul ein hewyllys ni'n hunain. Rydym wedi adrodd droeon *'Os nad yw'r Arglwydd yn adeiladu'r tŷ, yn ofer mae'r adeiladwyr yn llafurio'*. Gallwn ni fod wrthi yn gweithio'n ddiwyd, yn adeiladu tyrau, ond os nad ydym yn adeiladu ac yn gweithio yn ôl ewyllys Duw, dros dro y bydd y cyfan yn sefyll. Gweddïwn yn daer, nad gweithio ac adeiladu dros dro a wnawn yma. Gweddïwn am gael adeiladu yn ôl ewyllys Duw yn unig.

ADNABOD

Jiwbili

Beth am y Jiwbilî? Mae'n siŵr y gŵyr nifer ohonoch am gefndir Beiblaidd y gair. Mae amlinelliad o'r gorchymyn yn Lefiticus 25:8-55. Roedd yn dod ar derfyn cylch o saith, saith blwyddyn Sabothol. Cyhoeddid rhyddid i'r Israeliaid hynny oedd wedi eu caethiwo ar gyfrif dyled, ynghyd ag adfer tir i deuluoedd oedd wedi eu gorfodi i werthu oherwydd amgylchiadau economaidd yn yr hanner can mlynedd flaenorol.

Mae'r darlun yn y Beibl yn cael ei ehangu i olygu'r modd y dylai'r Eglwys gyhoeddi rhyddid ac adferiad i'r bobl. Ymhellach defnyddir y darlun i ddatguddio pwrpas terfynol Duw mewn perthynas â diwedd gogoneddus y saint.

Mae yna ystyriaeth foesol i ni felly, ynghyd ag ystyriaeth ysbrydol. Yn foesol, mae yna wers economaidd sydd yn diogelu rhag bod grym rhai yn mynd yn ormodol, gall adleisio Genesis sydd yn sôn am Dduw yn rhoi'r ddaear i ddynion yn gyffredinol yn hytrach nag i'r rhai sydd yn gyfoethog, a'r un modd mae'r neges yn glir nad oes yna fawr o synnwyr mewn system sydd yn diystyru cyfoeth teuluol. Yr un modd, mae'r pwyslais ar adfer y teulu, y ffaith nad yw dyled un genhedlaeth yn cael ei pharhau i bwyso ar y genhedlaeth nesaf, gan adfer yn hytrach, eu cyfoeth economaidd. Yn ysbrydol, fel pob un o'r blynyddoedd Sabothol, lle'r oedd y bobl i fyw ar gynnyrch y tir heb ei weithio, roeddent yn dysgu dibynnu ar ragluniaeth Duw. Cysylltid y ffydd yma yng ngofal Duw mewn trugaredd, gan fod y flwyddyn yn cael ei chyhoeddi ar y diwrnod pan fyddai'r offeiriaid yn gwneud Iawn dros bechod y bobl. Gyda'r cysylltiad hwn, roedd y bobl yn cael eu dysgu i ymddiried yn Nuw am ddaioni tymhorol ac am ddaioni tragwyddol. Bydded inni ymddiried yr un modd.

ADNABOD

Y Saboth

Mae'r awdur at yr Hebreaid, wrth sôn am y Saboth, yn cyfeirio at y modd y mae Duw wedi rhoi diwrnod i orffwys er mwyn rhoi golwg i ni ar y gorffwys sydd ar ôl prysurdeb, brwydrau a phrofedigaethau'r byd, yn y nefoedd ar gyfer ei bobl. Mae'n disgrifio'r Nefoedd fel y 'Saboth tragwyddol'. Wrth ymlacio, a phwysau cyfrifoldeb yn ysgafn am eiliad, mae'n galw arnom i edrych a disgwyl am yr hyn sydd ganddo ar ein cyfer.

Wrth gwrs, nid yw hyn yn apelio at bawb, yn wir mae gweithio a pheidio â gorffwys wedi mynd yn arferol, bron â bod yn ofynnol yn wir. Mae gennym ein disgwyliadau, mae yna safon byw yr ydym yn anelu ato, mae pawb o'n hamgylch yn ei gael, a rhaid i ninnau hefyd. 'Does fawr o amser i awr o orffwys heb sôn am ddiwrnod cyfan! A beth am y Nefoedd? Wel, mi wnawn adael i hwnnw i ofalu amdano'i hun, yn hytrach na byw gyda'n golwg arno. Y gwir plaen am hynny yw mai heddiw yw'r amser i baratoi ar gyfer y Nefoedd, *'tra ei bod yn ddydd'*. Ond sut yn y byd y gallwn gael amser?

Mi fydd y cwbl yn swnio braidd yn afreal ichwi heddiw mae'n siŵr. Mae yna syniad nad oes neb gwaeth na'r gweinidog am beidio â gorffwys. Er gwybodaeth, rwyf wedi dysgu drwy amryw brofiadau fod peidio â gorffwyso yn medi ei ganlyniadau, a gwn o argyhoeddiad y gall peidio â gorffwyso er mwyn cael cyfle i aros yng nghwmni Duw fod yr un mor boenus. Diolch felly am wyliau; ac wrth ail-afael yn y gwaith, gweddïwn am gael blaenoriaethu yn iawn, a gosod Iesu yn y canol, mynnu amser yn ei gwmni, mynnu amser i fod yng nghwmni ei bobl, mynnu amser i'r teulu, ffrindiau a'r pethau hynny sydd yn parhau yn werthfawr pan fydd popeth arall wedi colli eu gwerth a'u grym. Diolchwn am nerth i weithio, am y gwerth a rydd hynny ar ein bywydau, ond yn fwy na'r cwbl, diolchwn am nerth i weithio *'nid am y bwyd a dderfydd, ond am y bwyd a bery i fywyd tragwyddol'*.

ADNABOD

Mentro i fyd newydd

Mi fydd Sarah a fi, os Duw a'i myn yn hedfan i Efrog Newydd a Washington ddydd Mawrth. Rhaid dweud, byddaf yn mynd gyda theimladau digon cymysg, a hynny yn bennaf am nad wyf wedi hedfan o'r blaen, ac nid yw yn un o'r pethau hynny rwyf wedi bod yn dymuno ei wneud. Ond, gan nad yw'r ofalaeth, nag Undeb yr Annibynwyr yn caniatáu digon o amser imi fynd ar y llong, bydd rhaid mynd i fyny i'r entrychion!!!

Rwyf wedi bod yn meddwl fod fy anesmwythyd yn y mater yma yn rhywbeth i'w wneud â bod tu mewn i diwb o fetel yn cael ei hyrddio drwy'r awyr, a minnau wedi dysgu digon mewn gwersi gwyddoniaeth i wybod nad dyma'r lle naturiol i ddarn o fetel fod! Mae a wnelo hyn â gorfod ymddiried mewn rhywbeth nad wyf yn ei ddeall yn iawn. Dwi ddim yn deall sut mae codi awyren oddi ar y ddaear, na sut mae'n aros yn yr awyr. Ar y llaw arall, dwi'n deall sut mae car neu ferfa yn symud, ac yn medru cludo gwahanol bethau yma ac acw. Mae gennyf syniad sut mae llong yn sefyll ar wyneb y dŵr hefyd!! Nawr, dydy fy ngwraig ychwaith ddim wedi hedfan, mae hi'n edrych ar y pethau yma drwy wrando ar brofiadau eraill, a sylweddoli fod awyrennau yn hedfan dros y tŷ yma bob dydd yn ddidrafferth. Ardderchog.

Faint ohonoch chi sydd yn rhannu fy ofn am rywbeth nad ydych yn ei ddeall? Ydych chi wedi osgoi gwneud rhyw orchwyl oherwydd nad ydych yn esmwyth, ddim yn siŵr, ddim yn glir beth fydd y canlyniadau? Does dim amheuaeth gennyf fod yna lawer heb ymddiried yn llwyr yn Iesu, heb roi eu bywydau yn ei ddwylo Ef am yr union reswm yma. Mae yna bethau nad ydynt yn eu deall, mae yna amharodrwydd i beidio bod mewn rheolaeth lwyr o fywyd, a cherdded tir sydd yn anghyfarwydd inni. O fyw i ni ein hunain, rydym wedi dod yn gyfarwydd gyda'r rheolau, wedi arfer gyda'r disgwyliadau, yr hyn rydym yn ei ddisgwyl ohonom ein hunain, a'r hyn y mae eraill, mewn teulu, yng nghylch ffrindiau, mewn cymuned, yn ei ddisgwyl ohonom ninnau. Ochr arall y geiniog yw'r tir dieithr yna, heb fod yn gwybod yn iawn beth fydd Duw yn ei ddisgwyl gennyf, beth fydd disgwyliad eraill, petawn yn mentro ar yr Iesu. Ac yna, beth am y bobl sydd wedi mentro arno'n barod. A oedd y rhain yn deall popeth cyn rhoi eu bywydau i'r Iesu? Nid dyna eu tystiolaeth, mae'r rhai dwi'n eu hadnabod yn dal i ddod i ddeall, ond hynny dim ond ar ôl mentro. Mae awdur y llythyr at yr Hebreaid yn disgrifio ffydd fel mentro ar yr hyn nad ydym yn ei weld, bod yn sicr o'r hyn a obeithiwn. Ein gobaith yw Iesu, er nad ydym yn ei weld, ffydd yw ildio iddo, a chaniatáu iddo ein codi i fywyd newydd. Nid rhywbeth i'w ofni, ond rhywbeth i'w groesawu yw'r ymddiriedaeth.

ADNABOD

Y goddrychol a'r gwrthrychol

Rwyf wedi bod yn meddwl dipyn yn ystod yr wythnos am yr alwad i fywyd defosiynol, sydd yn cadw Iesu yn y canol, ac sydd yn dangos dibyniaeth gyson ar y maddeuant a'r trugaredd sydd i bechadur yn Ei glwyfau. Mae'n debyg mai'r rheswm pennaf am hyn yw'r sylweddoliad cyson nad oes dim yn newid yn iawn yn fy mywyd i os nad wyf yn cael fy newid, os nad wyf yn byw yn ddigon agos at Dduw fel bod ei Ysbryd yn dangos imi yn gyson beth yw Ei ewyllys yn fy mywyd. Os caf fy mod yn byw ymhell, y peth agosaf yw fy ewyllys fy hun, a 'does fawr o'i le ar fy mywyd yn fy ngolwg fy hun. Neu rwyf yn byw yn agos at safon y byd, a 'does wahaniaeth gan y byd sut rwyf yn byw, dim ond imi fwynhau fy hunan.

Un o'r pethau sydd angen i mi gael f'atgoffa ohono yn gyson fel Cristion yw nad beth sydd yn teimlo yn dda, beth sydd yn 'gweithio' yw'r safon ar gyfer pobl Dduw, ond beth sydd yn wir. Mae gennym ddatguddiad ym mherson Iesu Grist, ac yn y Beibl, ac ar gyfer y maen prawf hwnnw mae pob profiad, pob bwriad a phob teimlad i'w ddwyn. Mewn byd lle nad oes fawr o bwyslais ar wirionedd, beth sydd yn wir yw maen prawf y Cristion, neu fe fyddwn yn ei chael yn anodd iawn i berswadio ein hunain, heb sôn am y byd, fod 'profiadau', neu 'deimladau' yn dderbyniol ynddynt eu hunain. Meddyliwch fel hyn: gall pobl sydd yn dilyn crefyddau eraill yn ogystal â rhai heb grefydd o gwbl weld gwerth mewn myfyrio, mewn cymdeithas, mewn cyd-ganu, cyd-rannu - mae'r cynnydd a welir yn y diddordeb mewn *'ysbrydolrwydd'* yn un enghraifft o hyn. Y cwestiwn i'r Cristion yw, nid 'a yw hyn yn teimlo yn iawn?', neu 'a yw hyn yn 'gweithio'?', ond 'a yw hyn yn wir?!'

Yn fy ngwaith newydd mae yna elfen o ddysgu pobl fod yna newidiadau bychain mewn trefn bywyd eglwysig sy'n medru gwneud gwahaniaeth i effeithiolrwydd ein gweithgarwch. Er hynny, nid yw hyn yn gwneud unrhyw wahaniaeth i gyflwr y gwaith, ddim mwy na gwneud gwahaniaeth i gyflwr ein calonnau. Tebyg ein bod yn deall bellach y medrwn newid sawl peth, a chael rhyw syniad fod pethau yn well, yn teimlo yn well, yn gweithio yn well, ond os nad yw ein profiad yn un gwir a real, yn newid cywir a gonest, yn waith gwirioneddol Ysbryd Duw yn y galon, rydym yn adeiladu castell o dywod. Sut mae gwahaniaethu? Dod â'r cyfan at faen prawf Gair Duw, dod â'r cyfan at Iesu. Mae profiadau'r tŷ tywod yn gwneud i ni deimlo'n well, mae profiadau'r tŷ ar y graig yn gwneud Iesu yn fwy yn ein golwg, yr Efengyl yn fwy, Duw â'i drugaredd yn bopeth. Nid canmol ein gweithgarwch a fyddwn, ond canmol Ei waith Ef ynom.

ADNABOD

Cyrraedd copaon

Un o'r pethau y llwyddais i gwblhau yn ystod y dyddiau diwethaf oedd y daith gerdded noddedig i ddringo copaon uchaf Cymru, Lloegr a'r Alban. Cychwynnodd chwech ohonom fore Llun, a rhaid imi ddweud fod teithio'r 870 o filltiroedd wedi bod yn fwy o dasg na dringo'r tri mynydd. Y mynydd olaf inni ei ddringo oedd Ben Nevis yn yr Alban, a hwn hefyd yw'r mynydd uchaf o'r tri, yn codi dros 4,500 o droedfeddi uwchlaw'r môr. Wrth sefyll yno ar y copa, daeth emyn i'r cof, un o eiddo William Williams, Pantycelyn;

'Wel, f'enaid, dos ymlaen, 'dyw'r bryniau sydd gerllaw
un gronyn uwch, un gronyn mwy, na hwy a gwrddaist draw:
dy anghrediniaeth gaeth a'th ofnau maith eu rhi'
sy'n peri it feddwl rhwystrau ddaw yn fwy na rhwystrau fu.'

Mae'r rheswm dros yr emyn yn amlwg gobeithio, a finnau'n sefyll ar y mynydd uchaf, yn flinedig! Roeddwn yn sylweddoli fod yr holl fryniau oedd o'm cwmpas, yn wir yn y wlad, yn is na hwn. Oherwydd hynny roeddwn yn teimlo'n lled hyderus, a phan fyddaf yn mynd am y mynydd y tro nesaf, a minnau yn pallu rhywfaint wrth ddringo, ni fydd unrhyw ofid ynglŷn â gorffen y daith, gan fy mod yn gwybod fy mod wedi cerdded yn uwch yn y gorffennol.

Gwyddai Pantycelyn am anawsterau yn ei fywyd personol ac yn ei fywyd ysbrydol. Roedd yna bethau yn digwydd iddo lle byddai'n teimlo, o bryd i'w gilydd, nad oedd modd eu goresgyn, ac yna byddai cofio am ofal Duw wrth wynebu bryniau yn y gorffennol, wynebu treialon, wynebu gofidiau, yn peri iddo gael ei atgoffa mai pechod anghrediniaeth oedd yn ei faglu. Dyma'r anghrediniaeth, yr ofnau oedd yn gwneud iddo feddwl fod rhwystrau i ddod yn fwy na'r rhwystrau a fu! Gwrandewch ar y pennill nesaf:

'Run nerth sydd yn fy Nuw a'r un yw geiriau'r nef,
r un gras, a'r un ffyddlondeb sy'n cartrefu ynddo ef:
fy ngwendid o bob math a'm llygredigaeth cry'
ni threchant, er eu natur gas, hyd fyth mo'r gras sydd fry.'

Mae'n dda wrth ddarllen yr emyn sylwi ar ei onestrwydd, tra'r un pryd cawn ein hatgoffa o nerth ei Dduw, nerth sydd yn anghyfnewidiol. R un nerth sydd yn fy Nuw..... y Duw ddaeth a ni hyd yn hyn fydd y Duw fydd yn ein cadw gweddill ein taith, beth bynnag fo'r troeon. Beth fydd gan y flwyddyn hon yn hanes yr eglwysi ar ein cyfer, beth am ein bywydau fel unigolion? Beth am ddechrau ei cherdded gan atgoffa'n hunain mai Duw yw ein noddfa, ein nerth, ein cymorth, ein popeth? Duw a'n gwaredo rhag tynnu ein golwg am eiliad oddi ar hynny, na gobeithio a gweithio am ddim arall.

ADNABOD

"Lle mae'r galon..."

Yn Eisteddfod yr Urdd Ynys Môn yn ddiweddar, roedd yna gylchgrawn newydd ar gael, 'Annibyns', un oedd yn addas ar gyfer plant a ieuenctid, gyda Ffiona Edwards yn un o'r golygyddion. Y tu mewn i'r clawr roedd y cyngor hwn; *'Os am osgoi problemau trafnidiaeth wrth ddod i'r steddfod, arhoswch yn Nulyn, a theithio i mewn bob bore ar y cwch'* ! Byddwn yn cysylltu ambell i beth gydag ambell i ddigwyddiad, ac mae teithio ac eistedd mewn ciw yn un o'r pethau hynny pan feddyliwn am steddfod. Ond doedd dim sôn am yr un ciw o draffig, pawb yn symud yn hamddenol braf, a'r plismyn yn gwenu'n llon. Aeth jôc Ffiona i'r gwellt braidd, er mae'n parhau yn reit ddigri.

Nid yw pobl y capel yn ôl yn y gwaith o briodoli rhyw ddigwyddiad i ambell i beth. Meddyliwch am esgusodion pobl dros gapeli gwag: mae'n amser defaid ac ŵyn neu'r cynhaeaf, mae yna raglen dda ar y teledu, mae yna gyngerdd. Ond drwy'r cwbl mae yna amaethwyr, mae yna bobl sydd yn hoffi'r teledu, bobl sydd yn hoffi cyngerdd, yn dal i ddod yno. Gall y modd y ceisiwn gysylltu pethau fod yn arwynebol ac yn ystrydebol yn aml. Rhaid bod yn ofalus rhag gwneud honiadau cyffredinol, oherwydd byddwn yn cael ein profi yn anghywir yn ddieithriad.

Gyda golwg ar ein sefyllfa yn y capel, gallwn er hynny fod yn lled bendant, gan nad ydym yn cysylltu anffyddlondeb gyda phethau arwynebol, ond gyda chyflwr, gyda blaenoriaeth, gydag arglwyddiaeth - arglwyddiaeth Iesu ar y galon. Os ydym yn siomedig ynom ein hunain, rydym yn chwilio'r galon am Iesu. Os ydym am ddeall y rheswm pam fod y capel yn isel ar restr blaenoriaethau, gallwn droi at y Beibl a darganfod gelyniaeth pobl at Dduw, a'u gwrthwynebiad i'w gydnabod. Nid y diffyg blaenoriaethu yw'r rhyfeddod ond agosrwydd y moddion - troi at Iesu mewn ffydd.

ADNABOD

Ofn hedfan

Yn ddiweddar, cawsom wyliau bythgofiadwy yn America. Wrth ysgrifennu cerdyn post o Washington, bu bron imi sôn am fy awydd i nofio am adre; dim ond tua 3,500 o filltiroedd i fynd, ac ar y pryd roedd yn ymddangos yn well opsiwn na cheisio mynd yn ôl ar yr awyren. Cofiwch hefyd mai fi yw'r nofiwr salaf yn Heulfryn, a dweud y gwir mae mynd â'r plant i nofio yn cymharu yn anffafriol hyd yn oed â mynd i Henaduriaeth am ddiwrnod!!!

Nid fod hyn ar fy meddwl yr holl amser yno, yn wir, fel y gellwch ddychmygu, fe wnaethom fwynhau ein hunain yn eithriadol; roedd y lle, y bobl, a chwmni Sarah heb orfod rhannu amser gyda neb arall, yn arbennig iawn. Bu'n brofiad adeiladol, ac yn arbennig felly Sul diwethaf cael bod yn rhan o gynulleidfa '*Reedemer Presbyterian Church,*' eglwys gyda thua 4,000 o aelodau. Roedd yn brofiad gwerth chweil; mi fuaswn wrth fy modd petaech wedi gallu bod yno gyda ni, yn rhannu'r mawl, ac yn rhyfeddu at yr hyn mae Duw yn ei wneud ym mywydau pobl heddiw.

Ond yn ôl at y nofio!!! Cefais neges-destun gan un o f'aelodau hoff cyn mynd yn rhyfeddu braidd at fy ofnau, ac yn gresynu fy mod yn ymddiried mwy mewn berfa nag mewn awyren. Beth bynnag am hynny, roedd y cwbl yn fy arwain i feddwl pa mor anodd yw hi i bechadur i ymddiried yn yr Arglwydd, ac i roi ein gobaith ynddo Ef. Meddyliwch, fyddai gen i ddim gobaith cyrraedd allan o fae'r afon Hudson o dan fy stêm fy hun, byddai'r gwaith wedi fy ngoddiweddyd mewn dim o amser. Ac i beth? Doedd dim angen imi ymdrechu, dim angen ceisio gwneud y daith fy hun, dim angen dychmygu fod cyrraedd yn dibynnu arnaf i. Y cyfan oedd angen ei wneud oedd camu i mewn i'r awyren.

Ychydig wythnosau yn ôl roeddem yn dathlu'r Pasg, yn dathlu'r ffaith fod yr Arglwydd Iesu nid yn unig wedi agor ffordd inni gyrraedd y Nefoedd, ond ar yr un pryd wedi atgyfodi, wedi esgyn yn ôl i'r Nefoedd, yn dod i galon y rhai sydd yn galw arno, a'r cyfan er mwyn sicrhau fod ein taith drwy'r byd i ganol y Nefoedd bellach yn dibynnu arno Ef. Dyma'r Un sydd am gludo ei bobl yn ddiogel i'w cartref tragwyddol. Ond, yn ôl ei eiriau ei hun, nid ydym '*am ddod ato Ef i gael bywyd',* gwell gennym foddi ar gyfrif ein hymdrechion ein hunain. Mae gan bechadur gymaint o obaith i gyrraedd y Nefoedd drwy ei ymdrech ei hun ag sydd gennyf i o nofio Cefnfor yr Iwerydd. Un o arfau mwyaf cyfrwys y diafol yw ein perswadio fod gennym ryw obaith, fod bywyd da yn ddigon, fod crefydd yn ddigon, gan gau ein llygaid i'r pellter mae pechod wedi'i agor rhyngom â Duw - pellter na all neb ond Iesu ei bontio. Iesu yw'r bont, a'r unig beth sydd ei angen yw ei adnabod Ef, rhoi ein hunain Iddo; dyna ein diogelwch.

ADNABOD

Edrych ar Iesu

Cefais fenthyg nifer o dapiau yn ystod yr wythnos ddiwethaf, a hynny gan fod gennyf ddigon o amser! Rwyf wedi cael blas yn gwrando arnynt. Y pregethwr yw'r Parch Stuart Bell o Aberystwyth. Yn wreiddiol o Swydd Efrog, mae o wedi gweinidogaethu ers dros 30ain mlynedd yng Nghymru, a hefyd wedi dysgu Cymraeg yn wych iawn. (Efallai y byddai'n fuddiol i'w gael yma rhyw ben.) Mae'n gyfres o bregethau sydd yn edrych ar sut mae Duw yn rhoi ei heddwch i'w blant gan edrych ar wahanol ddigwyddiadau yn hanes y disgyblion oedd, ar y naill law, yn peri gofid iddynt hwy, ond, ar y llaw arall, yn gyfleon i'r Arglwydd ddangos ei ddigonolrwydd yn holl amgylchiadau eu bywydau. Yn ei enghraifft gyntaf mae'n cyfeirio at y noson honno pan gerddodd Pedr ar y dŵr. Mae'r hanes i'w weld yn Mathew 14, yn union ar ôl hanes porthi'r pum mil. Mae Iesu'n anfon y disgyblion yn eu blaenau dros y llyn, tra'i fod yntau'n encilio i'r mynydd i weddïo. Erbyn i'r cwch gyrraedd canol y llyn, roedd yna storm wedi codi, a'r disgyblion yn dechrau poeni am eu bywydau. Yna, maent yn gweld rhywbeth a dybient oedd fel ysbryd yn nesáu, ond o edrych yn iawn, gwelsant mai Iesu oedd yno yn cerdded ar wyneb y dŵr. Mae Pedr yntau am gael gwneud hynny ac yn mentro allan mewn ffydd. Ond mewn dim, mae ei ffydd yn gwegian, a'i amgylchiadau yn gryfach na'i ffydd, ac yntau'n dechrau suddo. Fe gofiwch i'r Iesu estyn ei law i'w godi o'r tonnau, ac i'r ddau fynd yn ôl i'r cwch.

Mae Stuart Bell yn gofyn nifer o gwestiynau, yn benodol, pam fod Iesu wedi caniatáu iddynt fynd i'r storm, pam ei fod wedi galw ar Pedr i fentro ac yntau'n gwybod beth fyddai'r canlyniad, a beth mae'r hanes yn ein dysgu am Iesu? I'r cwestiwn cyntaf, roedd yn rhaid i'r disgyblion wynebu'r un math o helbulon ag y byddwn ninnau yn eu hwynebu. Nid yw'r Beibl yn addo y caiff y saint eu cadw rhag y pethau hynny sydd yn dod i ran eraill, ond mae Iesu yn dod i ganol pob storm. Mae'n medru tawelu pob un ohonynt, a hynny, trwy ei berson a'i gwmni. I'r ail gwestiwn, mae'n amlwg bod yn rhaid i'n ffydd fod yn un ddiffuant, yn ffydd go iawn yn Iesu Grist. Doedd dim mantais i Pedr fynd adref yn canmol ei hunan, ond mae ffydd ar gael i ganmol Iesu bob amser oherwydd arno Ef rydym yn dibynnu; Crist yw ein buddugoliaeth ni ym mhob amgylchiad. Pam? Wel, yr ateb i'r cwestiwn olaf yw mai Hwn yw Mab Duw. Roedd y wyrth o fwydo'r bobl yn dangos ei allu, a'r wyrth yma yn dangos hynny hefyd. Dyma Un sydd yn werth pwyso arno, dyma Duw yn ddyn, dyma'r dyn sydd yn Dduw.

ADNABOD

Dathlu unigrywiaeth yr Efengyl

Rwyf wedi bod yn darllen 'Y Goleuad' yn selog dros y blynyddoedd, ond rhaid dweud bod y rhifynnau diwethaf wedi fy rhyfeddu. Pythefnos yn ôl cawsom dudalen flaen yn adrodd sut roedd merch o Fae Colwyn wedi troi gyda'i gŵr at ffydd Islam. Yr wythnos hon, mae yna ficer o Borthmadog yn sôn am gynulleidfaoedd Cymru fel pobl sydd ddim yn sicr o unrhyw beth mewn crefydd, ac yn bwriadu cychwyn mudiad i ddathlu ansicrwydd. Mae'n fyd rhyfedd pan mae cylchgrawn enwadol yn cyhoeddi ysgrifau sydd ar y naill law yn clodfori tröedigaeth at Islam, ac ar y llaw arall yn clodfori ansicrwydd pobl yr Eglwys. Mae'r ddau destun yn rhai y medrwn ysgrifennu'n helaeth arnynt, ond rhaid cyfyngu i ychydig sylwadau yn unig.

Yn gyntaf, rhaid diogelu o fewn yr Eglwys bod Cristnogaeth yn unigryw. Nid nad oes yna grefyddau eraill, a phobl ddidwyll yn eu harddel, ond mae Iesu Grist yn cyhoeddi ei fod Ef yn unigryw, gan mai Ef yw'r unig un sydd yn medru maddau pechod, drwy ei waith ar y Groes, ac yn medru rhoi bywyd yn awr a bywyd yn y Nefoedd i bawb a gred ynddo. Mae gwadu hyn gystal â dweud bod Iesu'n dweud celwydd, ac os felly, nid yw'n haeddu unrhyw fath o ufudd-dod gennym. Dylem gau'r siop yn syth, a chydnabod mai camgymeriad fu ymdrechu o blaid un oedd yn cynnal anwiredd fel canolbwynt ei neges.

Yn ail, does dim angen clodfori anghrediniaeth nac ansicrwydd ein pobl. Nid nad oes yna lawer o bethau nad ydym yn eu deall, ond rydym yn deall i Dduw anfon ei Fab Iesu, iddo gael ei eni yn ddibechod, iddo Ef farw dros ein pechodau, iddo atgyfodi yn gorfforol ar y trydydd dydd, ac iddo esgyn yn ôl i'r Nefoedd, o ble y daw ar ddiwedd amser. Trwy'r Iesu, rydym yn adnabod Duw, ac o'r adnabyddiaeth yma y cawn wir ystyr i'n bywydau. Rydym yn dathlu ein ffydd, nid ein hamheuon yn yr oedfa, yn canmol Duw am yr hyn mae Ef wedi ei ddatguddio, nid yr hyn nad ydym yn ei ddeall. Sobr o beth yn yr Eglwys yw bod pobl yn mynnu cyhoeddi'r math o gredo sydd wedi arwain at y dirywiad presennol, yn hytrach na dysgu oddi wrth eglwysi sydd yn byw o dan fendith yr Arglwydd heddiw.

ADNABOD

Ffydd yn Iesu rhoddwr bywyd

Mae'r Testament Newydd yn pwysleisio gallu Iesu a ffydd unigolion yn gyson. Mae'r ddwy elfen yma yn gwbl sylfaenol i Gristnogaeth, ac yn wir yn hanfodol i ddod i adnabod craidd y profiad Cristnogol.

'Heb ffydd, mae'n amhosibl rhyngu bodd Duw, oherwydd mae'n rhaid i'r rhai sydd yn dod at Dduw gredu ei fod Ef, a'i fod yn wobrwywr y rhai sydd yn ei geisio.'

Ymhellach, heb allu goruwchnaturiol Iesu i'n codi ni o farwolaeth ysbrydol yn fyw, ni fyddem yn medru ymarfer ffydd, nac ychwaith yn medru byw er ei fwyn Ef. Nid mater o gytuno â chredo, nid mater o gael ein perswadio yn unig yw hyn, ond mater o brofi gallu Iesu yn rhoi bywyd ac yn rhoi ffydd.

Wrth sôn am ffydd, rydym yn cyfeirio nid at ryw safiad annelwig, nac ychwaith yn sôn am ryw obaith sydd i'n cynnal ar waethaf creulondeb realiti. Mae ffydd yn y Beibl yn rhywbeth sydd wedi ei seilio mewn person hanesyddol, Iesu Grist, ffydd yn Hwn fel yr un sydd wedi dod a thrawsnewid ein bywydau, yr un sydd wedi dangos Duw i ni, yr un sydd yn ein cadw ac yn ein cynnal o ddydd i ddydd hyd dragwyddoldeb. Hyderwn y bydd yr Iesu hwn, a ffydd ynddo yn dod yn eiddo nid yn unig i ni, ond i bobl ein hardaloedd o'r newydd heddiw.

ADNABOD

Dafydd a Goliath

Roeddwn yn darllen hanes Dafydd a Goliath unwaith eto prynhawn ddoe. Tebyg eich bod i gyd yn gyfarwydd â'r hanes, ond mi fuasai'n dda petaech yn ei ddarllen o bryd i'w gilydd yn y Beibl, oherwydd mae Duw yn medru amlygu'r gwirionedd o'r newydd wrth inni fyfyrio arno. Beth bynnag, ofnai'r Iddewon fygythiadau'r cawr yma oedd gan y Philistiaid. Wedi cyrraedd y frwydr i fynd â thamaid o fwyd i'w frodyr oedd Dafydd, a phan welodd nad oedd neb yno yn barod i fynd i'r afael gyda'r gelyn anferth yma, dyma droi at y brenin Saul a chynnig mynd ei hunan! Gallwch ddychmygu'r rhyfeddod a'r syndod. Pwy oedd hwn i wneud y fath gynnig? Os oedd milwyr Israel, a hyd yn oed y brenin, yn ofni dyn oedd wedi ei ddewis oherwydd ei fod ben ac ysgwydd yn dalach na neb arall, os oedd hwnnw'n rhy ofnus, pwy oedd y bachgen yma i fynd i'r afael â'r fath gawr?

Mae gweddill yr hanes yn gyfarwydd inni i gyd, ond tybed a ydych wedi sylwi ar y rhesymau mae Dafydd yn eu rhoi am ei ddewrder? Nid canmol ei hun, nid credu ei fod yn ddigon cryf nac yn ddigon dewr. Gwrandewch ar ei eiriau:

"Bydd yr Arglwydd a'm gwaredodd o afael y llew a'r arth yn sicr o'm hachub o afael y Philistiad hwn hefyd."

Pan mae'n mynd i gyfarfod â Goliath mae'n dweud hyn wrtho :

"Yr wyt ti'n dod ataf i â chleddyf a gwaywffon a chrymgledd: ond yr wyf fi yn dod yn enw Arglwydd y Lluoedd, Duw byddin Israel ...."

Nawr, y pwynt a roddodd Duw ar fy nghalon oedd hyn; amddiffynfa Dafydd, gwraidd ei hyder a'i nerth oedd ei adnabyddiaeth o Dduw yn ei warchod, wedi ei amddiffyn yn y gorffennol. Fel bugail, roedd Dafydd wedi dod yn ymwybodol fod yr Arglwydd yn ei warchod, y gallai goncro gelynion, a'r cyfan oherwydd nerth ei Dduw. Nawr, os oedd bleiddiaid a llewod yn ddim, beth am y cawr yma? Gwyddai, fel cyfeillion Daniel, fod Duw yn anfon ei angylion i gau safnau llewod! Yn Salm 91:11 fe ddywed Dafydd:

"Oherwydd fe rydd orchymyn i'w angylion i'th gadw yn dy holl ffyrdd"

Doedd dim angen arfwisg Saul ar Dafydd, roedd y gorffennol yn dweud y byddai Duw ei hun yn ei arfogi ac yn ei amddiffyn. Beth mae eich gorffennol chi yn ei ddweud? Amhosibl yw wynebu anawsterau real ein bywydau heb amddiffynfa. Ydych chi wedi adnabod daioni Duw o'r blaen? Cewch ei adnabod eto. Ydy profiad a hyder Dafydd yn brofiad i chi? Ydy Duw Dafydd yn Dduw real i chi yn Iesu Grist?

ADNABOD

Gwyrth angenrheidiol

Wrth ysgrifennu at eglwys Corinth, mae Paul yn gorfod delio gydag amryw o broblemau. Un o'r rheini oedd eu parodrwydd i bleidio, i rannu yn wahanol garfanau. Roedd rhai yn credu y dylent berthyn i blaid Pedr, eraill i blaid Apolos, eraill i blaid Paul, a thrwy hyn yn meddwl y byddent yn medru llwyddo yn well fel eglwys. Fel pawb arall, ein tuedd yw dilyn pobl, dilyn arwyr, yn hytrach na dilyn Iesu. Wrth ddelio gyda hyn, mae Paul yn cydnabod gweithgarwch y gwahanol arweinwyr. Fel yn achos cynhyrchu cnydau, mae yna waith rydym yn gorfod ei gyflawni. Cyfrifoldeb y garddwr yw paratoi, plannu, dyfrio, yn wir, ni fydd unrhyw gnwd yn tyfu, os na fydd wedi ei blannu, ac wedyn yn cael gofal. Yn anffodus, mewn rhai eglwysi mae yna bobl sy'n credu nad oes angen gwneud dim byd ond disgwyl wrth Dduw, disgwyl nes daw rhyw fendith, a'r cyfan medrwn ei wneud yw disgwyl i Dduw ddod i ateb ein helynt. Nonsens Beiblaidd yw hyn, gan fod Duw yn ymddiried i bob un ohonom gyfrifoldeb i ddefnyddio ei ddoniau, i rannu'r Efengyl, ac i weithio yn ddiarbed tra bod Duw yn rhoi'r cyfle inni. Rhaid defnyddio pob adnodd sydd gennym i rannu'r newyddion da am fuddugoliaeth Iesu.

Ond! A dyma'r hyn mae Paul am bwyso, tra'n cydnabod angenrheidrwydd ein llafur, nid yw'n gwaith yn ein hymdrech ein hunain yn ddigonol. Does neb wedi llwyddo ohono'i hunan i beri i ddim byd dyfu o'r newydd. Ni all hyd yn oed Medwyn Williams greu tyfiant! Byddaf yn aml yn rhyfeddu at ei ddoniau fel garddwr, ac mae wedi cael llu o wobrwyon, ond plannu a dyfrhau a wna ar y gorau.

Yn yr Eglwys, mae i ni ein cyfrifoldeb, i addoli, i ganmol, i rannu, i fyw ac mae Duw'n defnyddio'r cyfan i'w ddibenion. Ond y gwir yw na all dim o'n gwaith ni newid calonnau, roi bywyd, wneud i bobl dyfu yn ysbrydol. Rhaid wrth wyrth, rhaid wrth ymweliad grasol, goruwchnaturiol o'r Nefoedd, cyn gweld enaid yn dod i ganmol Duw. Faint bynnag o weithgarwch a gyflawnwn yn yr eglwys, ni fydd bywydau yn cael eu trawsnewid gan ein gwaith ni yn unig.

Does neb yn Gristion oherwydd gwaith pobl, gwaith Duw ei hunan yw hwnnw. Nawr, ein dyhead yw gweld yr eglwys yn cael ei hadeiladu, a chan mai pobl yw eglwys, dim ond wrth i bobl ddod at Iesu a chael bywyd newydd y digwydd y gwaith hwnnw. Fel y gwelwch, mae ein dyhead i godi eglwys yn ganlyniad i'n dyhead i weld pobl yn dod at Iesu, i'w adnabod yn bersonol. Gwaith Duw, ac felly cri at Dduw yw ein gwaith pennaf. Dyna pam fod yn rhaid i ni wrth ddaioni, wrth drugaredd, oherwydd: *'os nad yw'r Arglwydd yn adeiladu, yn ofer y llafuria'r adeiladwyr'.*

ADNABOD

'Gweithwyr' Cristnogol

Rwyf newydd ddychwelyd adref yn dilyn deuddydd yn y Bwrdd Addysg. Un o'r breintiau sydd yn gysylltiedig â'r swydd honno yw cael seiat yng nghwmni'r gweithwyr ar nos Wener. Faint ohonoch sydd yn gwybod pwy yw'r bobl yma tybed: Gwyn Rhydderch, Trefnydd Gwaith Plant a Chyfarwyddwr; Sian ac Owain Edwards, Rheolwyr y Coleg; Nia Williams, Swyddog Adnoddau ac Ysgolion; Meryl Walters, Trefnydd Ieuenctid Hŷn; Siôn Evans, Swyddog Ieuenctid; Gwyn Rhydderch, Trefnydd Gwaith Plant; Mair Jones, Rheolydd Trefeca. Dyma enwau i'ch calendr gweddi.

Roedd Meryl newydd ddychwelyd o Bangkok, Taiwan, wedi bod yno mewn cynhadledd ryngwladol yn edrych ar rannu'r Efengyl ym myd 2004. Ar eu ffordd yn ôl i'r awyren, dyma ddal bws - rhif 15 os byddwch yno rywbryd ac am fynd i'r ddinas - ac yn sôn am y cyfle ardderchog a gafodd i rannu ei ffydd efo gŵr dieithr yn y wlad fach honno. Amser felly oedd y seiat, cael cyfle i wrando ar y bobl ragorol yma yn rhannu daioni Duw â nhw yn ystod y misoedd diwethaf, a hynny mewn cyfnodau rhwydd a chyfnodau anodd.

Wrth wrando, roeddwn yn meddwl am y modd y mae'r cwbl i gyd yn codi'n calonnau gyda golwg ar y ffaith fod Duw yn parhau i alw pobl i'w ganlyn yn y Gymru Gymraeg, pobl gyffredin sydd yn bobl ardderchog. Maent yn amrywio o ran oed o ambell un yn eu dauddegau cynnar i ambell un yn eu pedwardegau. Maent yn amrywio o ran personoliaethau, ond mae eu Harglwydd yn un, a'u profiad ohono yn berffaith glir a sicr. Anodd meddwl y byddai neb yn mentro i'r math yma o waith heb fod hyn yn wir, ond, does dim amheuaeth fod yna ambell un wedi gwneud hynny a darganfod nad oes ganddynt ddim oll i'w gynnig i'w cyfoedion.

Yn y Beibl, mae Duw yn galw pawb i fod yn dystion iddo. Mae gan rai ddawn a gweinidogaeth sydd yn golygu fod cylch eu galwad yn eang, ond am y rhan fwyaf, mae Duw yn eu gosod o fewn eu teuluoedd, o fewn eu cymdogaeth, ymhlith eu ffrindiau, yn eu gwaith. Yr un yw'r angen, beth bynnag fo'r cyfle, a rhaid wrth yr un profiad o sicrwydd ein ffydd, nid ynom ein hunain, ond yn Iesu Grist, i fedru bod yn abl i rannu ein ffydd efo eraill.

Mi fuasai'n braf petai pawb sydd yn dod i gysylltiad â phobl yr Eglwys yn medru clywed fel y dyn ar y bws yn Nhaiwan am waith Iesu drosom ac am waith Iesu ynom. Rhaid i ni wrth sicrwydd o'r gwaith, a rhaid wedyn ei rannu!

ADNABOD

Breichiau tragwyddol

Fe gafodd Sarah gryno ddisg newydd gan Siôn Corn, un o eiddo cantores o'r Unol Daleithiau, Amy Grant. Nid wyf yn siŵr faint ohonoch sydd wedi clywed amdani, ond mae'n ferch annwyl iawn sydd wedi bod yn canu caneuon Cristnogol ers blynyddoedd lawer. Mae ei chryno ddisg ddiweddaraf yn gasgliad o emynau oedd yn boblogaidd iawn mewn cenadaethau Cristnogol yn ystod y ganrif ddiwethaf. Yn gyffredinol, cyfeirir atynt fel caneuon Sankey a Moody, ar ôl awduron y rhan fwyaf o'r geiriau a'r gerddoriaeth. Cyfieithwyd nifer helaeth i'r Gymraeg mewn llyfrau megis 'Sŵn y Jiwbilî', ac mae'n siŵr eich bod wedi canu rhai ohonynt.

Byddaf yn gwrando ar dipyn o gerddoriaeth yn y car, a ddoe wrth wrando ar y gryno ddisg, dyma wrando eto ar yr emyn 'O gariad, na'm gollyngi I'. Wrth feddwl, mae'r frawddeg gyntaf yna yn ddigon o ryfeddod ynddi ei hun. Pan oeddem yn blant, byddem yn chwarae gêm lle'r oedd gofyn inni ymddiried yn ein gilydd. Byddai rhywun ar ben cadair, a rhaid oedd ei wahodd i syrthio yn ei ôl gan gredu y byddem yno i'w ddal ac y byddai'n breichiau'n ddigon cadarn. Pan fyddaf yn mynd am dro ambell waith ac mewn lle ychydig yn beryglus, mi fydd Hanna yn dweud, 'Dad, wnei di ddim gollwng gafael na wnei?' Rwy'n cofio rhai troeon wrth chwarae'r gêm, a rhai troeon pan fyddai pobl yn ymddiried ynof, fod y pwysau yn medru bod yn un lled anodd ei ddal. Rhaid dweud fy mod yn gwneud fy ngorau, ond doeddwn i ddim yn gwbl ddibynadwy. Yn wir, ni allaf ddibynnu yn llwyr arnaf fy hunan, a minnau'n meddwl bod gennyf ddigon o nerth, ac yna'n darganfod fy mod yn gwanhau. Yr un fath gyda fy mywyd ysbrydol, mi fyddaf yn credu y gallaf wneud tipyn, dim ond i ambell sefyllfa beri fy mod yn gweld fy ngwendid. Dyma ble mae'r frawddeg yma yn fendigedig, oherwydd yn ôl yr awdur, mae gennyf un sy'n fy ngharu, yn gofalu amdanaf, yn fy amddiffyn, yn fy ngharío, ac ni wnaiff hwn ollwng gafael. Cysur pennaf y Cristion ym mhob math o sefyllfaoedd yw bod ein Duw ni yn gwbl ddibynadwy; nid yw am ein siomi, ni wnaiff ollwng gafael. Nid diddordeb mewn gofalu amdanom sydd gan Dduw, ond dyma yw dymuniad ei galon.

O gariad, na'm gollyngi i'.
Diolch byth!

ADNABOD

Gweld Duw

Roeddwn yn darllen hanesyn bach yn ddiweddar am Abraham Licoln - Arlywydd yr Unol Daleithiau yn ystod y rhyfel cartref yn yr 1860au. Rywfodd neu'i gilydd, fe lwyddodd gwraig i fynd i mewn i'r Tŷ Gwyn ryw ddiwrnod, gan fynd â phlatiaid o fisgedi iddo, a dywedodd: *"Syr, roeddwn yn meddwl amdanoch heddiw, a'r llwyth yr ydych yn gorfod ei gludo, a dyma feddwl y buaswn yn dod â'r rhodd yma i chi i ysgafnhau ychydig ar eich diwrnod."* Dechreuodd Licoln lefain, cyn dweud: *"Madam, mae yna lu o bobl yn dod i fy ngweld, pob un eisiau rhywbeth, a ti yw'r unig un sydd wedi dod yma erioed heb fod eisiau rhywbeth".*

Yn ystod yr wythnos ddiwethaf rwyf wedi bod yn meddwl am y ffordd rydym yn gweddïo, ac mae'n siŵr fod yna elfen o gysondeb yn y modd y byddwn yn dod at Dduw, ac yn dod â llu o anghenion. Nawr mae hynny yn berffaith dderbyniol, yn wir, cawn ein cymell i wneud hynny droeon yn y Gair. Meddyliwch, er enghraifft am eiriau bendigedig Pedr yn 1 Pedr 5:17, *"Bwriwch eich holl bryder arno Ef, oherwydd y mae gofal ganddo amdanoch."* Mae Duw'r Nefoedd yn gofalu amdanom, yn awyddus i gario ein beichiau! Rhyfeddol!

Ond, ar y llaw arall, beth am ddod at Dduw heb ein beichiau, beth am ddod jest i'w ganmol, i aros yn ei gwmni? Felly y clywn am Moses yn Ecsodus 33. Yno, mae yna awydd i gael cwmni Duw, i deimlo amddiffynfa Duw ac arweiniad Duw, ond uwchlaw popeth, awydd Moses yw am Dduw ei hun. *"Yn awr, os cefais ffafr yn dy olwg, dangos i mi dy ffyrdd, er mwyn i mi dy adnabod, ac aros yn dy ffafr .... Dangos i mi dy ogoniant"* (adnodau 13 a 18).

Mae'r gair 'adnabod' yma yr un â'r gair sy'n disgrifio Adda yn 'adnabod' Efa; a dyhead Moses yw am berthynas, am adnabyddiaeth bersonol. Mae'r gair 'gogoniant' yn golygu 'sylwedd, hanfod, swm', popeth sydd yn wir amdano fel person. Mae Moses yn mynegi dyhead am gael adnabod yn bersonol, nid dyhead i wybod, i ddysgu, i gael, ond i adnabod y Duw hwn. Yn ei hastudiaeth o lyfr Job, un o'r pethau sydd wedi taro Sarah o'r newydd yw'r ffaith nad yw Duw yn rhoi ateb i Job, mae'n gwneud rhywbeth rhagorach - mae'n rhoi ei hun i Job. Beth am adael ein rhestr o bryd i'w gilydd, gan fynegi mai Duw, yr Iesu, Ei Ysbryd a ddymunwn, a bod hynny yn ddigon?

ADNABOD

Mae'r Iesu'n fwy na'i roddion,
  mae ef yn fwy na'i ras,
yn fwy na'i holl weithredoedd
  o fewn ac o'r tu faes;
pob ffydd a dawn a phurdeb,
  mi lefa' amdanynt hwy,
ond arno'i hun yn wastad
  edrycha' i'n llawer mwy.

Gweld wyneb fy Anwylyd
  wna i'm henaid lawenhau
drwy'r cwbwl ges i eto
  neu fyth gaf ei fwynhau;
pan elont hwy yn eisiau,
  pan byddaf fi yn drist
tra caffwyf weled wyneb
  siriolaf Iesu Grist?

ADNABOD

Tu ôl y mwgwd

Un peth sy'n dod â gwen i'r wyneb yn fwy na dim arall yw'r bobl sydd yn dweud wrthyf am ei chymryd yn araf, sydd eu hunain yn gwbl ddiarbed yn eu gwaith a'u prysurdeb! Cofiwch, rwyf wedi bod yn euog droeon o wneud yr union beth fy hunan! Byddaf yn gweld hwn a'r llall, wedi derbyn triniaeth, wedi bod yn sâl, wedi cael amser anodd, ac un o fy nghynghorion arferol yw 'Cymerwch hi'n araf.' Rwy'n synnu nad oes neb wedi troi arnaf a dweud, 'y meddyg, iachâ dy hunan'!!!

    Daw hyn â ni'n daclus at rywbeth rwyf wedi bod yn astudio dros yr wythnosau diwethaf. O ddydd i ddydd rwyf wedi bod yn mynd drwy'r Bregeth ar y Mynydd, ac yn dilyn esboniad John Stott. Ar ddechrau'r chweched bennod o Mathew, mae Iesu'n sôn am y gwahaniaeth sydd rhwng y Phariseaid, oedd yn gwneud eu gorau i gael eu gweld gan bobl, a Christnogion, sydd yn ofalus mai cynulleidfa o un sydd ganddynt hwy, sef Duw ei hunan. Nid ydynt i wneud dim er mwyn dangos eu hunain, gan ochel rhag unrhyw fath o ragrith ysbrydol. Yr un modd, nid ydym i farnu eraill am y pethau hynny rydym ni ein hunain yn ddall iddynt yn ein bywydau ein hunain. Mae'r gair rhagrith yn dod o fyd y theatr; roedd yn dderbyniol i actorion 'wisgo' wynebau eraill, er mwyn darlunio rhywun ar wahân iddynt hwy eu hunain. Yr anhawster yw ein bod yn dueddol o wneud ein bywydau'n llwyfannau; llwyfan i actio, llwyfan i greu argraff, lle ceisiwn gam-arwain eraill yn aml, ac yn ddiarwybod bron, yn cam-arwain ein hunain wrth gyfleu rhyw ddelwedd ffug ohonom ein hunain. Mae Iesu'n ein hatgoffa na allwn dwyllo Duw. 'Does ond Cristnogaeth go iawn, ffydd go iawn, yn rhyngu ei fodd Ef. Nid mwgwd yw ffydd y Cristion, ond crefydd sydd wedi ei gwreiddio yn ei galon, yn hanfod yr hyn ydyw - creadigaeth newydd yng Nghrist.

ADNABOD
Arwyddocâd y Groes

Wrth edrych drwy dudalennau gwefan newyddion y BBC yn ystod yr wythnos, roedd yna un darlun oedd yn edrych yn ddigon digri. Llun oedd yno o un o'r protestwyr yn ardal Penpont, pobl oedd yno fel y cofiwch i wrthwynebu adeiladu peipen nwy drwy goedwig hynafol ym Mannau Brycheiniog. Yn y llun, mae un o'r protestwyr yn cael ei ddarlunio yn hongian ar ben coeden ac yn eistedd ar gefn beic! Yn fwy na hynny, yn y cefndir, mae ganddo olwyn sbâr! Mi fyddaf yn edrych ymlaen yn arw i glywed beth oedd arwyddocâd y beic yn y brotest, a pha berthynas sydd gan y beic i'r beipen neu'r beic i'r coed! Beth bynnag, roedd gweld yr olwyn sbâr yn *'cap all'* ar y cwbl, a'r ffaith fod y dyn yn eistedd ar gefn y beic, lle anghyffredin o anesmwyth ar yr adegau pan mae rhaid bod yno.

Mae gennyf farn ar y beipen ac ar y protestwyr, ac fel un sydd yn teithio'n wythnosol o'r gogledd i'r de ac yn ôl, mi fyddaf yn gweld y graith yn aml. Tebyg na fydd yr olygfa felly yn hir, ond mi fyddaf yn meddu rhyw elfen o edmygedd at Hanna a'i chriw petai ond am eu dyfalwch, a'r parodrwydd i fynd i eithafion o ymdrech o blaid yr hyn y maent yn gweld sydd yn bwysig. Oes yna unrhyw fater heddiw y byddech yn teimlo mor argyhoeddedig ynglŷn ag ef, fel y byddech yn barod i fyw allan yn yr elfennau, hyd yn oed adeiladu platform ar ben coeden, a dioddef holl wawd pobl, ochr yn ochr â chondemniad y llysoedd? Beth bynnag, o ddod yn ôl at y dyn ar gefn ei feic, does gen i ddim syniad beth oedd arwyddocad y weithred, pwy a ŵyr nad oedd yn anghyffredin o amlwg i bob rhyfelwr ecolegol, ond fy mod i yn ddall i weld hynny. O bosibl, mi fyddai'r rhain yn rhyfeddu nad wyf yn gweld rhywbeth sydd iddynt hwy yn gwbl amlwg.

Byddaf yn teimlo'r un fath wrth sôn am Iesu yn hongian un prynhawn ar goeden. Byddaf yn rhyfeddu fy mod wedi treulio gymaint o flynyddoedd yng nghysgod y pren yna, yn yr Ysgol Sul, yn yr oedfaon, a heb ddeall arwyddocâd yr hyn yr oedd yn ei wneud, yn ei wneud drosof i. Ac yn awr, wrth imi rannu rhyfeddod cariad y groes, mi fydd yna bobl sydd yn gwrando, yn dal i ryfeddu fod Iesu yno, ddim yn deall pam fod hwn wedi mynd i'r fath eithaf er ein mwyn? Pam ei fod wedi costio mor ddrud i Dduw ddangos ei gariad?

Gwaith yr Ysbryd Glân yng nghalon pobl yw esbonio arwyddocâd y groes, arwyddocâd marwolaeth Iesu. Trwy'r Ysbryd, yr ydym yn ei weld yno yn hongian yn ein lle ni, yn talu ein dyled, yn prynu bywyd inni. Trwy'r Ysbryd, mae'r fath gariad yn ennill ein calon, ni allwn lai na'i garu, ei ddilyn, ei ganmol.

ADNABOD

Cyfamod Gras

Bûm mewn Cyfarfod Gweddi i weinidogion o Ogledd Cymru yn Llanrwst ddydd Iau, ac yn y wir, roedd yn amser bendithiol. Y Parch Hywel Edwards, Chwilog oedd yn arwain. Siaradodd ar Eseia 54. Mae'n hawdd colli'r bennod oherwydd ei bod rhwng dwy sy'n gyfarwydd iawn. Ym mhennod 53, cawn y broffwydoliaeth am ddyfodiad Iesu: *'Pwy a gredodd i'm hymadrodd, ac i bwy y datguddiwyd braich yr Arglwydd..'* ac ym mhennod 55 cawn y gwahoddiad bendigedig: *'Dewch i'r dyfroedd, bob un y mae syched arno'.* Yr adnodau a aeth am bryd yn y cyfarfod oedd 54:9-10. Mae'r proffwyd yn sôn am ddyddiau Noa, a'r modd y bu i Dduw addo na fyddai eto yn dod â dilyw ar y ddaear. Â ymlaen i sôn na fydd Duw, yn nyddiau gras, yn digio wrth ei bobl fyth mwy, nac ychwaith yn peri i'w ffyddlondeb ballu tuag at ei Eglwys.

"'Bydd fy nghyfamod heddwch yn ddi-sigl", medd yr Arglwydd sy'n tosturio wrthyt.'

Roeddwn yn rhyfeddu o'r newydd fod y fath addewid wedi ei gadael i'r Eglwys. O dan y cyfamod gweithredoedd roedd yna beryglon mawr yn wynebu pobl Dduw o'r tu allan, a hynny ar gyfrif gelyniaeth y cenhedloedd, ond roedd peryglon mwy yn gorwedd o'r tu fewn, oherwydd caledwch a gwrthgiliad, a'r ffaith fod Duw yn bygwth troi ei wyneb oddi wrthynt ar gyfrif hynny.

Mae yna beryglon tebyg yn yr Eglwys, ond gwyddom, a hynny ar sail yr addewid yma, na fydd yn ein gwrthod, na fydd yn anghofio ei gyfamod oherwydd ein hanffyddlondeb ni. Diolch mai Cyfamod Gras yw'r Efengyl, cyfamod sydd yn gwbl ddibynnol ar Dduw, ac yn hynny mae'n gyfamod di-sigl. Diolch na all hyd yn oed ein pechodau ni, yn wir, dim a grëwyd, dorri'r cyfamod bendigedig hwn.

ADNABOD

'Yr wyf yn gallu pob peth...'

Y thema yn y Clwb Ieuenctid nos Wener oedd y nerth sydd yn perthyn i rai digon gwan os bydd Duw yn eu nerthu. Rydym bellach wedi cychwyn ar gwrs newydd, deunydd sydd wedi ei baratoi gan *"Youth for Christ"*, mudiad ym Mhrydain sydd yn anelu i weld pobl ifainc yn dod i adnabod Iesu yn bersonol. Un o'r pethau mwyaf calonogol sydd yn perthyn i'n cenhedlaeth yw'r mudiadau di-rif sydd bellach yn gweithio tua'r nod hwn. Gweddïwn y byddan nhw'n gweld bendith ac y bydd bendith ar ein gwaith ninnau ymhlith yr ieuenctid.

Beth bynnag, yn y Clwb, yr oedd yn braf cael fy atgoffa yn bersonol o'r nerth a'r cadernid mae Duw yn ei gynnig i'w blant. Tra ein bod ni'n medru bod yn ddigon gwan, gyda'n penderfyniad yn fynych yn gwegian, mae'r Duw sydd o'n plaid yn gwbl anghyfnewidiol, yn aros yr un, yn graig ddiogel i rai sy'n cael eu chwythu gan bob awel. Mae pob math o brofiadau a themtasiynau yn medru gwyro ein penderfyniad ni, yn wir, mae'r peth lleiaf yn medru peri inni dynnu ein llygaid oddi ar yr Iesu.

Wrth edrych yn ôl dros y dyddiau diwethaf mae'n siŵr eich bod yn medru galw i gof amryw o sefyllfaoedd lle y dylech fod wedi sefyll, y dylech fod wedi tystio, wedi gweddïo, wedi diolch, wedi addoli. Beth ond ein gwendid sydd i gyfrif am hyn? A chymryd bod hyn yn wirionedd am ein natur, cymaint yw ein cysur felly fod yna nerth i'n galluogi i gyflawni pob peth, drwy'r Un sydd yn ein nerthu. Gwyddai'r Apostol am fuddugoliaethau yn ei waith, ac yn ei fywyd personol wrth iddo bwyso ar y cadernid oedd iddo yn Iesu Grist, a'r grym oedd ar waith yn ei fywyd trwy'r Ysbryd Glân. Dyma yw'n hiraeth a'n dymuniad ni, cael nerth i sefyll, i dystio, i weddïo, i ddiolch ac i addoli. Mae'r addewid yno inni, a'r cyfan sydd ei angen yw gras i feddiannu'r addewid. Mae Duw yn cynnig hyn oll, a mwy inni yn yr Efengyl, a'r rhyfeddod yw ein bod ni mor amharod i'w dderbyn. Neu, efallai, oes yna reswm arall? A yw'r angen, y gwendid, a'r profiad o nerth yn brofiad i ni? A ydym yn adnabod ein hunain fel y dylem? Rhaid wrth ras i gredu'r gwir amdanom ni a'r gwir am nerth ein Duw yn Iesu Grist. Mi fyddwn wedyn yn siŵr o fod yn rhwystredig ar gyfrif ein gwendidau, ond yn llawen ar gyfrif ei allu Ef. Bydded i'r Arglwydd fod yn nerth parhaus i'r rhai sydd yn ymddiried yn ei enw.

.

ADNABOD

Nefydd

Yn ystod yr wythnos ddiwethaf, bûm mewn sawl cyfarfod amrywiol iawn, ambell un, fel cwrdd misol, nad oes angen dweud gair rhagor amdano, ambell un yn delio â materion sensitif, a hefyd mewn dau angladd. Yn y naill, cefais gyfle i ddiolch am fywyd un o aelodau hynaf a mwyaf dawnus yr ofalaeth, yn y llall, cofio un oedd wedi ei fagu yn yr ofalaeth, ond ers blynyddoedd bellach yn byw ac yn addoli ym Mae Colwyn. Rwyf am ddweud gair am y cynhebrwng hwnnw oherwydd fy mod wedi cael cyfle i eistedd a gwrando heb gymryd rhan, ac oherwydd ei fod yn angladd anghyffredin i lawer.

Roedd Nefydd Owen wedi ei eni a'i fagu yn Llannefydd, ac yno daeth o hyd i ddau oedd yn mynd i lwyr ennill ei galon. Clywsom am ei briodas ag Elsie, ac ar yr un pryd, clywsom am y modd y bu i Iesu ennill ei galon, a hynny yng nghanol y pedwardegau. O'r diwrnod hwnnw, roedd bywyd a blaenoriaethau Nefydd Owen yn wahanol iawn, a gwn fod nifer o bobl yr ardal wedi cael cyfle yn ystod y blynyddoedd cynnar hynny i fedi o'i brofiad a'i aeddfedrwydd Cristnogol. Yn yr angladd, clywsom fel y bu i gylch eang iawn elwa yn ddiweddarach, a hynny drwy ei aelodaeth yn y capel ym Mae Colwyn, trwy ei bregethu yn y Gymraeg a'r Saesneg, a thrwy gynhesrwydd ei aelwyd a'i gwmni. Cododd nifer yn yr angladd, yn hen ac ifanc, i sôn am y dylanwad hwn, ac i ddiolch i Dduw am ddwyn Nefydd Owen i mewn i'w bywydau. Pwy feddyliai y gallai gŵr cyffredin fel Nefydd gael y fath ddylanwad anghyffredin, nid oherwydd ei fod wedi bod mewn coleg, nac oherwydd ei fod wedi bod yn llwyddiannus yn y byd, ond oherwydd iddo fod yng nghwmni Iesu Grist, ac ufuddhau iddo?

Byddaf yn aml yn pwysleisio'r hyn y gall Duw ei gyflawni yn ein bywydau, oherwydd mae'n syndod parhaus i mi beth mae'n gallu'i wneud o bobl mor annheilwng. Roedd un o'r aelodau yn sôn ar ôl y seiat nos Iau am ryfeddod gwaith gras, a dyna'n union yw diben hyn o lith, ein hatgoffa y gall gras wneud yr hyn na allwn ni fyth ei gyflawni hebddo. Gall gras ein newid, ein gosod ar lwybr cwbl newydd, gall roi cariad yn ein calonnau, ac ystyr i'n haddoliad, gall greu creadigaeth newydd. Mae bywydau sydd wedi eu newid gan ras yn amlwg ddigon yn y byd, yn amlwg ddigon mewn addoliad, yn amlwg ddigon mewn angau. O! am adnabod yr un gras, yr un newid, yr un dylanwad, fel y bydd Duw ei hun yn dweud:

"da was, da a ffyddlon....dos i mewn i lawenydd dy Arglwydd".

Diolchwn i Dduw am y bobl hynny sydd wedi dod i mewn i'n bywydau ni, wedi dangos gwerth gras yr Arglwydd Iesu, a'n dymuniad yw cael adnabod yn ein tystiolaeth ni, yr un dylanwad. Peidiwch yn unig â dymuno bod yn ddoeth, yn gyfoethog, yn glyfar, yn glên; yn hytrach, dymunwch fod fel Iesu.

ADNABOD

'... yn y canol yn bendithio'

Beth yw ystyr yr adnod: " Ble bynnag mae dau neu dri wedi ymgynnull yn fy enw i, byddaf fi yno, yn y canol yn bendithio"? Mae nifer wedi defnyddio'r adnod i gyfiawnhau pob math o bethau, o esgeulustod pobl gyda golwg ar ddod i oedfaon, i hawlio cyfiawnhad nefol dros geisio cynnal pob math o weithgarwch, beth bynnag mae'r arwyddion yn ddweud wrthym. Clywais yn ystod yr wythnos mai'r arf gorau i adeiladu eglwys yw rhaw, er mwyn claddu pob peth sydd ddim yn cael ei fendithio mewn ffordd amlwg gan yr Arglwydd.

Ond, yn ôl at yr adnod, mae'r Iesu'n dweud fod ei bresenoldeb yn aros gyda'i bobl yn wastad, mae'n Arglwydd yn eu calonnau, a thrwy ei Ysbryd, gall eu hysbryd hwythau adnabod ei bresenoldeb. Felly hefyd pan mae pobl Dduw yn dod at ei gilydd, mae Iesu yno yn y canol. Sylwch, pobl yn dod yn enw Iesu, pobl yn dod â Iesu gyda nhw, mewn ffordd o siarad, yw'r bobl hyn. Nid pobl yn dod ynghyd yn enw crefydd, neu arferiad, neu draddodiad, ond yn enw Iesu. Does dim addewid o fendith i bob cyfarfod, ond lle mae Iesu yng nghalonnau'r bobl, lle mae Iesu yng nghanol eu dymuniadau, mae Iesu yng nghanol eu haddoliad a'u cyfarfodydd. Meddyliwch am y fendith sydd o wybod hyn bob tro y down at ein gilydd nad oes angen gofyn i Iesu alw heibio, mae O yno'n barod. Y cyfan sydd ei angen yw'r Ysbryd Glân yn ein bywydau ni i adnabod presenoldeb Crist.

ADNABOD

Grym a bendith gweddi

Cefais gyfle, yn ddiweddar, i gael fy atgoffa o bwysigrwydd gweddi, a hynny ar y ffordd adref yn y car a'r plant wedi mynd i gysgu, drwy wrando ar y diweddar Barchedig Dr Tudur Jones yn siarad ar y pethau hynny sydd yn arwain at dwf eglwysig. Un o'r pethau roedd yn ei weld mewn hanes, oedd y modd y mae Duw wedi arddel ac wedi eneinio cyfarfodydd gweddi pobl Dduw, a thrwy'r rhain, wedi dod â bendith helaeth i'r Eglwys. Rwyf wedi cael y fraint o fod mewn cyfarfodydd gweddi arbennig yn ystod fy amser fel Cristion, ac yn ymwybodol o'r grym a'r fendith sydd yn eich meddiannu wrth i Dduw ddod yn agos. Mae codi llef i'r Nefoedd yn fraint aruthrol, ac ar yr un pryd, yn ôl yr Ysgrythur, yn beth grymus a nerthol. Rwy'n cofio'n arbennig y cyfarfodydd yn Neuadd Pantycelyn yn Aberystwyth, ac un yn arbennig. Roedd yna un o'r bechgyn yn y Coleg wedi dotio ar un o ferched yr Undeb Gristnogol, ac er mwyn ei phlesio, penderfynodd y byddai'n dod i'r cwrdd gweddi. Ni thybiodd erioed y byddai dod i'r fath le yn debyg o beri unrhyw ddrwg iddo, ond yn y wir, trawsnewidiwyd ei fywyd, a'r cyfan a fedrai sôn amdano ar ôl y cwrdd oedd am y nerth oedd yn y deisyfiadau a'r ymwybyddiaeth o Dduw yn agos. Does dim amheuaeth fod angen i'n heglwysi ail-ddarganfod grym gweddi, ail-weld pa mor angenrheidiol yw hyn i'n bywydau, a symud ar hyn, drwy roi'r cwrdd gweddi yn flaenoriaeth yn ein dyddiaduron.

ADNABOD

Dyfalbarhau i weld yr olygfa

Llwyddom i gyrraedd copa'r Wyddfa ddydd Mawrth yng nghwmni'r Ffermwyr Ifainc a'r Aelwyd. Cawsom dywydd braf, er ei bod ychydig yn boeth, ac roedd y diwrnod yn bleserus ar ei hyd. Wedi cyrraedd, cawsom gryn olygfa i lawr i gyfeiriad Pen Llŷn, Porthmadog, y Fenai ac yn ôl heibio Moel Siabod am Ddyffryn Conwy a Phandy Tudur. Mae'n siŵr gennyf fod y criw yn hynod o falch o gyrraedd, gan fod yna ambell un wedi diffygio ar y ffordd, a hynny oherwydd ei bod yn ymddangos yn daith bell, ac yn un serth yn aml, ond o gadw eu llygaid ar eu traed, a mynd gam wrth gam, fe gyrhaeddodd pawb.

Byddaf bob amser yn meddwl bod teithio fel hyn yn cynnig eglurebau rhagorol bob amser, ac yn arbennig heddiw. Wrth ddod at ein gilydd, ein dymuniad yw cael golwg ar ogoniant Iesu, ein Harglwydd atgyfodedig. Nid peth bach yw'r dymuniad hwn, ac yn aml y mae'n golygu bod angen ceisio â'n holl galon. Ein tuedd yw tybied na chawn gyfarfod ag ef, na chawn brofi ei agosrwydd, na chawn adnabod ei drugaredd. Yn fynych, deillia hyn o ddiffyg ymdrech, o'r awydd i roi'r gorau iddi, o ddisgwyl y bydd popeth yn dod yn rhwydd. Felly hefyd gellir disgrifio bywyd nifer o eglwysi.

I gyrraedd y fendith rhaid wrth ymdrech mewn gweddi, ymroddiad a dyfalbarhad mewn gwaith, ac amynedd yn ein disgwyliad. I genhedlaeth a fagwyd ar y *'fast food'* bondigrybwyll, mae tueddiad i feddwl mai felly y daw bendith hefyd. Ond, yn fynych yn y Beibl, fe'n dysgir fod y saint yn gorfod dysgu disgwyl yn amyneddgar am iachawdwriaeth yr Arglwydd. Wedi dweud hyn, mae'r aros yn werth yr ymdrech, gan fod yr olwg ar Iesu, yn diwallu ein hangen, yn un sydd yn fwy na'r byd.

Gweddïwn am ras a nerth Ysbryd Glân Duw i geisio hyd nes y cawn heddiw, ceisio eneiniad Duw ar y Gair, ac ymweliad Ysbryd Duw â'n calonnau.

―――― ADNABOD ――――

Y morthwyl yn malu ar yr einion

Mewn sgwrs â chyfaill yn ddiweddar, buom yn galw i sylw hanes y Brenin Asa. Pwy oedd hwnnw? Wel, roedd yn frenin yn Jwda ychydig cyn i Ahab ddod yn frenin ar Israel. Dywedir amdano yn 1 Brenhinoedd 15 bod *'ei galon yn berffaith gywir i'r Arglwydd holl ddyddiau ei fywyd'*. Mae hanes amdano yn 2 Cronicl 14 yn gorfod wynebu ymosodiad gan filiwn o filwyr yr Aifft ac yntau â hanner miliwn o filwyr. Cyn mynd i'r frwydr clywir ef yn gweddïo fel hyn:

'O! Arglwydd, nid oes neb fel ti i gynorthwyo'r gwan yn erbyn y cryf. Cynorthwya ni, O! Arglwydd ein Duw, oherwydd rydym yn ymddiried ynot, ac yn dy enw di y daethom yn erbyn y dyrfa hon. O! Arglwydd ein Duw ni wyt ti; na fydded i ddyn gystadlu â thi.'

Enillwyd y frwydr, ac mae pobl Dduw yn cael eu gwarchod gan ei law ogoneddus Ef. Mae'n ddiddorol sylwi ar un neu ddau o bwyntiau gweddi Asa. Sylwch yn gyntaf fel y mae'n galw i gof ffyddlondeb Duw, yn arbennig at y gwan a'r distadl. Felly mae'r saint yn teimlo'n aml yn y byd, felly hefyd yr Eglwys. Ond mae'r saint, yn nerth yr Arglwydd, fel einion gofaint sydd, er yn cael eu curo, yn malurio'r morthwyl cyn y malurir hi. Addewid fendigedig! Sylwch hefyd ar y modd y mae Asa yn tystio mai pobl Dduw yw'r rhain, mae ei enw Ef arnynt, ac yn rhyfeddol iawn, er gwanned, er distadled, er mor annheilwng, er bod y gelyn yn fwy, nid yw'n gryfach, gan fod Duw wastad o blaid ei bobl. Ni welir hyn yn unman fel y gwelir hyn ym maes y gad. Yng nghanol ein brwydrau, cofiwn fod enw'r Arglwydd arnom, ac am ei addewid:

'...ac yna bod fy mhobl, a elwir wrth fy enw yn ymostwng a gweddïo... yna fe wrandawaf o'r nef, a maddau eu pechod...'.

Mae Asa yn gorffen ei weddi gan bledio ar i anrhydedd enw Duw sefyll, ac fe sylweddolir hyn pan fo dynion yn gweld nad oes modd cystadlu ag Ef. Brenin digon anenwog oedd Asa, ond brenin sydd am ein dysgu. Hyderwn am gael cerdded gyda Duw fel hwn, ac am ei hyder ef yng ngallu Duw. Pan ddaw'r diafol, y cnawd, y byd, ac amgylchiadau i'n herbyn, ein noddfa yw enw Duw, nerth Duw, a buddugoliaeth Duw.

ADNABOD

Disgwyl cawod

Heno, rwyf wedi bod yn rhoi dŵr i'r blodau! Nawr, mae'r rhan fwyaf ohonoch yn berffaith gywir wrth gredu nad oes gennyf fawr o syniad am arddio, a dydw i ddim yn arddwr o unrhyw fath yn y byd. Cofiwch, rwyf wedi meddwl droeon y byddwn yn hoffi gwneud mwy, ond dyna ni, erbyn dod adref byddaf yn gweld y drafferth o orfod newid, mynd allan, yna ymolchi a newid eto i fynd allan, yn helynt. Felly, mae hynny o arddio sydd yn digwydd yma yn cael ei wneud yn bennaf gan Sarah, gydag ychydig bach o help o gyfeiriad ei gŵr!!

Beth bynnag, wedi dod adref o'r trip Ysgol Sul, roedd y potiau, y border, y tatws – popeth yn edrych yn dlawd iawn. Y potiau sydd yn cwyno gyntaf, ac yna fel y mae'r amser yn mynd mi fydd y gweddill yn gwegian hefyd. Nid fod dyfrhau'n ateb y broblem yn llwyr; mae cawod o law yn gwneud mwy o les mewn deng munud na dyfrio efo bwced am ddwy awr! Mi fydd angen mynd yn ôl nos 'fory, os na fydd hi wedi bwrw.

Pan fyddaf yn meddwl am fy mywyd ysbrydol fy hunan, bydd y darlun uchod yn crynhoi'r hyn sydd wedi digwydd i mi. Mae nifer di-ri o emynau'n sôn am wres yr haul yn danllyd, yn sôn am egin yn crino yn y gwres, yn sôn am sychder yn lladd ac yn anffurfio. Cyn imi ddod yn Gristion, gwyddwn fod yna bethau o'u lle ar fy mywyd. Mi fyddwn yn ceisio gweddïo, yn darllen ychydig o'r Beibl, yn gwrando ar fy athrawon yn yr Ysgol Sul, yn ymdrechu i fyw yn iawn, ond roedd y cyfan fel ceisio dyfrio efo cwpan cymun! Gyda bod y wers drosodd, y weddi drosodd, roedd yr effaith wedi sychu i gyd. Sut mae hi arnoch chi tybed; faint o effaith mae'r neges, yr addoli, y gweddïo yn ei gael ar eich bywydau ar ôl y digwyddiad?

Dyna pam mae'r Beibl yn rhoi lle mor ganolog, yn wir yn rhoi'r lle i gyd i waith Duw yn ein bywydau. Dyma'r Duw sydd yn anfon cawodydd o'r Nefoedd, yn rhoi cynhaliaeth i bopeth byw. Dyma'r Duw sydd yn rhoi digon, fel bod planhigion, ffrwythau a blodau yn tyfu'n hardd yn ôl ei gynllun. Dyma'r Duw sydd am wneud ein bywydau ninnau'n hardd yn ei olwg, yn hardd yng ngolwg ein teuluoedd, ein cyd-weithwyr, ein cymdogion.

Cofiwch, i brofi gwerth y gawod, rhaid bod allan yn ei chanol hi. Yn anffodus, rydym yn dueddol o gysgodi rhag cawodydd Duw, cysgodi gan feddwl ein bod yn rhy brysur, yn rhy fodlon, yn rhy anystyriol, heb fod yn ddigon agored. Sut mae hi arnoch chi? Oes angen profi gwaith Duw yn ein bywydau ni? Wnawn ni agor ein calonnau i'r hyn y mae Duw am ei wneud yn ein bywydau? Mae'n amser dyfrio, ein dyfrio ni, ein calonnau, ein hoedfaon, ein heglwysi.

ADNABOD

Arwain yn weddïgar

Yn ystod yr wythnos, cyfarfu blaenoriaid yr ofalaeth i adolygu ein gweithgarwch ac i drafod nifer o faterion penodol. Mae yna bethau sydd angen sylw o gyfeiriad yr Eglwys yn ganolog, ond yn fwyaf arbennig, mae yna bethau sydd raid i ni edrych arnynt yn lleol hefyd. Diolchwn i Dduw am y fraint a gawsom o gael ein galw i arwain yn yr eglwysi yma, a gwn fod y blaenoriaid yn dymuno gweld y gwaith yn symud ymlaen er gogoniant i enw'r Arglwydd. Ym mhob peth, ein gweddi bob amser yw disgwyl am arweiniad Duw trwy ei air - y Beibl. Rydym yn mynnu edrych ar ein sefyllfa a gweld sut y dylid cymhwyso egwyddorion Beiblaidd i hyrwyddo'r gwaith. Wrth gwrs, nid yw hyn bob amser yn cael ei sylweddoli, mae yna nifer o bethau sydd am ein drysu. Does dim amheuaeth fod ein cefndir, ein hanes, ein lle, a hyd yn oed teulu a chyfeillion, heb sôn am ein diffyg duwioldeb yn dod ar ein traws. Yn wir, mae'r arweinyddiaeth ym mhopeth yn adlewyrchiad o'r Eglwys, yn wir, felly y dylai fod. Cawn ein rhwydo'n aml rhag symud ymlaen, a hynny oherwydd ein bod yn edrych yn ôl, neu'n edrych o'n cwmpas, ar draul edrych ar Iesu, ac ar ei bwrpas, ac ar ei ewyllys Ef. Wrth drafod, daeth i'm meddwl fod hyn, fel llawer o waith ein heglwysi, yn cael ei wneud heb weddïau cyson y saint. Rwy'n hyderu fod yna weddïo yn yr eglwysi, ond 'does fawr o weddïo cyhoeddus, na gweddïau penodol dros y gwahanol weithgareddau.

Onid llwybr gweddi sydd i oleuo llwybrau bywyd a llwybrau bywyd yr eglwys? Yr hyn a welwn fel arall yw ein rhagdybiaethau personol, ein dymuniadau personol, yn hytrach nag ewyllys yr Arglwydd. Cawn ein rhwydo ar ein gorau, ond heb geisio wyneb Duw ac wyneb Iesu, mae'n tywyllwch yn orthrwm a baich. Ewch felly i weddïo!!

ADNABOD

Pedwar nod eglwys

Yn ystod yr wythnos ddiwethaf, bûm yn darllen cofiant i un o weinidogion amlycaf eglwys Loegr yn ystod ail hanner yr ugeinfed ganrif. Faint ohonoch tybed, sydd wedi clywed am John Stott? Wedi cyfnod yng Nghaergrawnt, aeth ymlaen i fod yn gurad, ac yna yn rheithor yn All Souls, Langham Place, yn Llundain. Llwyddodd y gŵr hwn yn ystod ei gyfnod o dros ddeng mlynedd ar hugain i droi eglwys Anglicanaidd draddodiadol, yn fwrlwm o fywyd, gyda'r Arglwydd yn ychwanegu'n wastad bobl oedd o'r newydd yn dod i adnabod Iesu Grist. Un o'i gyfrinachau oedd gwahodd a galw ar ei bobl i gyd i fod yn weinidogion o fewn yr eglwys, ac oherwydd hyn, roedd gan bob un ran yn llwyddiant y gwaith, ac yn medru llawenhau wrth i Dduw adeiladu'r gwaith.

    Faint ohonoch chi tybed sydd yn teimlo eich bod yn rhan o fywyd eich Eglwys? Mae yna rai sydd â rhan amlwg, rhai wedi eu hethol i waith arbennig, rhai eraill wedi eu gwahodd, eraill wedi gwirfoddoli. Credaf, er mwyn sylweddoli tyfiant eglwysig, fod angen i bob aelod fod yn gwybod beth yw ein nod, a gwybod hefyd fod ganddynt hwy ran i'w gyflawni er mwyn cyrraedd y nod hwnnw. Mae'r nod yn glir i mi, ac i'r nod mae pedair gwedd - cyhoeddi Iesu Grist fel unig Arglwydd a Gwaredwr pechadur, dathlu ei waith, ei fuddugoliaeth a'i bresenoldeb wrth inni ddod at ein gilydd, adeiladu pobl Dduw yn eu deall, ac yn eu dirnadaeth o'r hyn mae Duw wedi ei gyflawni drostynt, ac yn olaf, cyrraedd pobl newydd gyda'r Efengyl. O ddeall hyn, a ydych yn teimlo ar eich calon fod gennych gyfraniad i sylweddoli'r pedwar dymuniad yma? Gwn fod llawer dros y blynyddoedd wedi ceisio, ond heb gael cyfle i gyfrannu i gyrraedd y nod, er mae yna nifer eraill sydd wedi ceisio cyfrannu i gyrraedd nod nad yw'n rhan o'n gwaith ni o gwbl. Nid sefydlu amgueddfa, nid diogelu'r 'pethe', nid cadw traddodiad, nid diogelu adeiladau na strwythurau yw ein nod ni. Mae gennym rywbeth sydd yn llawer grymusach a mwy cynhyrfus - cawn y fraint o gyhoeddi Iesu yn Arglwydd. Mae Duw yn addo llwyddiant yn y gwaith hwn, ac yn wir yn dangos bod y cynhaeaf eisoes yn barod i'r bladur. Beth am ddarganfod pa ran sydd i chwi yn y cynhaeaf hwn? Beth am fod yn aelod sydd yn buddsoddi yn nyfodol eich eglwys, drwy roi eich hunain, eich doniau, eich gweddïau er sylweddoli helaethu terfynau teyrnas Iesu o fewn eich cymuned?

ADNABOD

Hyfforddi a gwerthuso

Mae nifer o ddigwyddiadau wedi eu trefnu ar gyfer yr ofalaeth yn ystod y mis nesaf - rhai yn ddigwyddiadau blynyddol ac eraill yn gyfle i ni gael ein hyfforddi yng ngwaith yr eglwys ac i feithrin arweinwyr newydd i'r dyfodol. Yn y byd gwaith, mae'r rhan fwyaf ohonom yn mynychu hyfforddiant o ryw fath - nid oherwydd nad ydym yn cyflawni ein gwaith i safon dderbyniol, ond er mwyn gallu ei gyflawni yn well! Mae mynychu hyfforddiant yn rhoi cyfle i rannu syniadau ac i drafod problemau ag eraill, ond mae hefyd yn ein hysgogi ac yn ein deffro i ddelio â materion sydd angen sylw, yn ogystal ag ymdopi â datblygiadau newydd. Mae gan ysgolion, cwmnïau a chymdeithasau bob math o gynlluniau datblygu. Maent yn hyfforddi eu staff yn gyson, ac fe fyddant yn gwerthuso'r gwaith, ond beth am yr Eglwys?

Beth yw'r dyfodol os nad yw'r gwaith a'r bobl o fewn yr Eglwys yn datblygu? Efallai nad y ni fydd yn gweld y ffrwyth ond ein tasg ni yw hau'r had ac ymddiried y cynhaeaf i Dduw, ond os na fyddwn wedi hau'r had yn y lle cyntaf, ni fydd gobaith gweld unrhyw dyfiant yn yr eglwysi. Ar y llaw arall, gellir gweld canlyniadau'r newidiadau'n syth. Mae pob eglwys sydd wedi trafod ei bywyd a gweithredu i greu gwelliannau yn adrodd bod y ffyddloniaid yn fwy effro a brwd. Ac nid yng Nghymru'n unig mae hyn yn wir, mae'r math hwn o hunan-archwiliad eglwysig yn digwydd mewn eglwysi ar draws y byd, a'u profiad hwythau hefyd yw bod proses fel hon yn rhoi cyfeiriad newydd i'w heglwysi. Felly, beth amdani?

ADNABOD

Bod yn oriog

Mae'n rhyfedd beth yw'r testunau hynny sydd yn peri llawenydd a thristwch inni. Nid fy mod yn cyfeirio at ddigwyddiadau anghyffredin fel profedigaeth neu briodas a.y.b, ond pethau cyffredin sydd yn digwydd o ddydd i ddydd. Mae rhywbeth mor arferol â'r tywydd neu'r hyn sydd i ginio, yn medru gosod pobl yn yr hwyliau gwaethaf neu'r gorau. Pa mor oriog ydych chi fel person? Ydy'ch hwyliau yn cael ei effeithio gan y pethau lleiaf? Wrth gwrs mae yna rai cyfnodau pan fedrwn ddelio â rhai sefyllfaoedd yn well na'i gilydd. Mae blinder, gofid, a llu o bethau eraill yn medru effeithio ar ein hymateb i wahanol ddigwyddiadau.

Yn ystod yr wythnos, rwyf wedi bod yn ystyried eto rhywbeth o drugaredd Duw tuag atom, yn arbennig gyda golwg ar ein teimladau oriog. Mae'n rhyfeddol bod gennym Dduw sydd yn deall gystal, yn gwybod am ein tymer, yn gwybod os ydym yn flinedig, yn gwybod os ydym yn ddiamynedd. Disgrifia'r Beibl Dduw a Thad ein Harglwydd Iesu fel un sydd yn agos atom, yn agos mewn iachawdwriaeth ac yn agos yn ein bywydau o ddydd i ddydd. Wrth ddod ato, sylweddolwn mai testun i gywilyddio sydd gennym yn aml, a hynny oherwydd y teimladau annheilwng sydd yn rhan ohonom hyd yn oed wrth addoli'r Arglwydd. Diolch byth bod Iesu wedi marw drosom, ac yn abl ac yn barod i faddau inni, er syrthio ganwaith i'r un bai.

ADNABOD
Meddyginiaeth effeithiol

Mae hi wedi bod yn wythnos o anhwylder yma yn Heulfryn. Ddydd Llun, dim ond Hanna oedd yn yr ysgol, y tri arall yn gorwedd o gwmpas y tŷ, dan annwyd, ac i wneud pethau yn waeth, roedd y brif nyrs, Sarah, hithau yn drwm o dan ddylanwad y cyfaill tymhorol. Yn ôl a ddeallaf, roedd yn gyflwr cyffredin yn yr ardal, gyda channoedd yn llythrennol o blant Ysgol Glan Clwyd adref yn y gwely.

Rhyfedd o beth yw mynd i weld y meddyg. Bu raid ymweld unwaith neu ddwy yn ystod yr wythnos, a chwarae teg iddynt, roeddent yn gwrtais iawn yn dweud nad oedd yna ddim y medrent ei wneud i ateb y gofyn. Wrth gwrs, nid y feddygfa oedd y lle iacha' i fod, gan fod pawb yn yr ystafell aros yn tagu a pheswch, yn llenwi'r lle gyda'r *'viral infection'*, chwedl y meddyg. Nid chwedl newydd mo hon chwaith, yn wir mae gennyf atgofion lu o'r un geiriau ar achlysuron eraill pan fyddwn yn mynd â'r plant i olwg y bobl yma!

Mae sôn am y diweddar Barch Emyr Roberts yn dweud wrth ei feddyg ei fod yn eiddigeddus iawn ohono, gan fod pobl sâl yn llenwi'r feddygfa. Synnodd y meddyg, gan fod cymaint o waith yn ei aros, a gofynnodd i'r gweinidog y rheswm dros ei sylw. Ei ateb yntau oedd, fod pobl yn dioddef o glefyd o fath gwahanol hefyd, clefyd calon sydd wedi eu pellhau oddi wrth Dduw. Mae Duw wedi anfon meddyg a meddyginiaeth, ond araf iawn yw bobl i ddod i glyw'r gwirionedd am y Meddyg yma, heb sôn am ddod ato i geisio'r moddion.

Ar y teledu, mi fydd yna hysbysebion lu am bob meddyginiaeth bosibl i ddelio gyda symptomau ein hannwyd, ond does dim un yn honni delio gyda'r clefyd ei hunan. Efallai y daw hwnnw yn y man! Dwi ddim yn siŵr pa mor effeithiol yw'r rhai sydd yn delio â'r symptomau chwaith! Maent yn effeithiol am ryw ychydig, ac yna rhaid cael rhagor, gymaint â dweud y gwir fel y gall dyn bach Tesco fforddio mynd i Sbaen dros y 'Dolig!!

Beth am foddion yr Efengyl? Pan anfonodd Duw ei Fab, dod i ddelio â'r clwyf wnaeth hwn, dod i ddelio yn effeithiol, dod i faddau pechod, a thrwy hynny ddelio â symptom mwyaf pechod - ein gwrthryfel yn erbyn y Nefoedd. Wrth ddod, wrth fyw, wrth farw, gwnaeth Crist yr hyn sydd yn angenrheidiol i goncro clwyf ein calonnau, a daeth drwy'r frwydr yn fuddugoliaethus. Mae'n fyw! Cofiwch, os yw rhai meddyginiaethau'n ddrud, 'does yr un wedi costio gymaint â hon. Ond i ni, mae'n rhodd, mae'n rhad, - 'does ond angen rhoi ein bywydau i Iesu.

ADNABOD

Disgleirio

Rwyf wedi bod yn edrych ar y gwahaniaeth mae Iesu yn ei wneud, a'r gwahaniaeth sydd yn Ei ymwneud â ni dros yr wythnosau diwethaf. Mae'n rhyfeddol, wrth ddarllen drwy'r Efengylau, sut mae Iesu yn delio gyda phobl cwbl annheilwng, gan gynnig gras, maddeuant a bywyd newydd. Yn ei hanfod, mae'r gwahaniaeth yma i'w weld amlycaf yn y bywyd gwahanol a ddaw i'r golwg ym mywydau ei bobl, bywydau sydd yn cwmpasu gweithredoedd gwahanol, geiriau gwahanol a ffordd o feddwl gwahanol. Nid yw'n anodd gweld y gwahaniaeth yma mewn amrywiaeth o ffyrdd bron yn annisgwyl. Wrth deithio drwy Fanceinion ddoe, roedd hyd yn oed yr Eglwysi hynny sydd wedi adnabod y gwahaniaeth mae Iesu yn ei wneud yn amlwg ymhlith y gweddill. Wrth fynd heibio'r rhan fwyaf o gapeli ac eglwysi, nid 'bywyd' fyddai'r gair cyntaf i ddod i'ch meddwl, ond ymhen tipyn fe welwch ryw boster, neu rhyw raen arbennig. Mae'n dda mewn lleoedd o'r fath i weld sut mae bywyd Iesu yn mynnu dod i'r golwg.

Ac yna fe gewch y saint eu hunain. Pan oedd Sarah yn gwneud ymarfer dysgu yn Ysgol Rhydaman, un o'r pethau y byddai yn siarad amdano yn wastad oedd tystiolaeth Einir Jones. Gwraig i weinidog y Bedyddwyr yn y dref oedd hi, yn cario ei ffydd fel brenhines, a phawb yn gwybod am ei chariad at yr Arglwydd Iesu, a'r gwahaniaeth roedd wedi ei wneud yn ei bywyd hi. 'Doedd dim yn ymwthiol am ei bywyd, ond roedd ei heffaith ymhlith y staff a'r disgyblion yn dystiolaeth i fywyd yr Efengyl. Beth am ein bywydau ni? Oes yna wahaniaeth y gallwn ni ei adnabod? Oes yna wahaniaeth mae eraill yn ei weld? Mae yna adnodau sydd yn sôn am y bywyd newydd, a'r bywyd gwahanol mae'r Cristion i'w fyw, e.e. Rhufeiniaid 12:2, ond mae'n saff nad ufudd-dod i adnodau yn gymaint â chanlyniad naturiol cael Iesu yn y galon yw'r hyn sydd yn gwneud ein bywydau ni'n wahanol yn ein golwg ni, yng ngolwg ein teuluoedd ac yng ngolwg y byd.

ADNABOD

Pregethu – bob dydd

Mi fydd ambell un ohonoch yn ymwybodol fy mod wedi gwneud cyfraniad digon digri ar y radio fore Gwener. Tua 7.20 yn y bore, mae yna *'Funud i feddwl'* ar radio Cymru, er eich bod yn cael dau funud a dim mwy na hynny. Mae'r cyfarwyddyd yn gofyn am gyfraniad ar newyddion y dydd, rhywbeth i wneud i bobl feddwl, ond dim pregethu. A dyna fi yn mynd am Abergele toc cyn 7.00, yn ceisio meddwl a oedd gennyf unrhyw fath o farn ar newyddion y dydd! Tebyg fy mod wedi cytuno i gais John Roberts ar foment wan, oherwydd mae'n orchwyl anghyfarwydd iawn i mi i beidio cael dweud gair o blaid yr efengyl, a prin yw fy awydd i fynegi unrhyw farn 'wleidyddol' er nad yw'r rheini yn ddieithr i mi.

Wedi meddwl, dyma ystyried mai'r ffordd arall y mae hi yn hanes y rhan fwyaf o bobl, digon i'w ddweud ar bob math o bynciau, yn amrywio o sefyllfa gwleidyddiaeth ryngwladol i sefyllfa bywyd y bobl drws nesaf. Y peth sydd yn gwneud imi wenu yw'r modd y mae pobl yn mynd i berorasiwn am y pethau hyn, pethau y maent bron yn gwbl ddiymadferth i wneud unrhyw beth i'w newid. Does dim prinder pregethwyr yn y byd gwleidyddol, dim prinder chwaith ar gae pêl-droed neu ar ben y stryd. Pawb yn rhoi'r byd yn ei le, neu yn meddwl eu bod yn gwneud hynny! Dyma deimlo braidd yn chwithig, yn meddwl fod pawb yn cael dweud sut y maent hwy a'u tebyg am newid y byd, a minnau yn colli cyfle i ddweud am y modd mae Duw yn medru newid y byd, newid byd ei bobl, newid byd cymuned a hyd yn oed gwlad. Nid y cyfryngau yw'r unig faes lle mae Cristnogion fel petaent yn ofnus o fynegi eu barn - mae'n wir mewn gwaith, mewn addysg, yn y gwasanaethau gofal; cewch gredu a mynegi unrhyw fath o gred, ar wahân i gredu a chyhoeddi enw'r Un sydd wedi trawsnewid eich bywydau. Cewch goleddu pob math o syniadaeth, ond chewch chi ddim cyhoeddi safonau absoliwt Duw.

Beth bynnag am hynny, y cwestiwn personol yw: 'A oes gennyf bregeth am Iesu? nid i fynd i bulpud, ond i fynd at aelod o deulu, i fynd at gymydog, i fynd at ffrind mewn angen, i ddweud wrth gyd-weithwyr. Mae yna bregethwyr proffesiynol, pobl sydd wedi dysgu sut mae pregethu, nid y rhain yw'r bobl rwy'n cyfeirio atynt yn awr. Sôn am bobl mae Duw, drwy ddod i'w bywydau, wedi rhoi testun canmol a rhannu iddynt. Pobl sydd yn methu peidio â rhannu gwaith Iesu Grist yn eu bywydau gydag eraill. Roeddwn yn angladd Elsie Owen (Nefydd House gynt) ddydd Gwener, ac wrth geisio crynhoi'r hanner dwsin o deyrngedau, tebyg mai'r cyfan a ddywedwyd amdani oedd bod gair Duw wedi newid ei chalon, a geiriau gras ar ei gwefusau yn gyson. A yw hyn yn wir amdanom ni?

ADNABOD

Bodloni ar newidiadau

Roeddwn yn meddwl cymaint y gall bywyd newid! Yn ystod yr wythnosau diwethaf, mae Catrin wedi mynd i'r chweched dosbarth, mae Siôn wedi cychwyn yn Ysgol Glan Clwyd, ac mae Hanna ar ben ei hun yn Ysgol Bro Aled. Dim ond fel ddoe yr aeth Catrin yno! Daeth hyn i'r meddwl am fod Nia yn mynd i Fangor yr wythnos yma. Pwy yw Nia? Wel, pan gyrhaeddom yma, roedd hi'n ferch fach pedair oed, un o'r rhai cyntaf yn y cwrdd plant. Rwy'n teimlo yn hyderus yn ei henwi oherwydd ers y dyddiau cynnar hynny, mae wedi dod o Sul i Sul ac o wythnos i wythnos, ac mi fydd yn chwith ei cholli yn rheolaidd o oedfaon y bore. Dim yn aml iawn mae rhywun yn parhau i ddod, yn enwedig dod yn ffyddlon ar ôl cyrraedd yr arddegau.

Mae'n siŵr bod fy mhrofiad yn un y medrwch uniaethu ag ef. Faint o bobl tybed yr ydych chi yn medru galw i gof, pobl oedd yn arfer dod efo chi, neu bobl sydd wedi chwarae rhan fawr yn eich bywyd? Ac yna, daw rhyw newid. Mae'n ddigri iawn meddwl fod fy mhlant i'n mynd yn hŷn, ac wrth wneud hynny, mae cymaint o bethau yn newid yn eu bywydau. Mi fyddai'n braf ambell waith petawn yn medru rhoi stop ar y cloc, er nid wyf yn siŵr os byddwn yn ei stopio pan oeddent yn deffro bob awr o'r nos!

Mi fyddai'n braf petai popeth yn aros yr un fath, ond nid felly y mae, a rhaid i ninnau newid gyda phob diwrnod newydd, ac wynebu newid gyda phob tymor yn ei dro. Y cwestiwn mawr - oes yna unrhyw ffordd i ni allu delio â newidiadau yn gyfforddus?

I raddau helaeth, oherwydd ein bod yn bobl amser, mae hyn yn amhosibl, nid oherwydd bod amser ynddo'i hunan yn beth drwg, ond oherwydd ein bod ni ar gyfrif ein pechod, yn greaduriaid anfodlon. Pa amser bynnag yw hi, byddwn byth a beunydd yn sôn am amser gwell, amser a fu neu amser a ddaw. Mae'n debyg mai'r gamp yw adnabod yr Un sydd wedi gwneud popeth yn ei amser, yr Un sydd yn Arglwydd ar amser. Mae'n amser i ninnau ei adnabod yntau; mewn byd o amser, heddiw yw'r diwrnod. Daw'r pechadur i adnabod Duw yn Iesu Grist, ei Fab, a thrwy'r Iesu, gweddïwn am gael ei adnabod i'r graddau y byddwn yn medru dweud gyda Paul:

'oherwydd yr wyf fi wedi dysgu bod yn fodlon, beth bynnag fy amgylchiadau. Y mae gennyf gryfder at bob gofyn trwy'r hwn sydd yn fy nerthu i.(Phil 4:11+14)

ADNABOD

Ceisio bywyd newydd

Wrth deithio ar hyd a lled yr ofalaeth yr wythnos ddiwethaf, roeddwn yn synnu o'r newydd at brydferthwch yr ardal y mae Duw wedi ein gosod ynddi. Bellach mae arwyddion fod y gaeaf yn cilio, ac mae'r blodau cyntaf yn ymddangos, a'r ŵyn yn rhedeg hyd y caeau. Rwyf yn synhwyro fod nifer helaeth ohonoch yn brysur wrth i'r gwanwyn gerdded i mewn, a diolch fod y dydd yn ymestyn i ateb y prysurdeb newydd. Mae'r gwanwyn ym myd natur yn cyrraedd yn ddigon tawel a di-stŵr, a rhaid edrych am yr arwyddion yn weddol fanwl. Mae yna ambell i noson ddigon oer, a braidd y byddwn yn amau fod y tymor newydd wedi cyrraedd, ond trwy'r cwbl mae ffyddlondeb Duw am flwyddyn arall eto yn amlwg.

Tybed beth yw hanes eich bywyd ysbrydol chi, a bywyd ysbrydol eich Eglwys? Oes yna arwyddion clir fod y gaeaf yn cilio? Oes yna arwyddion o'r bywyd newydd mae Iesu yn ei ddwyn? Yn bersonol, dyma'r arwyddion: edifarhau, credu Duw, ymddiried yn Iesu ac ufuddhau iddo; ac yn yr eglwys: addoliad newydd, gwasanaeth newydd, sêl newydd, pobl newydd. Mae'n siŵr fod yna achlysuron digon oer yn dod o dro i dro, ond ai eithriad yw'r rhain? Buasai'n dda meddwl mai dyma sydd wir. Buasai'n dda petai Duw yn gwasgu hyn ar ein henaid.

ADNABOD

Yr angor a'r fordaith

Gan ei bod yn bosibl bellach gwrando ar y radio a gweithio ar y cyfrifiadur yr un pryd, mae'n braf cael eistedd yma'n gwrando ar ychydig o gerddoriaeth glasurol! Mae hynny yn dweud rhywbeth am fy mlas cerddorol, ond hefyd mae'n dweud rhywbeth am y modd y mae popeth yn datblygu ac yn newid mor gyflym. Syndod yw meddwl fod pethau wedi symud ymlaen mor gyflym yn ein bywydau ac yn y gymdeithas o'n hamgylch o fewn y blynyddoedd diwethaf. Wyddai'r oesoedd a fu ddim am y pethau y gwyddom ni amdanynt, ac ni fu dydd fel y dydd hwn o'r blaen!

Rwy'n ymwybodol iawn y gall newidiadau fod yn anturus, ond ar y llaw arall, gallant godi braw hefyd. Gall ambell un ddelio â hyn yn rhwydd iawn, ond gall greu ansicrwydd mawr i eraill. Cofiaf sgwrsio gydag un oedd yn ddiolchgar fod yr hyn oedd yn digwydd yn ei gapel yn gysur mawr iddo. Medrai ddweud hyn, oherwydd yn ei eiriau ei hynny, doedd dim byd yn newid yno! Gallwch ddeall mae'n siŵr y cysur yr oedd hyn yn ei roi iddo, ac efallai bod yna rai yn yr ofalaeth hon sydd yn dyheu am yr un math o gysur.

Wel, gallwn ddweud yn sicr nad oes dim byd yn newid yn yr hyn a gredwn, dim newydd yn hanfod ein ffydd, mae popeth arall yn gyfnewidiol, ond mae ein perthynas â'r Iesu, er yn tyfu ac yn aeddfedu gobeithio, eto yn ei hanfod yn aros yn gyson. Mae ei afael yn ei blant, ei waith drostynt ac effeithiolrwydd y gwaith hwnnw, ei allu i faddau, ei allu i roi bywyd newydd yn aros yn wastad nawr ac i dragwyddoldeb. Diolch heddiw fod y rhai hynny sydd wedi angori eu bywydau ar y graig yma, yn gwybod yn dda nad yw'r graig yn symud, er bod llongau'n bywydau'n symud yn ôl ac ymlaen ar wyneb cefnfor mawr y byd. Mae'r rhain wedi dysgu, beth bynnag am y cyfnewidiadau, i fod yn fodlon, oherwydd nid mewn pethau mae eu bodlonrwydd hwy.

Ond mae Iesu'n ein herio i wynebu newidiadau hefyd, a does 'run esgus yn y byd i'r Eglwys, sydd â newyddion da cyfoes i'w rannu, fod yn araf i gyfleu, i gyhoeddi ac i fyw ein ffydd heddiw, ynghanol y newidiadau. Nid newid er mwyn newid, ond newid er mwyn cyrraedd pobl yn effeithiol. Newid er mwyn gweld bywydau yn cael eu newid er gwell gan waith Iesu Grist yn eu calonnau.

––––––––– ADNABOD –––––––––

Newyddion da

Profiad rhyfedd oedd ail-gychwyn ar ôl cyfnod y gwyliau, ond nid anghyffredin o ryfedd, yn wir mae'r profiad yn debyg iawn bob tro. Dim ond ichwi roi eiliad o hamdden i'r corff, mae'n debyg fod hwnnw yn meddwl fod ganddo hawl i awr, ac mae ail-gychwyn yr injan yn medru bod yn dipyn o waith. Mae'r Nadolig wedi diflannu ymhell i gysgodion y gorffennol, ac mae her a sialens blwyddyn newydd bellach yn glir o'n blaenau.

Un o'r anogaethau pennaf i ail afael yw'r realiti fy mod ynglŷn â'r gwaith mwyaf gwerthfawr a bendigedig. Rwyf fi, a chwithau gyda mi, yn cael y fraint o gyhoeddi Efengyl Iesu Grist, y newyddion da sydd yn newyddion da mewn gwirionedd. Mae'n newyddion da i bawb, beth bynnag fo'u hangen, beth bynnag fo'u cyflwr! Mi fydd y plant yn aml yn gofyn pam fod yn rhaid iddynt wneud rhyw dasg neu'i gilydd. Diolch nad ydy'r fath gwestiwn i ddod yn agos at yr Eglwys. Mae'r rheswm dros weithio, dros weddïo, dros addoli, dros gyfrannu, yn berffaith amlwg i'r saint. Os yw'r rheswm yn annelwig i chwi, nid ar yr Efengyl mae'r bai, a'm gweddi yw y bydd eich perthynas â'r Eglwys a gwaith yr Ysbryd yn gweithio arnoch i'r fath raddau fel y byddwch yn berffaith fodlon i roi'r cyfan i'r Iesu. Gadewch inni weithio tra bod y cyfle gennym, a thrwy hynny, ddyrchafu enw Iesu Grist yn ein hardaloedd.

Ofn

Tybed a fuoch chi erioed mewn lle gwirioneddol beryglus? Rwy'n cofio dringo unwaith ar lethr Pen yr Ole' Wen, y mynydd sydd yn codi o Lyn Ogwen i gyfeiriad y Carneddau. Y tu ôl i'r mynydd mae yna ddyffryn hardd, a gallwch ddringo i'r copa o'r ochr yna. Roedd hi wedi bod yn rhewi, ac o ganlyniad roedd yna haenen denau o rew ar wyneb y cerrig a'r creigiau oedd yn mynd yn fwyfwy peryglus wrth inni fynd ymlaen. Roeddem wedi bod ar hyd y ffordd yma o'r blaen, ond yn yr amgylchiadau hyn, roedd y cyfan yn gwbl wahanol. Wrth inni godi yn uwch, a chyrraedd o fewn tua 300 medr i'r copa, fe wawriodd arnom ei bod yn rhy beryglus i fynd ymlaen. Ond, bellach doedd y llwybr yn ôl ddim yn rhwydd chwaith.

Profiad cofiadwy oedd teimlo'r hyder a'r sicrwydd oedd yn ein nodweddu fel arfer wrth ddringo, yn diflannu wrth i'r munudau lusgo, a ninnau'n ansicr beth i'w wneud nesaf. Rhaid dweud fod ofn fel hyn yn dod ag elfen o banig, ac un o gymdeithion ofn fel hyn yw eich bod yn mynd i feddwl yn afresymol. Rhaid ymbwyllo, cymryd amser i ystyried, ac yn fuan fe fydd y caddug sydd ar y meddwl yn codi rhyw ychydig. O edrych yn ôl, nid oedd y perygl yn sylweddol, ond yn y sefyllfa ar y pryd roedd yn ymddangos ac yn teimlo fel cyfyngder anferth.

'Does dim amheuaeth y gall ofn fod yn ffactor allweddol yn y ffordd y byddwn yn wynebu bywyd. Mae ofn yr anghyfarwydd, ofn yfory, ofn newid, ofn mentro, y cyfan yn medru bod yn llyffetheiriau ar ein rhyddid i symud ymlaen.

Nid yw ein bywyd ysbrydol personol, nac ychwaith fywyd ein heglwysi, yn eithriadau gyda golwg ar hyn. Heddiw cawn ein hatgoffa o ofnau Pedr, pan fu iddo gwrdd â Iesu am y tro cyntaf. Roedd yn amlwg wedi dychryn gan awdurdod a gallu Iesu, ac yn ofni effaith y fath un ar ei fywyd ef. Pwy a ŵyr nad ydy hynny'n ein dal ni'n ôl yn ein perthynas â Iesu Grist - ofn yr anghyfarwydd, ofn cael ein newid, ofn mentro'r cyfan i'w ddilyn Ef. Ac felly'r un modd yn ein perthynas â'i Eglwys. Mae'n deimlad mwy diogel i ddal gafael yn y cyfarwydd wrth gwrs, ond, a yw Duw yn ein galw i fentro yn ein perthynas fel aelodau, fel eglwysi yn ein dyddiau ni?

ADNABOD

Perthynas â ...

Dros y dyddiau diwethaf, rwyf wedi bod yn meddwl ac yn ystyried pa mor bwysig yw perthynas - perthynas â theulu, ffrindiau, cymdogion, perthynas â lle neu ardal, cymuned neu wlad. Yn wir, mae'r rhan fwyaf o'n bywydau'n troi o amgylch ein perthynas ag eraill, a'n perthynas â ni ein hunain, wrth gwrs. Fe'n ganwyd i mewn i deuluoedd, felly o'r cychwyn cyntaf, rydym wedi dysgu gwerth perthynas, perthynas gyda rhieni, efallai gyda brodyr a chwiorydd a theulu estynedig. O'r dyddiau cynnar hynny, rydym wedi dysgu am werth y cariad a'r gofal sydd yn deillio o berthynas ag eraill, ac wedi elwa filwaith ar gael rhywun i droi ato, rhywun i wrando ein cwyn, rhywun i gario ein baich, neu i rannu ein llawenydd. Yn wir, dim ond wrth i'r berthynas gael ei thorri, neu i ni wneud rhywbeth i'w difwyno, dim ond bryd hynny y down i weld ei gwerth. Rwy'n cofio'n iawn un o'r plant yn llwyddo mewn rhyw gyfeiriad neu'i gilydd, ac un o'r pethau cyntaf a ddaeth i'm meddwl oedd, *'mi fyddai mam wrth ei bodd yn clywed hyn'*. Ond, roedd y berthynas wedi'i thorri, a minnau'n sylweddoli eto pa mor werthfawr oedd y berthynas tra'r oedd yn aros. 'Does ryfedd felly fod y Beibl yn rhoi lle canolog i'n 'perthynas' ni â Duw. Mae'r pwyslais nid ar wybod amdano, nid ar gadw rhyw arferion a thraddodiadau, ond ar ei adnabod, rhannu'i gwmni, bwrw ein baich, rhannu ein llawenydd. O benodau cyntaf llyfr Genesis, mae'r Beibl yn mynnu ein bod wedi ein creu i fod mewn perthynas â'n gilydd, ond uwchlaw pob dim, i fod mewn perthynas â Duw ei hun. Mae Duw yn bod mewn perthynas o fewn y Drindod, felly mae'n dweud wrth greu Adda, 'gwnawn ddyn ar ein delw', hynny yw, mae Duw yn Dad, yn Fab, ac yn Ysbryd Glân. Mae'r Nefoedd ei hun yn gwybod am berthynas, ac mae'r darlun o Dduw fel Tad, o Iesu fel brawd ac yn y blaen, yn pwysleisio pa mor ganolog yw'r gwirionedd hwn.

    Yn anffodus, yr hyn sydd yn wir am bob perthynas ar y ddaear yw, nid yn unig medrwn ni wneud drwg i berthynas, ond mai dros dro yw pob perthynas. Ond, am ein perthynas gyda Duw, mae hon yn berthynas a erys i dragwyddoldeb ei hun. Os ydym trwy ras wedi adnabod Duw yn Dad, wedi adnabod y Mab yn unig Waredwr ein henaid, wedi adnabod yr Ysbryd Glân yn dangos Iesu, ac yn ein gwneud yn fwy tebyg i Iesu, mae hon yn berthynas y gallwn ddibynnu arni am byth. Mae'r Beibl yn sôn am ein hanffyddlondeb yn y berthynas, ond mae Duw yn aros yn ffyddlon. Heddiw, mae yna un berthynas y mae'r Cristion yn elwa yn dragwyddol oddi wrthi - perthynas efo Duw ei hun.

ADNABOD

Blaenoriaethu amser

Byddwch yn falch o glywed i Sarah a finnau gael diwrnod i ffwrdd yn ystod yr wythnos ddiwethaf. Roedd gennyf gyfarfod yng Nghaerdydd nos Iau ac angladd yn Aberystwyth fore Gwener, felly, ar drugaredd Coleg y Bala, teulu Croenllwm a theulu Tai Bach, dyma ddarganfod nad oedd ond Catrin o gwmpas, a chyfle i Sarah ddod yn y car i gadw cwmni. Byddwn yn aml yn ceisio trefnu amser i fynd i ffwrdd gyda'n gilydd, ond dydd Iau, digwyddodd hyn ar fyr rybudd. Beth bynnag, dyma fanteisio ar y cyfle, ac i ffwrdd â ni. Rhaid dweud fod cwmni Sarah yn rhagori filwaith ar fy nghwmni arferol ar y daith - Classic FM a Radio 4; cawsom gyfle i sgwrsio a thrafod am yn agos i bedair awr yn y car. Mae'n syndod, a dweud y gwir, mor brin yw y cyfleon i siarad yn Heulfryn, pawb yn mynd hwnt ac yma, pawb â'i stori, ond fawr iawn o amser eistedd i lawr efo'n gilydd. Braidd fod yna beryg' inni fynd yn ddieithr yng nghanol y cyfan!

Dyma gael f'atgoffa o werth perthynas, a chadw perthynas yn iach. Faint ohonoch chi tybed sydd wedi cymryd perthynas yn ganiataol, yn esgeulus o roi amser i feithrin a gofalu am y rhai agosaf atoch? Caf fy argyhoeddi o hyn yn aml yn bersonol, a brys amgylchiadau fy ngwaith bron fel pe'n dweud wrthyf am beidio ag oedi i ofalu am y bobl sydd agosaf ataf.

Un o'm breintiau fel gweinidog yw cael cyfarfod pobl sydd yn rhoi'r flaenoriaeth deilwng i amser, i feithrin a gofalu nad ydynt yn colli'r cyfle i ddiogelu cariad a gofalu dros y rhai y mae Duw wedi eu rhoi inni. Ond byddaf yn cwrdd â rhai sydd wedi esgeuluso hyn, a'r cyfle i adfer wedi mynd heibio. Os yw hyn yn wir am ein perthynas â'n gilydd, mae'n gymaint fwy gwir am ein perthynas â Iesu. Diolchwn am y cyfle a rydd oedfaon y dydd inni, i ymdawelu, i ystyried, i dreulio amser yng nghwmni'r Un sydd wedi ein caru i'r eithaf, ac wedi rhoi ei hunan drosom. Diolch am gael treulio amser yn Ei addoli, treulio amser yn meithrin perthynas ag Ef, treulio amser yn siarad â Iesu.

Mae'r amser a gawn yn y byd yma yn brin ar y gorau, felly hefyd ein hamser i ddiogelu cariad a gofal. Bydded inni fod yn ofalus i roi amser i'r rhai mae Duw wedi eu rhoi inni, i roi amser i Dduw ei hunan, yn Iesu Grist.

ADNABOD

'Nabod Ei ewyllys

Nid peth hawdd yw gwybod ewyllys yr Arglwydd ar gyfer ein bywyd bob amser.' Dyna oedd sylw un Cristion yn ddiweddar ac mae'n siŵr ei fod yn sylw y mae Cristnogion ar hyd y canrifoedd yn medru cydsynio ag ef. Mae yna gynifer o sefyllfaoedd ac amgylchiadau yn dod i gyfarfod â ni sydd yn peri cryn anhawster wrth geisio dirnad ewyllys Duw o fewn y sefyllfaoedd hynny. Mae yna rai pethau sydd yn ddigon eglur, yn wir mae'r pethau sylfaenol yn fwy nag eglur. Mae Duw, trwy ei Air - y Beibl - yn ein dysgu yn sylfaenol mai Ef a'n creodd, Ef sy'n ein cynnal, ac mae'n bwriadu inni fyw yn canmol Ei enw ac yn dal cymundeb agos ag Ef. Ond, oherwydd bod pechod wedi dod i'r byd, a bod ein natur ni wedi ei lygru gan bechod, mae'r berthynas yma wedi ei thorri. Rydym yn byw fel gelynion iddo, ond ei ewyllys glir yw adfer y berthynas honno; ar ochr Duw mae'r gwaith i sicrhau adferiad wedi llwyddo, anfonodd ei Fab, Iesu Grist i dalu dyled ein pechod, i farw er mwyn rhoi bywyd inni, a'i ewyllys yn awr yw i bob un gredu yn ei Fab a derbyn bywyd newydd o'i law. Rydym i wneud hyn drwy edifarhau am bechod, troi ein cefnau arno, a throi ein hwynebau at Iesu, gan ei wneud yn Arglwydd ac yn Frenin ein bywydau. Dyna yw ewyllys Duw ar ein cyfer. Dyna hefyd y sylfaen i gael golwg gliriach ar ewyllys Duw mewn llu o amgylchiadau eraill yn ein bywydau. Mae Duw yn rhoi ei Ysbryd i'r rhai sydd yn credu, a gwaith yr Ysbryd yw ein harwain i'r holl wirionedd, ynghyd â datguddio Iesu inni.

Tybiaf fod derbyn yr Ysbryd, a dibynnu ar Ysbryd Duw i ddatguddio ewyllys Duw inni o ddydd i ddydd, yn hanfodol i fywyd y credadun ond fe erys rhai sefyllfaoedd sydd yn anodd, rhai yn codi o amgylchiadau personol, rhai yn codi o'n sefyllfa fel gweithwyr, rhai yn codi o'n sefyllfa fel rhieni neu blant. Mae byw mewn cenhedlaeth sydd yn newid mor gyflym yn golygu fod angen inni ddirnad yn ofalus ac i ddirnad yn gyflym a cheisio cael gras i gymhwyso egwyddorion yr Efengyl i fywyd heddiw. Wrth wneud hyn fe fyddwn yn aml yn teimlo anhawster, ac o bryd i'w gilydd, yn gorfod delio â gwrthwynebiad. Mae ein diogelwch, beth bynnag yw ein penderfyniad, yn mynd i ddeillio o gerddediad agos gyda Iesu, a chadw ein llygaid beunydd arno Ef.

ADNABOD

Canu mewn diwygiad

Prynais lyfr yn ddiweddar ar ganiadau Diwygiad 1904 ac wrth imi ddarllen drwyddo, mae'n felys cael profi rhywbeth o hwyl y bobl hynny a ddaeth i brofiad o waith gras Duw yn eu calonnau, a gweld sut roeddent yn rhoi mawl i Iesu mewn ffyrdd oedd yn aml yn syml, o bryd i'w gilydd yn arwynebol, ac yn sicr yn fynych yn frwdfrydig iawn. Un o'r pethau diddorol yn y llyfr oedd gwrthwynebiad y sefydliad cerddorol / emynyddol i'r ffordd roedd y canu yn mynd rhagddo mewn llawer o'r cyfarfodydd. Cwynai llawer fod yna ddiffyg parch at y math o draddodiad cyfoethog oedd yng Nghymru gyda golwg ar emynau mawr a thonau urddasol. Methent â derbyn o gwbl fod y bobl hyn yn rhoi gwrogaeth deilwng i'r Arglwydd gyda geiriau oedd heb ddod i fyny â safon y rhai roeddent yn eu disodli. Yn waeth, cafwyd beirniadaeth ar y duedd gynyddol i gyfieithu emynau o'r Saesneg, a rheiny'n aml yn gynnyrch Americanaidd, emynau a ddefnyddid mewn ymgyrchoedd gan Sankey a Moody!

Nid yw'r byd yn newid fawr, ac nid yw pethau yn newid fawr yn yr Eglwys chwaith. Mae anallu pobl i ganiatáu i bechaduriaid i ganu cân i'w Harglwydd o'u dewis eu hunain yn dal i rwystro mawl o fewn yr Eglwys. Mae yna geidwadaeth o du pobl draddodiadol sydd ag ychydig iawn o ffydd bersonol, dim ond atgof o'r hyn oedd gan eu teidiau; mae yna geidwadaeth o du'r sefydliad barddonol/cerddorol sydd yn mynnu diogelu rhyw 'burdeb' ar waethaf y marweidd-dra; mae yna geidwadaeth o du'r saint sy'n meddwl fod yr Efengyl yn cael ei chyfaddawdu wrth ganiatáu i genhedlaeth newydd foli Duw yn eu harddull eu hunain.

Yn niwygiad 1904 deuai'r gwrthwynebiad o du pobl oedd yn amddifad o rym a gwres yr Ysbryd Glân, o du'r bobl oedd yn tybio ei bod yn bwysicach i ddiogelu math arbennig o addoli yn hytrach na chaniatáu addoliad a rhyddid yr Ysbryd. O ran anian, mae gennyf finnau fy marn bersonol ar wahanol ddulliau o addoli, ond barn bersonol yw honno ac nid mynegiant anffaeledig o wirionedd tragwyddol. Bydded i Dduw ganiatáu rhyddid yn ei Eglwys, fel ein bod yn ei addoli heddiw mewn modd cymeradwy sydd yn fynegiant didwyll o gariad ein calonnau.

ADNABOD

Gwrando ar blant

Yn ddiweddar, daeth adroddiad hir-ddisgwyliedig Comisiynydd Plant Cymru ar achos John Owen i'r fei. Y teitl ar yr adroddiad oedd 'CLYWCH', gyda'r gobaith y byddai pawb sydd yn ei ddarllen yn gwrando'n astud ar yr argymhellion sydd ynddo. Yn anffodus, 'doedd yna fawr o wrando ar amryw, gan gynnwys y plant oedd yn ceisio cael eu clywed yn y cyfnod pan ddigwyddodd y cam-drin, ac mae'n siŵr bod rhai oedolion yn eu doethineb yn cymryd yn ganiataol mai cyhuddiadau maleisus oedd yn cael eu gwneud, heb unwaith bwyllo i ystyried yr holl dystiolaeth.

Tristwch o'r mwyaf oedd gorfod nodi'r cynnwys, a gweld sut mae ambell un yn mynnu ymddwyn yn ôl chwant personol ar draul eraill. Yn wir, un o'r pethau sydd yn nodweddu ein cyfnod yw'r awydd yma i fodloni ein hunain, waeth pwy sydd yn dioddef ar gyfrif hynny. Mae'r byd i gyd yn troi o'n hamgylch, ac mae popeth a phawb i'w ddefnyddio er mwyn dod â phleser a mwynhad i'r unigolyn. Braidd nad yw'n wir fod hyd yn oed crefydd yn cael ei ddefnyddio fel hyn gan lawer. Yn ôl rhai, nid yw crefydd o ddim gwerth os nad yw'n dwyn elw gweladwy i'r hunan, os nad yw'n gwneud fy mywyd i yn haws. Byddwn yn dewis a dethol y pethau hynny mewn crefydd sydd yn plesio, ac yn hepgor unrhyw beth sydd yn taflu unrhyw amheuaeth arnom, ar ein didwylledd, ar ein ffordd o fyw. Y gwahaniaeth rhwng person crefyddol o'r fath a'r Cristion yw bod y Cristion yn dechrau drwy roi ei hunain er mwyn Duw, tra bod y dyn crefyddol yn dechrau efo Duw er ei fwyn ef.

I ddychwelyd at yr adroddiad, mae'n dristwch o'r mwyaf nad yw plant yn cael gwrandawiad ar y naill law, ac yn cael eu defnyddio er mwyn ychwanegu at rym, pŵer a rheolaeth oedolion ar y llaw arall. Yr unig beth sydd angen i ni gadw mewn cof, yng nghanol yr holl sôn am gam-drin eithafol fel hyn, yw ei bod yn bosibl i blant a ieuenctid gael eu cam-drin mewn amryw o ffyrdd mwy dirgel; eu hamddifadu o gariad ac anwyldeb, eu bwlio, eu bygwth, eu gwawdio. 'Does fawr o sôn am y math yma o gam-drin, ond mae hyn wedi chwalu hyder a llawenydd plentyndod i lawer. Yn ein dyddiau ni, cyfrifoldeb yr Eglwys yw rhoi arweiniad clir drwy barchu a rhoi'r anrhydedd a gofal dyladwy i bob plentyn gan gofio'u bod wedi eu creu ar lun a delw Duw.

Credu'n ifanc

Yn ystod yr wythnos aeth heibio roeddwn yn cadeirio cynhadledd i drafod gwaith plant yn yr Eglwys. Fel y digwyddodd, roedd hyn yn dilyn gwasanaeth bedydd yn Llansannan ddydd Sul diwethaf. Y rheswm rwyf am gysylltu'r ddau beth yw oherwydd bûm yn sôn ddydd Sul am bwysigrwydd gweinidogaeth yr Eglwys i'r plant, a dyna'n union gafodd ei bwysleisio yn y gynhadledd. Fe'n hatgoffwyd gan y siaradwyr fod y cyfle i gyrraedd pobl gyda'r Efengyl yn mynd yn fwy cyfyng o flwyddyn i flwyddyn. O'r blaen, gellid dibynnu ar ffyddlondeb o blith plant pan oeddent yn 14 oed. Yn ei dro gostyngodd yr oedran i oed ysgol gynradd, a bellach, yn genedlaethol, mae'r rhifau yn cyrraedd eu huchafswm pan mae plant yn 9 oed ac yna'n gostwng yn sylweddol ar ôl hynny. Pam mae hyn yn bwysig? Oherwydd pan yn blant rydym yn fwy agored i dderbyn Iesu Grist yn Arglwydd ar ein bywydau, ac os gwnawn hynny'n blant, mae'n fwy tebygol y bydd yr ymrwymiad yn parhau gydol oes.

Daeth rhai o Gristnogion amlycaf yr Eglwys i gredu pan oeddent yn blant, e.e. Isaac Newton (9 oed) Dr Livingstone (6 oed) a Sarah, y wraig, pan oedd hi'n 7 oed (maddeuwch y cyfeiriad personol). Wrth i bobl fynd yn hŷn, maent yn caledu o ran y galon, ac yn pellhau yn eu gwrthryfel yn erbyn yr Arglwydd. Nid na all Duw weithio, ond mewn arolwg diweddar o Gristnogion roedd dros hanner yn dweud eu bod wedi dod i gredu cyn eu bod yn 10 oed. Mae hon yn her aruthrol i ni, i sicrhau ein bod yn cyflwyno Cristnogaeth i'n plant fel her yn hytrach na diddanwch. Nid atodiad yw gwaith efo'r plant, ond y gwaith lle dylem ddisgwyl yr ymateb gorau. Oherwydd hynny bwriadwn fuddsoddi yn y gwaith, gan weddïo bob dydd dros y gwaith, dros athrawon yr Ysgol Sul, dros y rhieni, dros y cyfarfodydd plant, er mwyn gweld cynhaeaf Duw ymhlith y plant.

ADNABOD

Yr Efengyl i blant

Mewn cynhadledd yn y Bala ddoe, gofynnodd Bryn Williams i'r rhai oedd yno ynglŷn â'u cefndir, ac yn benodol, ynglŷn â phryd y bu iddynt ddod i gredu yn Iesu Grist? Yr hyn oedd yn syndod oedd y ffaith i bob un ohonynt dystio iddynt dderbyn Iesu Grist i mewn i'w bywydau cyn eu bod yn 21 oed. Ni ddylai hyn fod yn gymaint o syndod, oherwydd mae ystadegau diweddaraf mudiad 'Marc Ewrop' yn tystio fod dros 75% o'r rhai sydd yn tystio i brofiad personol o dröedigaeth, yn dweud iddynt gael y profiad cyn eu bod yn 19 oed.

Wrth feddwl eto am hyn, cefais f'atgoffa mewn ffordd real iawn fod ein gwaith yma ymhlith y plant a'r ieuenctid yn rhyfeddol o bwysig. Clywais Gwyn Rhydderch yn adrodd stori am y pregethwr C.H.Spurgeon, oedd wedi dychwelyd o bregethu ac yn tystio fod dau a hanner wedi dod i ffydd y noson honno. Tybiodd ei wrandäwr mai dau oedolyn ac un plentyn a olygai, ond y gwrthwyneb oedd yn wir, oherwydd tystiodd yr hen bregethwr fod gan ddau blentyn fywyd cyfan i ddilyn a gwasanaethu'r Arglwydd, tra mai hanner oes yn unig oedd gan oedolyn ar ôl!

Wrth feddwl am waith yr Arglwydd i'r dyfodol, rwyf yn gweld fwyfwy'r cyfrifoldeb i ymroi yn yr eglwys i gyflwyno'r Efengyl mewn ffordd berthnasol i blant. Nid na all rhai hŷn ymateb â diolch am y llu sydd wedi aeddfedu a symud ymlaen yn ysbrydol dros y blynyddoedd diwethaf. Ond mae'n rhaid i ni wrth arweinwyr yfory, pobl fydd yn mynd â'r Efengyl i genhedlaeth newydd. Gweddïwch felly dros y gwaith gyda'r plant a'r ieuenctid yma yn yr ofalaeth, ac yn wir drwy Gymru. Gweddïwch dros waith Coleg y Bala, a thros bawb rydych yn ei adnabod sydd â'r cyfrifoldeb o gyflwyno Iesu Grist i'r to newydd. Diolch am y rhai sydd yn credu ar yr unfed awr ar ddeg, ond ein dymuniad yw gweld pobl yn rhoi eu hunain yn ifanc er mwyn gwasanaethu Iesu yn y byd.

─── ADNABOD ───
Magwrfa Gristnogol

Bûm yn darllen erthygl dda iawn yn y Cylchgrawn Efengylaidd yn ystod yr wythnos ddiwethaf, yn delio gyda lle plant o fewn yr Eglwys, ac yn benodol sut mae edrych ar blant sydd yn cael eu meithrin ar aelwydydd Cristnogol. Un o'r pethau oedd yn cael eu hail-bwysleisio yw'r fraint a gaiff y plant, ac ar yr un pryd, braint rhieni ac eglwys o gael eu meithrin. Pwysleisia'r Beibl y ffordd mae Duw yn delio â'i bobl, ac yn sefydlu cyfamod gyda'i bobl, a thrwyddynt hwy gyda'r plant. Mae'r ffaith fod ein plant yn cael addoli Duw, yn cael darllen a dysgu ei Air, yn cael gweld gwaith Duw ym mywydau rhiant neu rieni, ac yn cael cyfle i ymateb i'r bendithion hyn, yn tystio i'w safle arbennig. Ar yr un pryd mae yna gyfrifoldebau, yn benodol ar rieni i sicrhau fod gwaith Duw yn weladwy yn eu bywydau, a bod geiriau Duw yn glywadwy, a chwmni Duw yn rhywbeth sydd yn cael ei geisio.

    Y cwestiwn sydd yn aros felly yw i ba raddau mae bywyd Iesu yn cael ei weld yn ein bywydau ni, ac i ba raddau mae'r Eglwys yn dysgu ac yn dangos hynny? Rydym yn diolch i Dduw am y cyfle a gawn fel eglwysi i dystio i'r plant, i rannu, i weddïo, ac i'w harwain at yr Iesu. Hyderwn y byddwn yn buddsoddi fwyfwy yn hyn, oherwydd gwn o brofiad nad yw'r muriau sydd wedi eu codi erbyn y bydd pobl yn cyrraedd eu hugeiniau wedi bod yno ers eu plentyndod. Ar yr un pryd, mae nifer helaeth o bobl a mudiadau sydd â baich arbennig dros weithio ym mysg plant a ieuenctid. Un o'r pethau tristaf a glywais yn ystod yr wythnos oedd sylw gweinidog, hwnnw yn mynnu y dylai eglwysi gael eu heithrio o ariannu gwaith plant cenedlaethol drwy'r cyfraniad canolog oherwydd y gofynion ariannol 'trwm'. I ddechrau, nid yw'r gofynion ariannol yn drwm ar neb, dim ond ar y rhai hynny sydd yn gweld gwaith Iesu ar y groes fel rhywbeth isel yn eu blaenoriaethau. Yn ail, beth yw pwynt buddsoddi mewn amser ac ynni gyda phobl sydd wedi gwrthod galwad yr Efengyl filwaith, a'u hunig ddiddordeb yn awr yw diogelu adeilad neu draddodiad? Mae blaenoriaethau'r saint a'r Eglwys Gristnogol yn bur wahanol, oherwydd cyfamod Duw, gyda ni a'n plant.

ADNABOD

Ateb un angen

Rwyf yn ysgrifennu'r sylwadau hyn ym Manceinion. Wedi mynd â'r plant i 'gyngerdd' swnllyd anghyffredin, ac rwyf yn teimlo'n hen! Roeddwn bron wedi anghofio fod y fath sŵn yn bosibl, ac rwy'n ddiolchgar am y cyfle i ddod allan i'r car er mwyn ysgrifennu'r 'Llais' yr wythnos hon. Mae'n agoriad llygad i weld y bobl sydd yma, a sylweddoli fod pobl yr ofalaeth acw yn anghyffredin o gyffredin! Mae yma bobl o bob maint, pob math o wisg, gyda gwalltiau i ryfeddu atynt, a phawb wedi cynhyrfu'n lân. Y gwir yw, mae'r rhain yn llawer iawn mwy cyffredin na'r bobl hynny fydd y bore 'ma yn mynd i oedfa. Ac eto, maent angen yr un Gwaredwr, yr un maddeuant, yr un cymod, yr un Gras â ninnau. Ond yn y bôn nid yw'r bobl sydd yma mor wahanol â hynny, dim ond ar y tu allan mae'r gwahaniaethau; y tu mewn maent yr un fath.

Crefydd y galon yw Cristnogaeth, a rhaid bod yn ofalus nad ydym yn ceisio newid hynny drwy awgrymu fod yna angen am newid yn y pethau allanol. Gall yr olwg allanol fod yn ddieithr ac yn rhyfedd i ni, ond mae'r olwg sydd ar y galon yn drist i Dduw, fel ein calonnau ninnau. Diolch fod yna eglwysi, a phobl ffyddlon i Dduw yn y dref hon, diolch fod gan Dduw ei bobl ym mhob cenhedlaeth, a bod yna bobl o bob cefndir, o bob oed, o bob diddordeb yn dod i gredu'r Efengyl. Gweddïwn am gael gweld hyn yn digwydd yn ein hardal ni, ac yn ein gwlad, i bawb o ba bynnag gefndir.

ADNABOD

Cenhedlaeth newydd

Daeth taflen drwy'r post ddydd Gwener - dim byd yn anghyffredin yn hynny; taflen yn hysbysebu penwythnos ar gyfer ieuenctid ym mis Chwefror a hynny mewn canolfan heb fod ymhell o'r Drenewydd. Wrth ddarllen drwy'r daflen cefais fraw o sylwi fod fy enw i lawr fel un o'r siaradwyr. Fel y gwyddoch ers tipyn, rwyf yn cwyno beunydd am fy nghof ofnadwy, ac ni ddylai'r daflen fod wedi achosi dim braw o gwbl, oherwydd roeddwn wedi anghofio fy mod wedi cytuno ers misoedd i wneud y gwaith, ac yn wir, wedi ystyried hi'n fraint ar y pryd. Mae'n dal yn fraint. Mae meddwl am y cyfle i siarad gyda llond gwlad o bobl ifainc rhwng 17eg a 25ain mlwydd oed, sydd â'u bryd ar ddilyn Iesu, gwasanaethu Iesu ac addoli Iesu, yn llenwi fy nghalon â diolchgarwch i'r Duw sydd yn parhau i wneud gwaith ym mywydau pobl heddiw fel erioed.

Rydym wedi hen arfer gwrando ar bobl yn darogan diwedd ar ddylanwad yr Efengyl. Roeddwn yn gwylio'r rhaglen 'Taro Naw' ar y fideo wythnos ddiwethaf lle'r oedd y cwbl i gyd yn troi o amgylch capeli oedd ar fin marw a phobl oedd yn mynd i'r un cyfeiriad. Ymhellach, mi fydd pobl yn mynnu nad yw'r genhedlaeth yma'n barod i gredu yn Iesu, credu yn Nuw, na chredu yng ngwaith Duw; ac eto, mi fyddaf yn y gynhadledd gyda rhai o'r bobl ifainc mwyaf galluog sydd yn y Gymru Gymraeg. Nid pobl wedi eu twyllo, nid rhai sydd yn rhy dwp i wybod yn well, ond pobl sydd wedi cwrdd â Iesu, ac yn gweld fod geiriau Iesu a gwaith Iesu mor berthnasol heddiw ag y bu erioed. Diolch i Dduw amdanynt.

Mae'r hanesyn bach yma nid yn unig yn hanes ddylai godi eich calon, ond yn hanesyn ddylai feithrin disgwyliadau mawr yn eich eneidiau a gweddïau mawr yn eich calonnau. Cofiwch am y gwaith gyda'r plant a'r bobl ifanc yn eich gweddïau, cofiwch y gall Duw newid bywydau wrth i'r Efengyl gael ei chyhoeddi, a chofiwch am eich teuluoedd a theuluoedd yr ardal yma. Peidiwch â rhoi'r gorau i weddio. Os gweddïwch yn enw Iesu, cewch weld Duw yn gweithio. Nid yw mynd gyda'r llif yn anochel, gall yr Efengyl newid bywydau, ac mae llu o bobl wedi profi'r gallu hwn. Gyda'ch plant a phlant yr eglwys a'r ardal, gadewch inni obeithio yn Nuw ac yn naioni ei ewyllys Ef.

ADNABOD

Cyfraniad pwyllgorau

Treuliais ddydd Sadwrn yn eistedd mewn pwyllgor. Does dim byd yn anghyffredin yn hynny, ac yn wir ar sawl lefel roedd y pwyllgor yn debyg iawn i'r hyn sydd yn arferol a disgwyliedig yn y fath le. Er fy mod yn cydnabod yr angen am drefnusrwydd, a'r angen i weithio i sicrhau hynny, mae cadeirio cyfarfod yn dal i fod yn dreial ar fy ngherddediad ysbrydol. Mewn pwyllgor mae'r awyrgylch fel petai'n tynnu'r gwaethaf allan o bobl sydd fel arfer yn medru goddef ei gilydd yn iawn. Gall pwyllgor hefyd fod yn gyfle i agenda gwbl bersonol gael ei hyrwyddo yn ymosodol a slei, os yw'n iawn i ddweud hynny. Byddaf yn eistedd yno, ac o'm hadnabyddiaeth o'r hwn a'r llall, yn gwybod yn iawn beth sydd yn cael ei ddweud heb gael ei fynegi'n uniongyrchol, rhwng y llinellau fel petai. Ond y gofid pennaf yw'r modd mae'r math hwn o weithgarwch o fewn yr Eglwys yn tynnu'n llygaid oddi ar y prif fater.

Sut mae cadw Iesu yn y canol pan mae pawb yn y canol? Sut mae diogelu anrhydedd yr Efengyl pan mae pawb eisiau diogelu eu hanrhydedd eu hunain? Wrth gwrs, i'r mwyafrif sydd yn mynychu, y treial mwyaf yw cadw ar ddihun, a cheisio deall sut mae cyfarfod o'r fath yn symud y gwaith ymlaen. Rwyf newydd estyn llyfr sydd yn sôn am y modd y bu i rai o fewn i Eglwys Bresbyteraidd Cymru geisio pwyllgora i atal y diweddar Barchedig Martyn Lloyd-Jones rhag cael dod yn weinidog i Aberafan. Y ddadl oedd, nad oedd wedi mynd drwy'r strwythur arferol, heb dreulio amser yn Nhrefeca, Aberystwyth na'r Bala - colegau'r Corff ar y pryd - a heb fynd drwy broses y Bwrdd Ymgeiswyr. Trwy ragluniaeth, tra roedd y rhain yn trafod roedd yntau wrthi'n adeiladu eglwys mewn cylch difreintiedig, gan gynyddu ei haelodaeth o 90 yn 1927 i 580 yn 1935, gyda chynulleidfa o 800. Roedd yr awydd am hyfforddiant ffurfiol yn iawn, ond roedd yn gwbl amhriodol yn y cyd-destun yma. Dyna anhawster arall sydd i bwyllgor, ei fethiant i feddwl y tu allan i'r strwythur.

Beth bynnag, roedd y pwyllgor ddydd Sadwrn yn un calonogol ar sawl lefel. Roedd clywed a rhannu llawenydd y gweithwyr plant a ieuenctid sydd gennym fel enwad yn hynod o galonogol, y llawenydd a gânt yn y gwaith, a'r ffordd y mae Duw yn delio â'u bywydau. Cawsom hefyd y fraint o benodi aelod newydd o'r staff, a chael gwrando ar y modd y mae Duw wedi bod ar waith yn ei fywyd. Roedd gweld bachgen oedd wedi llwyddo yn rhyfeddol yn yr ysgol, y brifysgol a bellach ar orffen cwrs ymchwil, oedd am gyflwyno ei hun i waith Cristnogol llawn amser, yn wledd yn wir.

ADNABOD

Doniau gras

Fel nifer fawr ohonoch mae'n siwr, bûm yn yr eisteddfod yn ystod yr wythnos. Roedd angen cyrraedd erbyn chwarter wedi saith ar fore Iau, amser annaearol o gynnar i fod yn teithio ar draws de Cymru, ond yn rhyfeddol, mae'n amlwg nad oedd nemor ddim ymdrech i neb gan fod pawb yno'n brydlon. Yn wir roedd eu prydlondeb yn esiampl i ambell un sydd yn cael trafferth i gyrraedd yn brydlon erbyn deg ar fore Sul. Roedd mynd yno yn f'atgoffa o'r dyddiau hynny pan oeddwn innau'n teithio i bob rhan i gystadlu. Cofiwch, roeddwn yn gystadleuydd sobr o sâl, ac mae'n debyg na fuaswn yn llwyddiannus iawn heddiw o ystyried pa mor 'broffesiynol' ydy'r cystadleuwyr i gyd.

Peth arall a welwn yn weddol amlwg yw bod yna flaenoriaeth sylweddol bellach yn cael ei roi i lwyddiant yn y maes hwn. Efallai bod y cynnydd yn y cyfleon sydd i bobl ennill bywoliaeth yn y byd diwylliannol yn peri bod rhieni yn gwneud pob ymdrech i roi'r cyfleon gorau i'w plant. Maent yn cael gwersi canu, llefaru, piano, telyn, ffidil, actio, a.y.b, gan roi cychwyn ardderchog iddynt a phob chwarae teg i'r plant.

Fel Cristion, rwyf yn diolch am y rhagluniaeth dda sydd yn peri ein bod yn byw mewn cyfnod pan mae'r cyfleon hyn ar gael. Ar yr un pryd ni allaf lai na gweld y bwlch sydd yn fynych rhwng yr ymroddiad i gynnig cyfleon addysgol / diwylliannol i'n plant, a'r 'ymroddiad' sydd i ddiogelu fod ein plant yn dod i adnabod yr Arglwydd Iesu Grist yn ifanc, ac yn byw wedyn i'w wasanaethu Ef. Nid fod hyn yn beth rhyfedd; rhaid wrth brofiad personol o werth ei waith drosom, er mwyn bod ag awydd i rannu'r brwdfrydedd hyn ag eraill, yn arbennig ein teuluoedd. Wrth inni ddod i berthynas bersonol â Iesu Grist, mae'n brofiad sydd yn newid ein bywydau ac yn cyfoethogi pob agwedd arall. Gallwn ddiolch i Dduw am y doniau amlwg sydd i'w gweld mewn plant, ieuenctid ac oedolion, ac am gael y cyfle i geisio meithrin y doniau hynny i ogoneddu'r Arglwydd. Dylai'r cyfan a gyflawnwn fod er clod i'w Enw, a gweddïwn am ddydd yn yr Eglwys, ac yn ein gwlad, pan fydd yna genhedlaeth newydd yn deall hyn, ac yn cyflawni hyn

.

ADNABOD

Sgleinio'r gwaith

Ddoe, bûm i lawr yng Nghaerfyrddin yn cymryd rhan mewn nifer o seminarau oedd wedi eu trefnu ar gyfer arweinwyr yr eglwysi yn Ne Cymru. Ochr yn ochr â'r seminarau, roedd yna arddangosfa o amryw byd o adnoddau sydd ar gael i bawb yn yr Eglwys i'w cynorthwyo gyda'u gwaith. Wrth ymweld â'r digwyddiad, roeddwn yn cael fy nharo gan y ffaith ein bod yn byw mewn dyddiau breintiedig iawn yn yr Eglwys. Mae pob math o bethau a digwyddiadau yn cael eu trefnu i'n cynorthwyo; does dim angen i neb bellach fod yn gweithio yn yr Eglwys ar ei ben ei hun fel petai ond, ar yr un pryd, gwelwn nad oes fawr o ddylanwad i'w weld ar ein capeli unigol. Un o'r rhesymau pennaf am hyn yw nad oes gan y rhan fwyaf o eglwysi unrhyw ddiddordeb mewn bod yn broffesiynol, gan ryw hanner amau nad oes angen gwneud unrhyw ymdrech i gyrraedd pobl yn effeithiol gyda'r Efengyl. Dim ond trefnu ambell i ddigwyddiad 'cymdeithasol' bob hyn a hyn, ac ymddengys fod hynny i fod yn fwy na digon i gyfarfod ag anghenion ysbrydol ein cymdogion a'n cenhedlaeth.

Mae'n bur debyg na fydd eglwysi'n dod yn berthnasol nes y gwelant angen pobl am allu achubol yr Efengyl. Nes y gwelwn fod yn rhaid i'n pobl gael profi gwaith gras Duw yn eu bywydau personol, fydd dim gwir ysgogiad yn ein hymdrechion i ledaenu'r Efengyl. Ond o weld angen pobl am adnabyddiaeth o Iesu fel unig Waredwr enaid, mi fydd yna sglein ar y cyfan a wnawn, oherwydd onid dyma'r peth lleiaf y mae Duw'n ei haeddu?

ADNABOD

Ymadroddion dieithr

Bob bore Sadwrn, mae Steffan fel rheol yn mynd at Trebor Roberts fel rhan o'i waith 'Gwobr Dug Caeredin'. Yn ystod yr wythnosau diwethaf mae o wedi bod wrthi yn cynorthwyo i godi wal, i blannu coed ac yna i blygu gwrych. A dweud y gwir, pan ddaeth adref, roedd yr ymadrodd 'plygu gwrych' yn un cyfarwydd ac anghyfarwydd i mi.

Fel un sydd â'i rieni'n dod o ddyffryn Dyfi, cawsom ein magu efo'r ymadrodd 'plygu sietyn' ac os oedd mwy nag un sietyn ar waith, yna 'plygu stingoedd'. Mi fyddai 'nhad yn treulio dyddiau lawer yn mynd o amgylch ffermydd yr adeg hon o'r flwyddyn i wneud y gwaith, a byddai'n fynych yn sôn wrthym am ragoriaeth ambell i wrych, ac ambell i un arall yn fwy o dasg. Y gamp yn y pendraw oedd plygu'r 'sietyn' fel na fyddai'r un dryw bach yn mynd drwyddi. Wrth deithio yn y car, mi fyddaf yn dal i sylwi, yn arbennig yn Sir Drefaldwyn, fod y grefft yn cael ei harfer gydag argyhoeddiad, a does dim golygfa well na gweld sietyn ag ôl crefftwr arni.

Beth bynnag, yn ôl at y geiriau yma, gwrych yn Llansannan, sietyn ym Mhantperthog. Erbyn hyn, 'does fawr o anhawster i ddeall pobl o ardaloedd gwahanol yn siarad; mae Radio Cymru a'r teledu yn sicrhau ein bod yn clywed acenion lu, ond mae ambell i air yn dal yn ddieithr os nad ydych yn dod o'r ardal, ac yn wir yn gallu bod yn gamarweiniol. Cofiaf bregethu unwaith yn Nefyn, a dweud fod fy nhad yn frwnt ar ôl dod i'r tŷ. Sylwais fod y gynulleidfa wedi synnu, a rhaid oedd esbonio mai'r hyn a gyfeiriwn ato oedd llwch, a llanast y dydd ar ei ddillad a'i gorff.

Tybed a ydych wedi bod mewn oedfa, neu yng nghwmni Cristnogion, ac mae gwrando arnynt fel gwrando ar bobl o ardal arall, rhywbeth yn gyfarwydd, ac eto llawer o eiriau ac ymadroddion yn ddieithr iawn. Wrth gydnabod bod rhai pregethwyr yn boenus yn eu defnydd o iaith hynafol sydd yn ddiystyr bellach, eto mae mwy na hyn ar waith. Mae llawer o'n hemynau'n sôn am Gristnogion fel trigolion gwlad arall, pobl sydd wedi cael iaith newydd wrth gael calon newydd. Gall yr hyn sydd yn bwysig iddynt, y ffordd y maent yn siarad fod yn ddieithr i rai sydd heb gael y profiad o wahodd yr Arglwydd Iesu i mewn i'w bywydau. Mae geiriau'r Beibl, er mewn Cymraeg dealladwy, yn ddieithr, geiriau emynau, hyd yn oed y cytganau newydd yn medru bod yn ddieithr. Pam? Oherwydd eu bod yn cyfeirio at brofiadau personol o Dduw, adnabyddiaeth bersonol o Iesu, argyhoeddiad byw o rym yr Ysbryd Glân. I ddeall yr iaith yn iawn, rhaid dod o'r lle iawn. Y lle i ddeall iaith yr Efengyl, y newyddion da yma, yw yng nghwmni Iesu, cwmni y byddwn yn sicr o'i brofi wrth ei wahodd i mewn i'n bywydau.

ADNABOD

Llangrannog

Yn ystod yr wythnos ddiwethaf fe fuom fel teulu i lawr yng ngwersyll yr Urdd yn Llangrannog. Roedd yn fath o wyliau, tebyg i'r hyn y mae'r Saeson yn ei alw yn *'busman's holiday'*, gan i ni fynd yno i gynorthwyo gyda Gwersyll Pasg yr Ysgol Sul. Beth bynnag, yn ogystal â'r pleser o gael bod yn ôl yn Sir Aberteifi, roedd cael bod mewn lle o weithgarwch fel hyn yn llawenydd i'r enaid. Roedd cwmni'r arweinwyr eraill, a chael rhannu ein ffydd bersonol gyda chynifer o blant yn fraint. Braint hefyd oedd cael gweinidogaethu a gofalu dros y rhai roedd y rhieni wedi eu hymddiried i'n gofal. Diolchwn i Dduw am y cyfleon a gawn i rannu, ac am y cyfleon sydd yna i blant Cymraeg bellach i gael clywed yr Efengyl mewn ffordd fyw a pherthnasol. Yn anffodus, nid wyf yn cofio neb, pan yn blentyn, yn dweud wrthyf yn bersonol am y cyfrifoldeb o ymateb i Iesu Grist, tebyg fod pawb yn meddwl bod fy nghael i fynd i gapel yn ddigon, a bod meddwl am fy herio yn rhywbeth eithafol. Ond, fel rwyf wedi rhannu droeon, drwy Wersyll Haf yr Ysgol Sul yn Aberystwyth, ac Arfon Jones yn siarad â chriw ohonom yn bersonol, y daeth llais Iesu ei hun i'm clustiau yn fy ngalw i'w ddilyn. Cyn hynny, roedd mynd i'r capel yn ddigon i mi hefyd, ond bellach 'doedd dim llai nag ymateb i'w alwad, a'i arddel yn Arglwydd yn fy mywyd yn tycio.

ADNABOD

Anghenion sylfaenol

Roeddwn yn gyrru drwy Lanelwy ar y ffordd i'r ysbyty ddydd Mercher, a finnau'n gwybod fod y ward roeddwn am ymweld â hi yn un lle mae'r penaethiaid braidd yn anfodlon i ganiatáu i weinidogion fynd i mewn os nad yw'n amser ymweld. Mae hynny'n iawn, tebyg y byddai cael rhywun yn dod i mewn i ganol oedfa a minnau ar ganol fy mhregeth yn beth digon digri hefyd. Beth bynnag, roedd gennyf chwarter awr yn sbâr, a char difrifol o fudr. Wrth ymyl yr ocsiwn, roedd dyn bach wedi gosod stondin i olchi ceir, hynny yw peipen ddŵr, dau fwced a dau frws. Dyma holi am y pris, (peth arferol i gardi), ac er fy mod yn gweld yr offer yn ddigon cyntefig, dyma ymddiried y gwaith iddo. Tebyg fod rhai ohonoch yn gwaredu at y fath wastraff arian, y fath ddiogi, ond dyna ni, roedd amser yn brin a rhywun yn barod i wneud y job yn fy lle.

Wel! Fe fu'r dyn bach wrthi am ugain munud! Roedd halen y byd wedi casglu ar y car, heb sôn am olion arferion amaethyddol yr ardal! Mae yna ffyrdd rhatach, a ffyrdd gyda mwy o steil i olchi ceir, ond chwarae teg i'r dyn bach, roedd o wedi deall y cyfan am anghenion golchi car - dŵr ac ymdrech!

Weithiau mi fyddaf yn teimlo ein bod ni yn yr ofalaeth yn colli golwg ambell waith ar y pethau angenrheidiol, y pethau syml. Tybed ydyn ni yn ein hawydd i sicrhau fod yr Efengyl yn cael ei chyflwyno mor effeithiol â phosibl, yn gwneud hynny mewn ffyrdd digon amrywiol, efallai yn anghofio y gall Duw wneud ei waith beth bynnag fo'n 'technegau' ni.

Dim ond dŵr ac ymdrech sydd ei angen i olchi car, a dim ond Gair Duw a ffydd yn Iesu Grist sydd ei angen i newid tynged tragwyddol pechadur. Dim ond coelio Duw, rhoi ein bywyd i'r Iesu sydd yn angenrheidiol, rhag ofn ein bod wedi meddwl fod eisiau gwybod popeth, fod eisiau deall popeth. Nid yr ymdrech yw'r peth pwysicaf ond y parodrwydd i roi ein hunain, a'n parodrwydd i dderbyn.

Does dim amheuaeth ein bod ni hefyd wedi ein hanharddu gan bechod, wedi hel llwch a budreddi wrth deithio drwy'r byd. Mae gwaed Iesu Grist yn medru golchi ein henaid, yn gwneud hynny'n effeithiol, yn gwneud hynny'n llwyr, a'r cyfan sydd angen ei wneud yw mynd ato.

ADNABOD

Rhoi gyda chalon lawen

Ar Sul Cymorth Cristnogol, rydym yn diolch am y cyfle hwn inni ystyried yr holl fater o gyfrannu, a'r gwirionedd fod gan y Beibl lawer iawn i ddweud ar y mater. Rwyf am edrych ar dri o bethau'n benodol sydd yn arbennig o bwysig i ni wrth feddwl am gyfrannu, sef 'pam, faint, ac i bwy'? Mae haelioni'r Cristion bob amser yn deillio o haelioni Duw. Dyma'r Duw nad arbedodd ei Fab ei hun, ond ei roi drosom, ei roi er ein mwyn, ei roi i ni. Gyda'i Fab mae Duw wedi rhoi i ni, nid yn unig pob bendith ysbrydol yn y Nefoedd, ond mae hefyd wedi'n bendithio ni â rhoddion bob bore o'r newydd. Mae'r Beibl yn sôn am y modd y mae'n llinynnau wedi disgyn mewn lleoedd hyfryd, hynny yw, mae ein hamgylchiadau yn gyfforddus ac yn braf iawn. Er bod yna amrywiaeth yn ein plith, y gwir amdani yw nad oes yr un ohonom mewn angen o'i gymharu â phobl a welwn yn y byd o'n cwmpas. Rydym yn rhoi felly gyda chalon lawen, heb fod yn gybyddlyd, heb ddymuno cael ein gweld, ond yn hytrach rhoi fel ymateb i roddion Duw, allan o roddion Duw, a hynny mewn amser, mewn ymdrech, mewn arian.

  Nid oes angen fawr o le i sôn am faint gan fod isafswm y Beibl yn glir iawn. Os gallai pobl oedd yn adnabod Duw yn yr Hen Destament, ac yn dibynnu ar eu hymdrechion a'u hufudd-dod i gael eu cyfiawnhau, roi degfed rhan o bopeth i Dduw, gymaint mwy yw'n braint ni sydd yn cael byw ar ras, ac wedi cael adnabod rhodd bennaf Duw, Iesu Grist.

  Mae'r cwestiwn 'I bwy?' gryn dipyn yn anos i'w ateb. Mae pawb yn mynnu ein clust, yn mynnu ein cyfraniad o ran canllaw cyffredinol. Rhaid gofyn a yw'r mudiad neu'r gymdeithas hon yn ateb angen sydd yn real, a ydynt yn gwneud hynny yn foesol, a ydynt yn gwneud hynny mewn ffordd Gristnogol? Mae angen gwneud yn sicr nad ydym yn cael ein hunain yn cefnogi mudiadau sydd yn tanseilio ein Credo, sydd yn gweithio yn erbyn egwyddorion yr Efengyl. Rhaid hefyd geisio sicrhau nad yw'r cyfraniad yn debyg o fod yn cael ei wastraffu yn ormodol ar weinyddiad, nag ychwaith yn achos a gaiff ei gynnal yn ddigonol allan o arian cyhoeddus beth bynnag. Trwy bopeth a wnawn, ein rheol yw, diogelu anrhydedd enw Duw a gogoniant yr Efengyl wrth fyw a gweithio yn y byd.

ADNABOD

Byw tu allan i'r gawell

Faint ohonoch tybed aeth i wylio'r drydedd yn y gyfres o fersiwn ffilm *'Lord of the Rings'*? Mae nifer yn dweud mai Cristion oedd yr awdur, J.R. Tolkien, a'i fod wedi ymdrechu i wneud yr un fath â'i gyfaill, C.S.Lewis, yn y llyfr hwn, trwy geisio ysgrifennu stori ddamhegol. Os gwnaeth hynny, mae'n anodd dirnad beth yn union mae'n ceisio'i ddysgu. Beth bynnag am hynny, euthum i weld *'Return of the King'* ac yn fwy na pharod i eistedd am dair awr a mwy yn gwylio uchafbwynt y gwaith. Wrth baratoi, treuliais dipyn yn gwylio'r ail yn hwyr rhyw noson yr wythnos ddiwethaf. Mae yna nifer helaeth o frawddegau a sgyrsiau cofiadwy, ond heddiw rwyf am gyfeirio at un lle mae yna ferch yn sôn am ei hawydd i wneud gwahaniaeth yn ystod ei bywyd. Mae'n cyfeirio at y modd mae bywyd yn aml am ein gosod mewn cawell, gan gyfyngu ar ein hawydd i symud y tu hwnt i'w derfynau, ac yno rydym yn aros nes bod blinder neu arfer neu henaint yn ein gwneud yn fodlon yn y gawell. Mae rhawd ein bywydau wedi ei selio, a rhawd popeth o'n hamgylch yr un modd. Rwyf, o ran personoliaeth, yn un sydd yn mynnu gwthio'r hyn sydd yn dderbyniol mewn sawl maes. Byddaf yn gresynu fod pobl, hyd yn oed pobl ifainc, mor barod i fodloni ar gael eu gosod mewn cawell â'r diffyg awydd i brofi unrhyw beth newydd. Yn fuan daw oed a safle i beri nad ydym yn dymuno unrhyw newid.

Fel Cristion, rwyf yn anfodlon â'r gawell mae'r diafol yn fy ngosod ynddi. Mae am fy nal yn ôl yn fy mherthynas â'm Harglwydd, mae am i mi fodloni ar yr hyn sydd yn bodloni eraill, ond yn gwadu imi'r hyn mae Iesu yn ei ddymuno ar fy nghyfer. Rwyf am wthio barrau ei gawell. Rwy'n anfodlon gyda'r gawell mae crefydd am fy ngosod ynddi. Mae hithau am fy nal yn ôl, bodloni ar ddyneiddiaeth ddi-rym, bodloni ar geisio dim mwy na rhigol a thraddodiad, cawell sy'n caethiwo bywyd a newydd-deb yr Ysbryd. Rwyf am wthio barrau'r gawell yma hefyd. Pa mor hir fyddwch chi'n fodlon ar eich diffyg ymdrech yn erbyn eich pechod? Pa mor hir fyddwch chi'n fodlon ar gael eich caethiwo gan grefydd heb ei grym? Mae Iesu yn cynnig bywyd a rhyddid y tu allan i'r gell, a nerth i fyw ac ennill buddugoliaeth. Mynnwch ei adnabod ynoch yn fywyd gwirioneddol.

ADNABOD

Diwrnod i ffwrdd

Mae bywyd mor ofnadwy o brysur, mae'n dda sobor cael seibiant er mwyn cael cyfle i adlewyrchu a threulio ychydig amser gyda theulu neu ffrindiau, yn ail-ddarganfod beth sydd yn werthfawr mewn gwirionedd.

Wrth sôn am orffwys, rydym yn ymwybodol fod Duw wedi gofalu am hyn yn ei ragluniaeth. Fel y gorffwysodd Duw ar y seithfed dydd, felly mae yna orffwys i fod i ninnau, gan ei fod yn gwybod yn well na ni am ein hanghenion corfforol. Mae'r diwrnod wedi ei greu er ein cyfer gan fod ein Creawdwr yn gwybod am ein gwneuthuriad ni. Yn anffodus, bellach mewn cenhedlaeth lle mae gwybodaeth o'r Ysgrythur ar drai, mae pobl yn meddwl eu bod yn gwybod yn well na'u Lluniwr. Nid rhyw faich yw'r dydd yma, ond lle i lawenhau yng ngofal Duw, i ddathlu ei ofal ac i gymryd y cyfle a rydd y diwrnod i adennill ein nerth er mwyn wynebu wythnos arall. I'r saint, mae hefyd yn gyfle ardderchog i ddathlu'r Atgyfodiad. Yn ystod blynyddoedd cynnar yr Eglwys, dewisodd y Cristnogion ddiwrnod cyntaf yr wythnos, diwrnod gwaith, i gofio'n arbennig am y digwyddiad bendigedig hwn, ac mae hyn yn ddiddorol iawn. Mae'n amlwg, oherwydd eu hamgylchiadau, nad oeddent yn cael rhwydd hynt i gymryd diwrnod i ffwrdd ar y diwrnod hwn, daeth hynny'n ddiweddarach fel y daeth Cristnogaeth yn grefydd y gwladwriaethau.

Mae'n fater o drafodaeth ymhlith Cristnogion faint o hen reolau'r Saboth Iddewig ddylai'r saint eu cadw, ond mae un peth yn sicr, mae'r cyfle i orffwys, y cyfle i lawenhau, y cyfle i ddod at ein gilydd yn rhodd gan ragluniaeth Duw, ac nid oes yr un Cristion yn anghytuno ar hynny. Yn wir, mae'r Sul yn fwy na hynny yn y Testament Newydd, mae'n gysgod o'r orffwysfa sydd yn ein disgwyl yn y Nefoedd, pan gawn fwynhau cwmni Iesu, mwynhau ei addoli mewn nefoedd newydd a daear newydd i dragwyddoldeb. Gobeithio fod ein Suliau ni, yn yr oedfaon ac adref, yn adlewyrchu'r wledd ryfeddol sydd yn ein disgwyl yng Nghrist ar ddiwedd amser.

ADNABOD

Effaith y cwymp

Rydym yn byw mewn byd rhyfedd! Wrth imi fynd yn hŷn, mi fyddaf yn gweld fwyfwy ôl cwymp y greadigaeth ar y cyfan sydd o'n cwmpas. Mae credu'r hyn mae llyfr Genesis yn ei ddweud am ganlyniadau pechod Adda ac Efa, yn ei gwneud yn haws o lawer i ddeall y byd yma. Mae'n siŵr eich bod yn cofio i Dduw, yn dilyn anufudd-dod y ddau gyntaf yma, gyhoeddi canlyniadau fyddai'n effeithio ar y Greadigaeth i gyd. Wedi'r cwymp daeth drain ac ysgall, daeth poen a dioddefaint, daeth pobl yn feidrol, hynny yw, yn bobl sydd yn wynebu afiechyd a marwolaeth. Yr un pryd, gwelwn fod holl fwriadau pobl yn ddrwg, a daeth anghyfiawnder yn arferol, daeth twyll a chelwydd yn rhan o fywyd y ddynoliaeth, ac mae annhegwch yn realiti yn y byd. Ym mhob rhan o fywyd y ddynoliaeth, gwelwn fwriadau drwg yn ennill y llaw uchaf, anghyfiawnder yn ymwneud cenhedloedd â'i gilydd, a dioddefaint ym mhob cornel o'r greadigaeth. Mi fyddaf yn amau o bryd i'w gilydd fod hyd yn oed Cristnogion yn ddall i'r rhesymau dros y realiti yma. Gall peidio â chredu neu ddeall yr hyn sydd gan y Beibl i'w ddweud am fywyd arwain llu o bobl i anawsterau, a hyd yn oed i ddigalondid.

Wrth inni wynebu amgylchiadau personol a cheisio deall cymhlethdodau'r byd, gweddïwn am ras i wneud hynny gyda dealltwriaeth ysbrydol, ac aeddfedrwydd fydd yn ein cadw mewn heddwch a thangnefedd yng nghanol y stormydd garwaf.

ADNABOD

Beth fyddai Iesu'n ei wneud?

Yn ystod yr wythnos, bu raid ymweld â dinas Birmingham, a hynny er mwyn cael golwg ar y Brifysgol. Peidiwch â meddwl am eiliad fy mod yn bwriadu dilyn cwrs ffurfiol o astudiaeth bellach, ond fel y gŵyr y rhan fwyaf ohonoch, bydd Catrin yn 'madael ysgol y flwyddyn nesaf, ac ar hyn o bryd yn y broses o edrych am le i fynd. Mae'n siŵr y bydd rhaid ymweld â nifer o brifysgolion eraill yn ystod yr wythnosau nesaf, felly fe ddaw cyfle i weld rhyfeddodau sawl dinas a thref.

Beth bynnag am hynny, dyma fynd yn blygeiniol i gyfeiriad y ddinas, hynny ar hyd amrywiaeth o ffyrdd, yn amrywio o ffordd gul dros Hafod Dafydd i ganol prysurdeb yr M6. Wrth nesáu, roeddwn i ymadael ar gyffordd 6, sef y gyffordd a adnabyddir yn arferol fel *'spaghetti junction'*!! I'r rhai hynny ohonoch sydd yn credu fod yr holl ffyrdd bach sydd yn gweu blith drafflith drwy'i gilydd ar dopiau Llannefydd yn gymhleth, wel mae'r gyffordd yma, a'r ffyrdd sydd yn cael eu pentyrru ar ei gilydd mewn amryw o bontydd a phob ffordd yn mynd i gyfeiriad gwahanol, yn stori llawer mwy cymhleth. Un o'r manteision yn Llannefydd yw y medrwch oedi am eiliad os nad ydych yn siŵr, heb greu fawr o drafferth ond i ambell dractor neu ddafad! Meddyliwch petaech yn stopio i gael golwg o gwmpas ar y gyffordd yma! Dim ond arafu sydd raid, ac mae llu o geir yn dechrau ffurfio rhes y tu ôl i chi, pob un yn canu ei gorn, ac yn amlygu ei ddiffyg amynedd. Rhaid dal i fynd gan obeithio eich bod wedi cofio darllen y map yn iawn cyn cychwyn, neu ymddiried fod y person sydd wrth eich ymyl yn rhoi'r cyfarwyddiadau cywir mewn da bryd.

Faint ohonoch sydd yn teimlo fel fi ambell waith - ffyrdd yn mynd i bobman, penderfyniadau angen eu gwneud ar fyrder, pawb yn gwasgu o amgylch eisiau ichwi ddilyn eu cyfarwyddiadau nhw? Cofiaf Mam yn gwylio hysbyseb ar y teledu unwaith ac yn dweud: *"Ma' pawb yn dweud mai eu cynnyrch hwy ddylwn ei ddewis, ond all pawb ddim bod yn dweud y gwir, a beth bynnag, fedra'i ddim dewis pob un!"*

Felly mae hi pan wynebwn benderfyniadau mawr bywyd hefyd. Mae gan bawb ei gyngor, tebyg i gael dau neu dri gyrrwr yn yr un car, ond ar bwy ddylwn i wrando?

Roeddwn wrth fy modd gyda breichled oedd gan un o'r plant unwaith gyda'r llythrennau WWJD arni. Ystyr y llythrennau oedd *'What Would Jesus Do'*. Fedra'i ddim meddwl am unrhyw ffordd well o benderfynu ar drywydd i'm bywyd. Yng nghanol yr holl gymhlethdodau, ynghanol yr holl benderfyniadau, yr holl leisiau sydd yn fy ngwahodd i wrando, mae angen imi wrando ar y cyngor syml yma, mae angen ymdawelu a cheisio dirnad beth fyddai fy Arglwydd yn ei wneud, i ba gyfeiriad y mae Ef yn fy arwain.

ADNABOD

Cyrraedd adref

Cefais brofiad digon digri nos Iau. Roeddwn ar fy ffordd yn ôl o bwyllgor yng Nghaerdydd, ac wedi dal y trên am Amwythig. Ond rywbryd ar y ffordd rhwng Pontypŵl a'r Fenni, daeth y gard ataf i ddweud nad oedd y trên yn bwriadu mynd dim pellach na Henffordd. Roedd yna rhyw *'unforeseen circumstances'* wedi peri nad oedd hi'n bosibl parhau â'r daith. Wel, sut yn y byd gallwn i gyrraedd Amwythig felly? Roedd y gard yn weddol ddi-hid, ond dywedodd y byddai yna ryw drefniadau wedi'u gwneud ar ein cyfer. O gyrraedd y stesion, dyma ddyn yno yn ein cyfeirio allan i fws oedd wedi ei drefnu i fynd â ni yn ein blaenau. Yn anffodus, ychwanegodd hyn yn arw at hyd y daith, ac mae trên yn llawer iawn mwy cysurus na rhyw sied o fws, ond o'r diwedd fe gyrhaeddon ni.

Wrth yrru adref yn y car roeddwn yn teimlo'n debyg iawn i bobl y rheilffordd. Fy niddordeb a'm gwaith yw i'ch cael i gyd adref. Yn anffodus, mae yna ryw amgylchiadau sydd yn peri na allaf fynd â chi yno yn y ffordd a ddymunech yn aml iawn, ond eich cael adref sydd yn bwysig. Gwaith yr Eglwys yw paratoi dinasyddion ar gyfer y Nefoedd, ac yn aml wrth wneud hynny mae yna anawsterau sy'n golygu ein bod yn gorfod newid llwybr neu newid cyfrwng o bryd i'w gilydd.

Cofiaf yn dda am rywun yn cwyno yn arw nad oeddem yn canu digon o'r 'hen emynau', un arall yn dweud nad oedd gweinidogion yn gwneud yr hyn oedd yn arfer bod yn rhan o waith gweinidog, un arall yn cwyno am leoliad neu adeilad. Mae'r pethau hyn i gyd yn ddiddordebau gwerthfawr yn eu ffyrdd eu hunain, ond peidiwn â cholli golwg ar y prif nod. Roeddwn wedi bwriadu ac wedi dymuno mynd yr holl ffordd i'r Amwythig ar y trên, ond, dyna ni, cyrhaeddais adref yr un fath. Bu'r daith ychydig yn fwy o drafferth nag arfer, ac yn llai cyfforddus, ond dyna ni. Hyderwn mai dyma fydd nod parhaus yr Eglwys, cadw golwg nid yn gymaint ar y cyfrwng ond ar y cartref.

ADNABOD

Gofyn am deyrnas

Wrth inni ddod at ein gilydd rydym yn dymuno, uwchlaw pob dim, cael adnabod presenoldeb Duw ei hun ynghanol ein hoedfaon. Sylweddolaf fod hyn yn ddisgwyliad anghyffredin, ac eto dyma addewid Duw ei hunan i ni yn y Beibl. Meddyliwch am y gwahaniaeth a welid yn ein bywydau petai hyn yn dod yn wir i chi heddiw, y trobwynt yn ein bywydau ysbrydol. Addewid sicr Duw yw bod y sawl sydd yn galw yn cael ei wrando, i'r sawl sydd yn gofyn, agorir y drws. Beth amdani? A ydym am fentro gofyn i'r Duw sydd yn rhoi'r fath addewid, ac yn abl i gadw ei addewid?

Pa mor aml fyddwch chi'n gwrando, tybed, ar y gwirioneddau bendigedig hyn, heb lawn sylweddoli beth yn union all hyn ei olygu i'ch bywyd chi? Beth am yr adnod:
"Gofynnwch, ac fe roddir i chwi, ceisiwch ac fe gewch, curwch ac fe agorir i chwi. Oherwydd y mae pawb sydd yn gofyn yn derbyn......" ac yna cawn yr addewid, ochr yn ochr â'n hawydd ni i roi pethau da i'r rhai sydd yn gofyn: *"gymaint mwy y rhydd eich Tad, sydd yn y nef, bethau da i'r rhai sydd yn gofyn ganddo."*

Am beth, felly, dylem ni ofyn, beth yw ein cais? Eto mae Iesu yn ein dysgu: *"..ceisiwch yn gyntaf deyrnas Dduw, a'i gyfiawnder Ef."*

Yr hyn a ddywed Iesu yw ein bod i geisio bywyd y Deyrnas lle mae Duw yn Frenin, yn Arglwydd, yn Dad i ni drwy Iesu ei Fab, a chyfiawnder i bechaduriaid i gael byw yn y deyrnas honno. Iesu Grist yw ein hunig obaith am gyfiawnder, ei farwolaeth ef sydd yn delio gyda'n heuogrwydd, dyma lle ceir maddeuant, dyma lle mae Duw yn dileu ein dyled ac yn ein gwneud yn ddeiliaid addas i'r deyrnas honno.

Pam ydym ni angen y fath deyrnas? Oherwydd dyma deyrnas bywyd, bywyd tragwyddol. Nid dyma'r deyrnas rydym yn byw ynddi yn naturiol. Na, wrth natur, hoffai pob person fod yn frenin, ni sydd yn arglwydd yn y deyrnas arferol. Yn anffodus, un dros dro yw'r deyrnas naturiol, mae'n darfod, daw dydd pan fydd yn chwalu o dan ein traed. Ond am y deyrnas ysbrydol a gawn wrth dderbyn Iesu, dyma deyrnas dragwyddol, a dim ond trwy'r adnabyddiaeth o Dduw yn Iesu Grist yn maddau ein beiau y daw i ni.

Wrth sôn am addewidion Duw, un adnod arall i orffen. Llefarwyd hon cryn dipyn cyn y Bregeth ar y Mynydd, ond mae hi'n dweud yr un peth am ffyddlondeb Duw, a'r un peth am angen y ddynoliaeth, a pharodrwydd Duw i ateb eto'r angen hwnnw:

ADNABOD

"Os fy mhobl, y rhai y gelwir fy enw arnynt, os byddant yn ymostwng ac yn gweddïo, yn fy ngheisio ac yn dychwelyd o'u ffyrdd drygionus, yna fe wrandawaf o'r nef, a maddau eu pechod, ac adfer eu gwlad." 2 Cronicl 7:14

ADNABOD

Cyrraedd dynion

Nos Fawrth diwethaf, roeddwn wedi fy ngwahodd i siarad mewn cyfarfod ym Methania, Tymbl. Enw da ar le yw Tymbl, a dweud y gwir, petaech yn cychwyn rowlio ar dop y pentre', mi fyddech wedi mynd drwyddo cyn stopio!!! Beth bynnag, roedd y capel yn llawn, yn llawn o wragedd! Yn llythrennol, fi oedd yr unig ddyn yno, ac unig iawn oedd y profiad hefyd. Roedd hwn yn gyfarfod tebyg i *Sasiwn y Chwiorydd* gan y Presbyteriaid. Wrth edrych arnyn nhw, roedd dau beth yn fy nharo - oed y gynulleidfa, a'r ffaith fod cyfarfod fel hwn yn medru denu cymaint, ond does dim byd cyffelyb yn cael ei drefnu ar gyfer y dynion. Gyda golwg ar y sylw cyntaf, roedd yna rai merched iau yno, hynny yn beth da, nes sylweddoli eu bod yno i 'gymryd rhan'. Gyda golwg ar yr ail sylw, 'doedd y cyfarfod ond yn adlewyrchiad o'r hyn sydd yn wir am ein capeli mewn llawer ardal.

Mae yna rywbeth am ein capeli, am ein ffordd o grefydda, sydd yn golygu nad yw tadau na dynion ifainc byth braidd hyd yn oed yn ystyried y posibilrwydd o ddod i oedfa, heb sôn am oedfa arbennig i ddynion yn unig. Yn sicr, mae'n wir fod merched ar hyd blynyddoedd maith yr eglwys wedi bod yn anghyffredin o ffyddlon, wedi cario pen trymaf y gwaith yn fynych, a'u ffyddlondeb sydd wedi sicrhau parhad y dystiolaeth mewn sawl cylch. Ond, mae i'r sefyllfa yma ei gwendid, gan ei fod bellach yn beth cwbl ddisgwyliedig i weld ychydig iawn o ddynion yn mynychu. Nid dyma ddymuniad y merched mae'n siwr, pa wraig neu fam sydd yn ddi-hid o anffyddlondeb a'r cefnu sydd yn gyffredin ymhlith y dynion? Pa eglwys sydd yn fodlon fod yna'r fath anghyfartaledd o fewn eu hoedfaon? Mae tua hanner y boblogaeth yn ddynion, ac yn bobl y dylai'r eglwys fod yn edrych i'w cyrraedd yn effeithiol.

Tybed nad oes yna wendid hefyd yn yr hyn sydd wedi ei bregethu a'i ddysgu, rhyw grefydd neis, llond gwlad o ystrydebau, ac arweinwyr, gweinidogion sydd ddim bob amser yn rhoi esiampl, neu ddim bob amser yn '*role model*' fel y dywedir yn Saesneg. Rwyf yn credu mai un o'r pethau hynny y mae rhyddfrydiaeth ddiwinyddol yn fwyaf euog ohono yw diarfogi'r Efengyl o'i grym, gwneud Iesu yn llai na dyn, colli gwirionedd gwrhydri pobl Dduw dros y blynyddoedd. Beth am ddechrau gweddïo a cheisio arweiniad i'r cyfeiriad hwn? Beth am awgrymiadau? Beth am anogaethau?

ADNABOD

Diogelu gwres

Cofiaf yn dda am fy ymweliad cyntaf â Chyfarfod Misol. Roeddwn yn fachgen deunaw oed, newydd ddechrau yn y Coleg ac yn gorfod wynebu cael fy holi gan y 'tadau' am fy nghymhellion dros fynd yn weinidog. Ar y pryd, tebyg mai'r unig gymhelliad oedd yr awydd eirias i ddweud wrth bobl eraill am Iesu Grist, y gwahaniaeth yr oedd wedi ei wneud yn fy mywyd i, a'r bywyd newydd arbennig roedd wedi ei roi i un digon di-gyfeiriad. Cyn cael fy holi, roedd yn rhaid eistedd drwy weddill y gweithgarwch, a'r hyn a gofiaf o'r drafodaeth oedd edrych allan drwy ffenestri Capel Pennant uwchlaw Aberaeron, a meddwl fod diwrnod braf iawn yn cael ei wastraffu! Fel yr aeth y blynyddoedd heibio yn y coleg, ac wrth ymweld yn flynyddol â'r Henaduriaeth, datblygodd fy ngweledigaeth, a phrofiad cynyddol o ymweld ag eglwysi yn fy ngwneud yn fwy diamynedd fyth i gael bod allan wrth fy ngwaith. Gwyddwn yn dda fod y gwaith hwnnw yn un heriol, ond yr oedd ac mae gennyf Dduw mawr, un sydd yn fwy na phob anhawster.

Bellach rwyf wedi bod yn y gwaith ers dros ugain mlynedd, a rhaid imi gydnabod fod y weledigaeth o bryd i'w gilydd wedi pylu, a'r galon eirias wedi oeri, ond diolch am Dduw sydd yn fy nal i yn agos hyd yn oed pan mae fy ewyllys i am fy anfon ymhell.

Mae'n siŵr y gall llawer ohonoch dystio i flynyddoedd lu o ddod, o fod o gwmpas gwaith y capel, yn medru cofio llu o oedfaon, llu o bregethwyr, a gobeithio ambell i bregeth. Ond beth am y galon drwy'r cyfan i gyd? Beth yw cyflwr honno? Does dim amheuaeth yn y byd fod yna bethau sydd yn mynnu oeri ein cariad, pethau sydd am ein pellhau oddi wrth yr Arglwydd, a'r pennaf o'r cwbl yw ein natur ni ein hunain. Yn wir, gall y Cristion wrthsefyll popeth o'r tu allan, daw'r anawsterau tuag atom o'r tu mewn, yn ein hewyllys ni'n hunain. Rhwydd iawn yw beio pob math o bethau a dylanwadau am ein cyflwr ysbrydol, nid nad ydynt yn realiti, ond maent wedi eu concro gan yr Arglwydd Iesu. Mae'r frwydr yn nes adref, mae'r ddisgyblaeth wrth ein traed. Beth bynnag yw ein cyflwr ysbrydol heddiw, beth bynnag sydd wedi cyfrannu at hynny, mae'r cyfrifoldeb pennaf arnom ni. Os yw Duw wedi dangos ei hun inni yn Iesu, wedi ein galw ar ei ôl, ein cyfrifoldeb ni yn awr yw ei ddilyn, a chaniatáu i'r Ysbryd Glân ail-ennyn fflam cariad ynom yn wastad.

ADNABOD

Wythnos fawr y Pasg

Yr enw a roddir yn gyffredin ar wythnos y Pasg yw 'Yr Wythnos Fawr' ac nid yw'n anodd deall pam fod Cristnogion wedi mabwysiadu'r fath enw o ystyried yr hyn a ddigwyddodd. Dyma'r wythnos fwyaf yn hanes y byd, oherwydd yn ystod yr wythnos hon mae holl lifddorau cariad Duw, holl argaeau ei fwriadau grasol yn cael eu tywallt ar fywyd y byd. Pan fu farw Iesu, fe agorwyd ffordd newydd i bobl ddod i adnabod Duw, ffordd sydd ddim yn dibynnu ar ein galluoedd ni, ond yn hytrach ar yr hyn sydd wedi ei wneud drosom. Mae Iesu wedi talu ein dyled i'r Nefoedd unwaith ac am byth. Ein pechod yw'r ddyled, ei farwolaeth ef yw'r taliad digonol. Yn ein pechod, heb gael sicrwydd o faddeuant wrth y groes, rydym yn parhau yn elynion i Dduw, rydym o dan gondemniad tragwyddol. Ond, wrth inni ddod i gredu, wrth roi ein ffydd yn Iesu, mae'r condemniad, yr elyniaeth, yn diflannu. Cawn ein mabwysiadu'n blant i Dduw. Nid peth bach yw hyn i Gristion, dyma'r peth mwyaf yn ei fywyd neu yn ei bywyd, a 'does ryfedd mai hon yw'r wythnos fwyaf yn y flwyddyn. Roedd gwaith Iesu yn waith mawr, mae ei gariad yn ddiderfyn yn marw drosom, mae'n haeddu bod yr un mwyaf yn ein bywydau. Dathlwn wythnos y Pasg yn deilwng.

ADNABOD

Sicrwydd

Byddaf yn sylweddoli yn gynyddol fod ein bywydau yn wir yn bethau sobor o simsan. Nid fod hyn yn newyddion, mae pobl wedi gweld hynny dros y canrifoedd, ac yn wir, mae'r Beibl yn gwneud hyn yn fwy nac eglur. Ond mae yna ryw wahaniaeth yn ein cenhedlaeth ni hefyd! Mae disgwyliadau pobl wedi newid, ac mae cynllunio ymlaen llaw wedi mynd yn rhywbeth y byddwn yn ei wneud heb feddwl dim braidd. Mae cyngor yr Apostol Iago yn parhau i fod yn gyngor da, pan mae'n atgoffa'r Cristnogion cynnar i ddiweddu pob ymadrodd am gynllunio ymlaen llaw gyda'r geiriau "os Duw a'i myn".

Un o'r pethau cyntaf mae'r Beibl yn ei ddysgu inni yw bod cwymp Eden wedi peri ein bod yn bobl feidrol, mae yna ddechrau a diwedd, a 'does neb a ŵyr beth sy'n ein disgwyl yn y byd. Wedi dweud hyn, beth bynnag am ein rhawd yn y byd, mae i'r Cristion sicrwydd na fedd y byd, gan ei fod yn gwybod, beth bynnag ddaw i'w ran, mi fydd yr Arglwydd yn parhau i fod yn gwmni ac yn geidwad i'w enaid. I'r Apostol Paul, pa un bynnag ai byw neu farw fyddai ei ran, yr oedd yn eiddo i'r Arglwydd. Wrth iddo deithio'r byd, wrth iddo wynebu amryw o brofedigaethau gwahanol, a hyd yn oed pan ddaw braw yr alwad olaf i'w ran, mae'n wynebu'r cwbl yng nghwmni'r un sydd yn aros fyth.

Un o freintiau mawr fy ngwaith i yw medru tystio i sicrwydd y ffydd, i'r sicrwydd hwnnw a all fod yn eiddo i unrhyw un, dim ond iddo fo/iddi hi gredu. Nid trwy ymdrech, nid trwy ddaioni personol, ond trwy waith Iesu Grist yn marw yn ein lle ar ben Calfaria, gallwn feddu'r hyder yna y bydd inni brofi ei gwmni drwy bob amgylchiad yn y byd, ac yn y diwedd, cael gweld ei wyneb, a phrofi ei groeso. Dyma addewid y mae'n werth i ni fentro ein bywydau arno. Beth arall sydd gan y byd i gystadlu â hyn? Ni thâl i ni ymddiried mewn pethau sydd yn diflannu, ac mae'n amhosibl pwyso ar bobl gan eu bod hwythau hefyd yn cael eu colli. Er ein bod yn diolch am lawer braich sydd wedi esmwytháu bywyd inni, 'does ond un sy'n gallu dal y pwysau yn gyson ac yn gyfan gwbl. Boed inni, mewn byd cyfnewidiol, gael gras i gredu yn Iesu, a thrwy hynny, nerth i bwyso a phrofi ei gynhaliaeth Ef yn wastad.

ADNABOD

Mawredd Crist yn y greadigaeth

Gwelais olygfa i ryfeddu ati wrth deithio lawr yr arfordir ddydd Mercher wrth i'r haul fachlud dros Fae Aberteifi. Mae'n siŵr fod yna fesur o ryfeddod oherwydd fy mod yn ôl yn fy ardal fy hun, a does dim gwlad debyg i wlad y Cardis!

Mae yna ogoniant yn y greadigaeth i'r sawl sydd wedi adnabod ei Lluniwr, ble bynnag byddwch yn edrych. Mae Gras yn rhoi golwg i Gristion ar fawredd ei Dduw yn yr hyn y mae wedi ei greu. Ond nid yn unig hynny, mae'n rhoi golwg hefyd ar fawredd Iesu Grist, yr Un *'y gwnaed popeth drwyddo'*. Nid yw'r anghredadun ond yn gweld prydferthwch, a gall fod yn ddigon dall i hynny. Byddwn yn sylweddoli wrth inni nesáu at dymor Diolchgarwch fod pobl yn rhyfeddol o fud yn y gwaith o ogoneddu Duw. Nid yw'r gallu Dwyfol yn amlwg i'r anghredadun.

Mae yna ogoniant goddrychol hefyd wrth gwrs. Mae'n hardd oherwydd mai dyma fy ngwlad i. Dyma'r heolydd a'r glannau y bûm yn eu crwydro yn ystod blynyddoedd cynnar fy mywyd, ac er nad oes gwadu gogoniant Bro Aled, eto, nid oes dim cymhariaeth! Yn yr un modd, mae profiad y Cristion wrth ogoneddu Duw yn deillio, nid yn unig o ogoniant ei holl waith, ond yn arbennig ei waith yn ein bywydau personol ni. Mae Iesu yn brydferth, nid yn unig o ran ei berson, ond oherwydd mai hwn yw fy Arglwydd personol, hwn yw fy Ngwaredwr. Gweddïwn y bydd ein profiad yn adleisio geiriau'r emynydd a fynnodd dweud fod Iesu yn *'fil harddach'* nag unrhyw olygfa arall a wêl ein llygaid.

ADNABOD

Dod at y preseb

Mi fyddaf yn meddwl yn aml fod yna rinwedd arbennig yn perthyn i fis Rhagfyr. Mae cychwyn y mis fel petai yn codi ysbryd y plant, yn enwedig Hanna, ac mae'r calendr Adfent wedi cyrraedd y wal. Nid yw hynny yn fawr iawn o gysur, gan fod y bechgyn yn ei gael yn demtasiwn nid bychan, ac mae ambell i ddarn o siocled yn diflannu! Ac yna wrth gwrs mae'r siopau, a'r unig beth sydd i ddweud am hynny yw bod pawb yn gorfod gwneud arian. Mi fyddant wrthi fel ffermwyr yn wyna tan noswyl Nadolig, gan obeithio gwneud ceiniog neu ddwy. Yn wir, tebyg mai prysurdeb fydd y thema yn gyffredinol, wrth i bawb redeg oddi amgylch, yn methu cael digon o funudau mewn diwrnod i gyflawni'r holl dasgau angenrheidiol, a bydd rhaid eistedd i lawr diwrnod cynt a dweud "dyna ni, chyrhaeddais i ddim pobman ond does dim posibl gwneud rhagor."

Mae'r gallu i fod yn brysur yn fendith ynddo'i hunan, ac mi fydd yn byrhau dyddiau'r gaeaf yn arw. Mae lle i gydnabod y nerth a gawn i weithio, i rannu, i daro, i sgwrsio, y cyfan yn arwydd o ddaioni'r Duw sydd yn ein cynnal o ddydd i ddydd. Yr unig beth - tebyg yng nghanol y cyfan, y bydd amser i gydnabod Duw yn cael ei wasgu reit i'r ymylon.

Eto fyth, mi fyddwn yn dod at y preseb, mi fyddwn yn dod at yr un sydd i gael y lle amlycaf yn ein bywydau. Ein hangen pennaf yw adnabod yr Iesu hwn, nid gwybod amdano, nid hyd yn oed gwybod am ei eni. Mae'r Beibl yn dweud wrthym fod y diafol yn gwybod, ac yn crynu. Tebyg y cawn lawer nad ydym ei angen y Nadolig hwn, ond yn Iesu, cawn yr unig beth sydd arnom ei angen go iawn, yr unig un all gynnal a chadw ein heneidiau tragwyddol.

157

ADNABOD

Yr Adfent

Yr Adfent yw'r cyfnod pan fydd yr eglwys yn draddodiadol yn dechrau paratoi at ddathlu dyfodiad Duw yn ddyn, geni Iesu, Gwaredwr y ddynoliaeth. Mi fydd y tymor yn brysur, gyda phob math o oedfaon, cyngherddau, partïon, a dathliadau amrywiol. Mi fydd yna lawer o ewyllys da ar hyd y lle, wrth i bobl gael eu llenwi ag 'ysbryd y Dolig', ac mae'n siŵr nad des dim byd yn gynhenid ddrwg yn hynny. Byddaf yn bersonol yn mwynhau'r tymor, oherwydd er bod yna dipyn o waith i'w wneud, mae pawb fel petaent yn weddol lawen eu hysbryd, a hynny'n rhwyddhau pob gorchwyl. Mae'n briodol i ni hefyd neilltuo amser i baratoi o'r newydd i wynebu digwyddiad arbennig;

> *'Ymhlith holl ryfeddodau'r Nef*
> *Hwn yw y mwyaf un,*
> *Gweld yr Anfeidrol, Ddwyfol Fod,*
> *Yn gwisgo natur dyn.'*

Mae'r ysgrythur yn ein dysgu bod yna *'ymofyn ac ymorol dyfal gan y proffwydi a broffwydodd y gras a ddaeth i ni.'* Bu yna filoedd o flynyddoedd o baratoi, o ddisgwyl, o edrych ymlaen, cyn i wrthrych y proffwydi, dyhead y Tadau a'r addewid roed i Adda gael ei sylweddoli. O ystyried hyn i gyd, mae'n siŵr mai paratoi sydd yn gweddu i ni, ond nid paratoi'r amgylchiadau, nid paratoi'r arwynebol, ond paratoi ein heneidiau i ddathlu. Nid yw'r enaid, sydd yn elyniaethus tuag at bethau Duw, a hyd yn oed yn ddi-hid o roddion Duw, yn awyddus i groesawu brenin Duw i'r byd. Mae brenin newydd yn awgrymu dyddiau newydd, arglwyddiaeth newydd, deddfau newydd, ffocws newydd. Pa reswm sydd gan bobl i edrych ymlaen am y newydd yma? Maent wedi ymgyfarwyddo â bywyd fel y mae. Mae yna ddiogelwch yn y cyfarwydd. Yn fwy na'r cwbl, does dim brenin y tu allan i'w hewyllys eu hunain.

    Er hyn i gyd, mae pobl yn sylweddoli nad ydy popeth fel y dylai fod, ac i geisio sicrwydd, er mwyn cael ateb rhônt eu gobaith mewn pobl eraill, mewn ymdrechion personol, mewn traddodiad, diwylliant, lle a hanes. Nid peth personol yn unig yw'r Adfent, nid traddodiad ond bywyd, nid hanes yn unig ond cychwyn newydd, nid lle ond perthynas. Gweddïwn am gael paratoi i fynd at Iesu, i ddathlu ei berson a'n perthynas ag ef ar dymor yr Adfent, ac i'w rannu ag eraill.

ADNABOD

Tywysog Tangnefedd

Wrth i'r Nadolig nesáu, mi fydd pawb awydd gofyn *"ydych chi wedi gorffen prynu eich anrhegion eto?"* a minnau heb gychwyn! Diolch fod Sarah yn mwynhau'r gwaith neu fuasai Siôn Corn ddim yn dod i Heulfryn. 'Does dim angen diwinydd i geisio dyfalu pam fod pawb yn dathlu'r Nadolig drwy roi a derbyn anrhegion. Dyma'r tymor i gofio rhodd arbennig Duw i ni, ei unig Fab, Iesu Grist. Nid rhoi rhywbeth, rhoi rhywun, nid unrhyw un, ond yr unig Fab oedd ganddo.

Pwy tybed fydd yn cael yr anrheg fwyaf, y drutaf, y gorau fyddwch chi'n ei brynu eleni? Rhan o ryfeddod y Nadolig yw bod Duw yn rhoi ei orau i ni! Nid yn unig mae'n rhyfeddol fod Duw yn dod yn ddyn, fod cynhaliwr popeth yn dod i breseb, fod awdur y greadigaeth yn darostwng ei hun fel hyn, ond ei fod yn dod er mwyn y ddynoliaeth, er ein mwyn ni! Mae'n dod i wella ein clwyf, clwyf ein pechod; yn dod i dalu ein dyled, dyled ein pechod; yn dod i gymodi, i ddod â heddwch rhwng Nefoedd a Daear, rhwng pechadur a Duw; dyna pam byddwn yn ei alw yn 'Dywysog Tangnefedd'. Gadewch inni uno felly i ddathlu'r fath ryfeddod, i ddathlu dyfodiad Iesu. Yn ei lythyr at y Rhufeiniaid, mae Paul yn dweud:

"Ac os rhoddodd ei Fab, sut y gall beidio â rhoi popeth i ni gydag ef?"

Dyna wirionedd! A ydych wedi meddwl am y Nadolig yn y termau hyn erioed? Os yw wedi rhoi ei orau, sut y gall beidio â rhoi popeth i ni gydag Ef?

Mae'n siŵr fod yna lu o anghenion yn eich plith heddiw. Mae yna anghenion tymhorol, mae yna anghenion ysbrydol. Beth am y gwirionedd yma? Diolch fod gennym Dduw sydd yn ffyddlon i'w air. Beth felly am ein hanghenion? Ewch â nhw at yr unig Dduw, sydd wedi rhoi ei Fab. Beth felly am angen ein heglwysi? Rhaid dod â nhw at y Duw sydd eisoes wedi rhoi ei Fab, ac sydd am roi popeth i ni gydag Ef. Beth am gyflwr ysbrydol ein teuluoedd, ein cymdogion, ein gwlad? Dyma Dduw, o roi ei Fab, sydd yn addo rhoi popeth!

ADNABOD

Gwirioni ar yr ŵyl

Wrth nesáu at y Nadolig, mae pawb yn prysuro wrth geisio cael gafael ymhob anrheg, a phrynu pob tamaid o fwyd sydd yn y siopau, cyn i'r diwrnod mawr gyrraedd. Mae'n siŵr y bydd y siopau ar agor ar ôl y Dolig, ond 'does neb yn gweld hynny. Mi fydd yna wthio wrth y til a phobl yn mynnu cael y dorth olaf ar y silff, fel petai bara'n mynd allan o ffasiwn. Wedi i bawb brynu popeth, mi fyddwch yn cofio eich bod chi wedi anghofio hanner y pethau roeddech wedi bwriadu eu cael, a bydd rhywun yn cael y bai am fod yn esgeulus, wrth frysio i Spar yn Abergele am 6.00 noswyl Nadolig. Gobeithio y byddwch yn mwynhau'r gwylltineb, a diolch fod yna ambell un sydd wedi llwyddo i ddianc o'r ras wyllt yma. 'Does fawr o ddiben mewn rhestru ystrydebau yn nodi pa mor bell yw hyn o ystyr yr ŵyl, felly, mwynhewch. Gobeithio y cewch rywfaint o amser i ofyn i ba raddau y mae eich perthynas â'r Arglwydd Iesu yn effeithio ar eich dathliadau? Wrth gael eich ysgubo i lawr gyda'r llif, gafaelwch yng nghanghennau gwirionedd y Gair, i atal y llithriad, meddiannwch Iesu yn eiddo ichwi yn y galon, er mwyn ennill goruchafiaeth dros yr ŵyl. Wrth baratoi, paratowch eich calonnau, gwnewch le i'r un sydd yn mynnu ei le ar orsedd ein bywydau.

ADNABOD

Emaniwel, Duw gyda ni

Bu'r wythnos ddiwethaf yn ddigon prysur unwaith eto, a thebyg y bydd yr wythnos nesaf rhywbeth yn debyg. Dydd Iau oedd diwrnod siopa Nadolig, ac i ffwrdd â ni ben bore i edrych a oedd rhywbeth ar ôl yn y siopau. Cofiwch, nid y ni oedd yr unig rai, a threuliais gryn dipyn o amser yn colli Sarah cyn gorfod ffonio ar y mudol bach handi, ac ail-gyfarfod. Dw'i ddim yn gwybod sut gallai gŵr a gwraig ddod i ben â chadw mewn cysylltiad yng nghanol y fath dorfeydd cyn i'r teclyn bach hwnnw ddod i'r golwg. Meddyliwch, wrth i mi sefyllian mewn rhyw ffenestr siop, neu ddarllen rhyw lyfr tra bod hi wedi hen orffen talu a mynd yn ei blaen gymaint fyth, doedd dim gofid - roedd hi o fewn gwasgiad botwm ar y peiriant bach difyr. Roedd yn ddiwrnod digon derbyniol, ac yn braf cael bod yng nghwmni ein gilydd am ddiwrnod cyfan!

Wrth imi feddwl am y mudol bach handi, daeth gwirionedd am y Nadolig i'm meddwl o'r newydd. Hanfod y cwbl yw bod Duw wedi dod yn ddyn, un o deitlau Iesu yn y Beibl yw - Duw gyda ni neu Emaniwel. Os oedd y pellter rhwng dyn a Duw yn dragwyddol gynt, mae'n bosibl agosáu bellach, nid oherwydd ein bod ni wedi tynnu yn agosach, ond am fod Iesu wedi dod. Mae Crist wedi dod â Duw o fewn clyw cri pechadur, mae wedi agor y ffordd, wrth ddod, wrth fyw, wrth farw dros ein pechodau, wrth atgyfodi ac esgyn yn ôl i'r nefoedd, medrwn wybod nad yw Duw'r Nefoedd ond o fewn clyw galwad i'r un sydd yn ei geisio â'i holl galon.

Mae hanes y Geni yn ein hatgoffa ein bod wedi crwydro, fod pawb wedi crwydro ymhell oddi wrth Dduw. Ymbellhau wnaeth rhieni cyntaf y ddynoliaeth yn Eden, ond diolch i Dduw, daeth yr un yn *'had y wraig'* i gario ein crwydro ni yn ei gorff ei hun, ac ar ben Calfaria, agorodd ffordd i'r *'afradloniaid gael dod tua thref.'*

Pa mor bell wyt ti oddi wrth yr Arglwydd yn dy fywyd, yn dy galon, yn dy addoliad? Nid yw Duw ymhell, mae Ef wedi dod atom yn ei Fab. Os oedd cwmni Sarah yn felysach ar ôl ei cholli am ddim ond ennyd, sut y gellir disgrifio cwmni Iesu o'i adnabod heddiw, a ninnau wedi crwydro mor bell oddi wrtho. Y Nadolig hwn, peidiwn â bodloni ar ddim llai na'i adnabod Ef, ei addoli, a byw Iddo Ef.

ADNABOD

Cychwyn newydd, byw i Iesu.

'*Daeth y Gair yn gnawd a thrigo yn ein plith; a ni a welsom ei ogoniant Ef, gogoniant megis yr unig anedig oddi wrth y Tad, yn llawn gras a gwirionedd'.*

'Does ryfedd yn y byd fod y bugeiliaid a'r doethion wedi dod i'w addoli, yn wir, mae'r Beibl yn sôn am holl angylion Duw yn ei addoli. Beth arall allent ei wneud? Roeddent wedi dod wyneb yn wyneb â disgleirdeb wyneb Duw, gogoniant Duw mewn dyn. Yr unig gwestiwn a erys, a ydym ni'n ei addoli'r Nadolig hwn?

Mae'n siŵr y bydd y rhan fwyaf ohonoch yn mynychu un neu fwy o oedfaon yn ystod yr ŵyl hon. Mi fyddwch yn canu carolau adnabyddus, mi fyddwch yn cael gwrando ar hanes cyfarwydd, yn clywed darlleniadau cyfarwydd, ond drwy'r cwbl i gyd, a fyddwch yn addoli Iesu? A yw clywed, gwrando, gweld yr hanes cyfarwydd yn gyfystyr ag addoli? Rhwydd iawn yw medru dod i ddarganfod yr ateb drwy ymholi personol. Beth am eich atebion i'r cwestiynau canlynol?

Wrth glywed yr hanes, a yw fy nghalon yn llamu o lawenydd? Wrth ganu'r emynau, a yw'r geiriau yn llifo o fy nghalon. A yw clywed fod Duw wedi dod yn ddyn er fy mwyn yn peri rhyfeddod i mi? A beth am fy mywyd ar ôl bod ym Methlehem, a welais Iesu? A yw'r blaenoriaethau wedi eu newid? Os oeddwn yn arfer byw er mwyn yr hunan yn gyntaf, ac yna er mwyn eraill, pwy sydd yn dod yn gyntaf yn awr? Sut berson fydda i ar ôl bod yng nghwmni Iesu? A yw'r gŵr, y wraig, y plant, y rhieni, yn gweld gwahaniaeth? Os medrwch ddweud fod y galon yn llawn llawenydd, fod yna ryfeddod anesboniadwy, fod blaenoriaethau bywyd wedi newid, fod pobl yn sylwi ar hyn fwy-fwy, yna mae addoli yn realiti, mae hanes y geni wedi dod yn hanes yn eich bywyd chi.

Wrth nesàu at y Nadolig, beth am ddefnyddio'r amser, yr oedfaon, i geisio sicrwydd yn eich calonnau fod Iesu yn arbennig, yn arbennig i chi? Mae yna bethau yn ein bywydau sydd angen edifarhau amdanynt, pethau a ddywedwn, pethau a wnawn, pethau a feddyliwn. Ond mae Iesu yn Waredwr, yn un sydd yn medru maddau, yn un sydd am roi cychwyn newydd i ni. Dwy fil o flynyddoedd yn ôl, cafodd y byd ddechreuad newydd, a dyfodiad Iesu oedd y dechreuad newydd hwnnw. Dwy fil o flynyddoedd yn ddiweddarach, mae Crist yn dal i gynnig dechreuad newydd i'r byd, ac i ninnau. O'i dderbyn Ef, cawn ddechrau cerdded gyda Iesu, a byw iddo Ef.

ADNABOD

Bendithion Bethlehem

Wrth i ni nesáu at Fethlehem i ddathlu geni Iesu, mae'n hynod ddiddorol edrych ar y cyfeiriadau yn y Beibl i weld pobl sydd wedi cerdded yr un ffordd â ni. Cawn gyfeiriadau at y dre, sydd tua phum milltir o Jerwsalem, yn gyntaf, gan fod Jacob ar y ffordd yno pan fu farw Rachel, y wraig a weithiodd mor galed i ennill ei chariad. Yr un modd, daeth Naomi yno i Fethlehem wedi iddi gladdu ei gŵr a'i meibion. Mae'n bur debyg fod y naill hanes a'r llall yn gyfarwydd i chwi, ac yn wir yn ein hatgoffa heddiw fod yna bobl yn anelu i gyfeiriad Bethlehem o wahanol gyfeiriadau ac amgylchiadau. Mae yna nifer yn yr ofalaeth sydd yn wynebu eu Nadolig cyntaf heb gwmni un annwyl. Rhaid dweud maent yn dod i le da. Ystyr y gair Bethlehem yw lle'r bara, a ble gwell i ddod am gynhaliaeth i'n bywydau ac i'n heneidiau nag i'r lle hwn, a mwy na hynny, at y person sydd yn *'fara'r bywyd'* i'w bobl. Tra'n bod yn cyflwyno pawb sydd yn dod gyda thristwch wedi ei gymysgu â'u llawenydd o flaen yr orsedd mewn gweddi, rydym yn diolch mai'r un a anwyd yno yw'r unig un sydd yn ddigon galluog i'n cynnal drwy ein holl helyntion.

Ymhellach, mae sôn am Dafydd, un a fagwyd yn y dre, pan oedd o dan warchae, yn hiraethu am ddŵr ffynnon Bethlehem, ac yn tystio i ddaioni'r dyfroedd hynny yn ei angen. Wrth feddwl am Dafydd, i Fethlehem yr anfonwyd Samuel, yn dilyn marwolaeth Saul, i geisio brenin newydd. Ac felly, mae sawl cyfeiriad sydd yn cymeradwyo cerdded y ffordd yma heb sôn am y cyfeiriadau yn yr Efengylau.

Yn ôl y proffwyd Mica, roedd bendith arbennig i fod I'r pentref hwn, a phwy all wadu'r fendith a ddaeth. Duw yn rhoi ei hunan! Duw yn rhoi ei Fab! Wrth ichwi nesáu at y Nadolig, a gwneud hynny o amryw gyfeiriadau mae'n siŵr y bydd yr ŵyl yn arbennig mewn llu o wahanol ffyrdd. Efallai mai traddodiad, neu deulu, neu fwynhad, neu ymlacio yw'r geiriau fyddwch chi'n eu cysylltu ar yr adeg yma. I'r Cristion, Iesu yw'r gair, Iesu yw'r rheswm, Iesu yw'r dathliad, a'r Iesu hwn, yr un a ddaeth yn faban, yw'r un mae Duw wedi ei anfon atom, i roi i ni wir frenin yn ein bywydau. Hwn yw bara ein bywydau, hwn yw'r ffynnon, hwn yw'r dŵr sydd yn ffrydio ynom i fywyd tragwyddol.

ADNABOD

Heddiw yw'r diwrnod

Heno rwyf wedi colli rhyw ddogfen. Oes yna rywbeth yn fwy diflas dywedwch nag edrych ac edrych, a hynny ym mhob twmpath o bapurau, ymhob ffeil, gan wybod na all y pethau yma ddiflannu ohonynt eu hunain? Wrth gwrs fod yna bethau mwy diflas, ond y gwir amdani yw ein bod i gyd yn byw ynghanol helyntion y presennol, heb bwyso a mesur pwysigrwydd yr eiliad yng ngoleuni ddoe nac yfory. Mi fyddaf yn anghyffredin o ddiamynedd yn y fath gyflwr, oherwydd byddaf yn gwastraffu gymaint o amser, ac os byddaf yn colli amser mewn un cyfeiriad, yna rywfodd bydd rhaid ceisio adfer yr amser hwnnw. Gall Sarah ar y llaw arall fod yn gwbl drefnus ynghanol y fath helbul; rhaid eistedd, ystyried ac yna cael ymdrech fwy cydwybodol i ymbwyllo a mynd trwy'r cyfan yn ofalus. Hi fel arfer sydd yn dod o hyd i bethau, a 'does ryfedd am hynny. Mi fyddaf yn berwi fwy a mwy yng ngwres y cyfan, ac os byddaf yn oedi, dim ond oedi i addo bod yn fwy gofalus yn y dyfodol fydd hynny. Pan ddaw'r dyfodol hwnnw, wel....!!

Cyfyd dwy egwyddor neu wers o'r fath gyflwr. Mae'r un gyntaf yn weddol amlwg ac yn un a gyfeiriais ati eisoes. Faint ohonom ni tybed sydd yn gadael i ddrama'r foment dyfu'n fynydd o anhawster, i'r graddau ein bod yn colli golwg ar unrhyw bersbectif mewn bywyd? O'r adeg pan oeddem yn blant, byddai peidio â chael yr eiliad honno, neu wrth dyfu, wynebu anhawster oedd ond i barhau am ddiwrnod neu ddau yn taflu ein bywydau yn llwyr oddi ar yr echel. Mi fyddai yna ragdybio gwaeau a gofidiau, ac yn aml mi fyddai'r eiliad yn pasio...nes byddai'r digwyddiad nesaf yn codi! Y perygl mewn cyfnodau felly yw dod i unrhyw benderfyniad neu ganlyniad a allai ddwyn goblygiadau am dymor hwy na'r disgwyl. Meddyliwch am ddweud rhywbeth wrth gymar, gŵr, gwraig, plentyn, cymydog yng ngwres y fath foment. Rwy'n gwybod yn iawn am sawl perthynas sydd wedi ei chwalu, sawl bywyd wedi ei rwygo yng ngwres teimladau sydd ond yn deillio o un sefyllfa gyfyng iawn.

Yr ail wers yn hyn i gyd yw'r perygl o fwriadu newid, ond peidio â newid. Y peth hawsaf dan haul yw addunedu dybiaf i, sôn am ddyfodol gwell, am ddyfodol gwahanol, ond peidio byth â chymryd y camau sydd yn eich arwain i gychwyn cerdded i'r dyfodol hwnnw. Y sefyllfa amlycaf yn hyn i ni yw ein perthynas bersonol gyda'r Arglwydd Iesu Grist. Ni thybiaf fod fawr neb nad ydynt yn dymuno cerdded yn agosach, gweddïo yn fwy dyfal, dod yn fwy cyfarwydd â'r Ysgrythur, a sicrhau eu bod yn wir yn eiddo i Iesu. Ond yn rhy aml, dymuniadau yfory sydd heb ddod eto ydynt. I lawer o bethau, mae yna ganlyniadau i oedi, ond i hyn, mae yna ganlyniadau tragwyddol. Rydym yn credu mai heddiw yw dydd Gras, heddiw yw'r dydd i sicrhau maddeuant, i sicrhau bywyd newydd - nid yfory. Heddiw yw'r dydd i gymryd y cam cyntaf tuag at yfory cwbl wahanol a newydd.

ADNABOD

Gwneud gwahaniaeth i bobl eraill

Yn ystod yr wythnos ddiwethaf cefais gyfle unwaith yn rhagor i fedru clywed rhywbeth am y ffyrdd newydd y mae Duw yn adeiladu ei Eglwys yng Nghymru. Rhaid cydnabod mai esiamplau Saesneg a glywais unwaith eto, esiamplau o bobl yn darganfod ffyrdd newydd o ymateb i'r alwad i rannu cymdeithas gyda Christnogion ac o ennyn diddordeb yn y byd. Yr un llinyn arian sy'n rhedeg drwy'r cwbl yw'r ffaith fod yr eglwysi hyn wedi newid o fod yn llefydd fyddai'n dweud, 'dewch i mewn atom ni' i fod yn eglwysi sydd fwy-fwy yn mynd allan at y byd, yn cyfarfod â phobl lle y maent, ac yn cyflwyno her bersonol Iesu Grist o fewn y cyd-destun y mae'r bobl yn byw ynddo. Wrth gwrs, i fedru gwneud hyn, rhaid wrth bobl sydd wedi eu harfogi â hyder a sicrwydd personol, pobl sydd wedi eu meddiannu gan ogoniant yr Efengyl, pobl sydd yn gwybod eu bod yn blant i Dduw, ac wedi adnabod gwerth a rhinwedd Ei faddeuant. Dyma'r bobl sydd, yn eu ffyrdd syml a diymdrech eu hunain, yn gwneud y gwahaniaeth ym mywydau eu teuluoedd ac ym mywydau eu cyfeillion. Pobl sydd wedi eu harfogi gan y Gair, wedi adnabod esiamplau yn y Beibl o gewri oedd yn bell o fod yn hynny drwy natur, ond, oherwydd eu hadnabyddiaeth o rym Duw yn eu calonnau, a wnaeth bethau bendigedig o blaid yr Efengyl.

Roeddwn yn sôn wrth rywun yn y Bala ddoe am y gwirionedd fod angen i'r Eglwys fod yn brysurach yn arfogi pobl i fyw bywydau effeithiol fel Cristnogion yn y byd, fel y gall yr addoliad ar y Sul, a'r ddysgeidiaeth a geir yno, fod yn gymorth iddynt fedru rhannu eu ffydd yn effeithiol, ac i garu a gwasanaethu eu ffrindiau yng ngrym yr Ysbryd Glân. Faint ohonoch tybed fyddai'n cydnabod angen yn y maes hwn, ddim yn gwybod beth i'w ddweud, beth ddylem sefyll drosto yn y gymdeithas, pa frwydrau ddylem eu hymladd? Yn sicr mae yna frwydrau, ond yn aml gwelwn bobl grefyddol yn mynd yn frwdfrydig dros bethau sydd yn ddibwys, wrth iddynt ymdrechu i ddod â ddoe yn ôl, yn hytrach na newid yfory. Mae angen i'r Eglwys, ac wrth hynny, golygaf y bobl hynny sydd yn adnabod Iesu Grist fel Gwaredwr personol, fod yn bobl eiddgar i ennill tir heddiw, er mwyn sicrhau y bydd yna genhedlaeth newydd yfory yn codi banner yr Arglwydd yn ein hardaloedd. Mae'r Eglwys fel sefydliad yn mynd yn fwy-fwy amherthnasol, ond mae pobl yn medru gwneud gwahaniaeth. Ai ni fydd y bobl hynny yn y cylchoedd hyn?

ADNABOD

Mater o frys

Roeddwn yn siarad â rhywun yn ystod yr wythnos oedd yn mynnu mai 'pwyll pia' hi' bob amser. Roedd yn sôn am yr angen i fod yn drylwyr a phwyllog ein gwaith, er mwyn sicrhau nad oes raid ei wneud eto, ac yn hynny, colli mwy o amser. A dweud y gwir yn onest, mae'r dyn yn boenus o araf, yn boenus o ofalus, a byddaf yn aml yn teimlo fel dweud wrtho am gymryd seibiant, a gwneud y gwaith yn ei le. Peth arall y bydd yn siŵr o ddweud yn ystod ei bregeth, yw'r modd y mae'r brys sydd ar bobl ifanc heddiw yn cymharu yn anffafriol iawn gyda phethau fel roeddent ddyddiau a fu. Rwy'n cyfaddef fy mod yn weddol eiddigeddus o'i safbwynt, ac yn eiddigeddus hefyd o'i fywyd hamddenol, ond wedi dweud hynny, chai'r gwaith byth ei gwblhau petawn yn ceisio newid i gêr is!

Wrth edrych yn ddiweddar ar hanes y Pasg cyntaf, a gorchmynion Duw i Moses, gyda golwg ar baratoi at ei waredigaeth Ef, un o'r pethau a ddywedir yw bod y bobl i fwyta'r wledd ar frys, eu dillad wedi'u clymu, yn barod i fynd ar alwad Duw. Wrth feddwl am hyn, atgoffwyd ni o'r gwirionedd ei bod yn fater o frys, wrth ystyried ein hymateb i wahoddiad Iesu Grist i rannu ei Basg, i rannu ei waredigaeth ef. Mae iachawdwriaeth yr enaid yn fater a ddylai gael y flaenoriaeth bennaf yn ein bywydau, ac nid yn hamddenol nac yn araf y dylem ymateb i Iesu. Yn ôl y Beibl, tra y'i gelwir yn heddiw, neu tra'i bod yn ddydd, mae angen cyflymu i wneud yn sicr ein bod yn eiddo i Iesu, wedi profi ei faddeuant, ac yn sicr o'r Nefoedd. Gofynnodd dyn i mi ar y stryd yn ddiweddar, a oeddwn yn siŵr o'r Nefoedd ar ddiwedd fy mywyd yn y byd. Roedd yn dda medru ateb fy mod i, a hynny, nid oherwydd unrhyw beth rwyf fi wedi'i gyflawni o ran gweithredoedd da, ond oherwydd bod Iesu wedi gwneud y gwaith drosof, a minnau wedi credu. I gwestiwn mor dyngedfennol, gallwch ddeall y brys.

ADNABOD

Dylanwad yr Efengyl

Un o'r pethau rwyf wedi sylweddoli dros yr wythnos ddiwethaf unwaith eto yw'r modd mae awduron hysbysebion yn medru ein perswadio ein bod angen y pethau mwyaf ymylol a gwastraffus. Byddaf yn rhyfeddu at y brwdfrydedd, a'r clyfrwch sydd yn cyd-fynd â'r gwario parhaus ar yr hysbysebu di-baid. Mae'n ymddangos bod y rhaglenni'n mynd yn fyrrach fel mae'r hysbysebion yn cymryd mwy a mwy o amser ar y sianeli teledu. Wrth gyfeirio at hyn, roeddwn yn gwrando ar rywun yn awgrymu nad oedd y trais, yr anfocsoldeb, y meddwi, sydd yn cael ei ddarlunio ar y rhaglenni yn cael dim effaith gan fod pobl yn gwybod beth yw eu blaenoriaethau, ac yn medru gwahaniaethu rhwng ffuglen a bywyd real. '*Silly nonsense*' os gofynnwch i mi. Os nad yw pobl yn gwrando, pam felly mae cwmnïau'n gwario gymaint ar y gwaith o'n perswadio i brynu ysbwriel? Mae'r dylanwad yn amlwg wrth i dor-priodas, rhyw y tu allan i briodas, celwydd, a chymysgwch moesol o bob math gynyddu wrth iddynt gael eu darlunio fel rhywbeth 'normal' ar raglenni fel Pobol y Cwm, Eastenders a'u tebyg. Peidiwch â rhyfeddu os yw'ch plant yn cael anhawster diffinio beth sydd yn ganmoladwy a phur, os mai'r math yma o bethau sydd ar eu bwydlen wylio!

Beth bynnag am hynny, y peth roeddwn am ei ddweud am y mater oedd y modd y mae'r bobl hyn yn gwneud y fath ymdrech broffesiynol i werthu rhywbeth sydd yn aml yn ddi-werth, ac yn fynych yn ddiangen. Pethau y medrwn fyw hebddynt yn rhwydd, a phethau, petaem yn marw hebddynt, na fyddai ein bywydau fawr iawn tlotach hebddynt. Gwrthgyferbynnwch hyn â'r Efengyl, gwaith Iesu Grist dros bechadur; nid yn unig y mae'n angenrheidiol i gredu, ond tlawd yw bywyd heb fywyd Iesu ynom a bydd ein hymateb iddo yn dyngedfennol pan ddaw hi'n awr olaf.

Mi ddylai'r saint felly fod yn ofalus iawn o'r modd y mae eu bywydau yn hysbysebu'r Efengyl, yn dangos cariad Crist, a dylai ein hymdrech i berswadio pobl o rinwedd gwaith Iesu fod y flaenoriaeth sydd yn haeddu ein hymdrech bennaf a'n doniau gorau. Felly hefyd y mae'n gyfrifoldeb ar bawb yn yr Eglwys, yn ein holl weithgarwch, i wneud ein gorau i ddyrchafu Iesu a'i gyflwyno i'n cenhedlaeth. Mae ein cyfoeswyr yn ddi-hîd o'r union beth ddylai fod y consyrn pennaf iddynt, a rhaid i'r Eglwys sylweddoli bod ei thystiolaeth annigonol i gyfrif am y diffyg diddordeb hwn yn aml.

ADNABOD

'Aruthrol fawredd y gallu...'

Roeddwn yn siarad yn gynharach heno gyda ffrind ar y ffôn. Roedd yn dweud wrthyf ei bod ar hyn o bryd yn astudio'r Llythyr at yr Effesiaid. Cyfeiriai yn arbennig at y gwirionedd mai'r un gallu a atgyfododd Iesu oddi wrth y meirw yw'r gallu, a'r 'aruthrol fawredd' sydd ar waith ym mywydau ei bobl. (Effesiaid 1: 19-20) Mae hwn yn wirionedd bendigedig!

I'r Cristion, un o'r pethau sydd yn ei ddigalonni'n fynych yw ei wendid. Rwyf yn wan yn fy ymroddiad, yn fy ymgysegriad, yn fy ufudd-dod, yn fy mawl, yn fy addoliad, yn fy ewyllys. Braidd na fuaswn yn anobeithio. Yr un yw fy nghri â chri'r dyn hwnnw a ddywedodd ". . yr wyf yn credu, cymorth fy anghrediniaeth". Ac eto, roedd geiriau fy ffrind yn dwyn llawenydd anghyffredin i'm calon; cael f'atgoffa o'r gallu aruthrol a atgyfododd Iesu sy'n cael ei addo i ni. Onid " . . yr wyf yn gallu pob peth . . ." ddylai fod yn dystiolaeth i'r saint mwyach? Beth yw'r anawsterau sy'n fy nhrechu? Byddwn yn aml yn meddwl, o edrych ar ein sefyllfa, ein bod ar fin cael ein trechu. Tra byddwn yn edrych arnom ein hunain, byddwn yn teimlo pwysau'r byd braidd yn ein gwasgu. Byddwn yn gweld cyflwr yr Eglwys fel achos i dristáu yn ddirfawr, ond tra byddwn yn edrych ar Iesu, gallwn dystio gyda Paul, 'Yr wyf yn gwbl sicr na all nac angau nac einioes, nac angylion na thywysogaethau, na'r presennol na'r dyfodol, na grymusterau nac uchelderau na dyfnderau, na dim arall a grëwyd, ein gwahanu ni oddi wrth gariad Duw yng Nghrist Iesu ein Harglwydd.' Rhufeiniaid 8:38-39

ADNABOD

Y ffordd ymlaen

Bu cryn drafod mewn rhai cylchoedd Cymraeg am y ffordd briodol i symud ymlaen gyda'r efengyl yng Nghymru a ddylid edrych ar blannu eglwysi ar y naill law, neu ar y llaw arall drawsffurfio eglwysi. Yn bersonol, rwyf wedi bod yn agored i ystyried fod y ddwy ffordd yn rhai y gall Duw eu bendithio. Tebyg mewn cymunedau Cymreig fod y syniad o blannu o'r cychwyn yn mynd yn erbyn graen y gymdeithas geidwadol. Ar y llaw arall, mae'r un geidwadaeth yn mynnu ein bod yn dal gafael, pan fo'r amser i ollwng wedi hen fynd. Y gyfrinach yw adnabod ewyllys yr Arglwydd mewn ffordd fydd yn ein harwain i wybod pryd y mae amser gollwng, pryd y mae amser trawsnewid a phryd y mae amser dechrau o'r newydd. Pa amser yw hi nawr? Yn bwysicach fyth, pa amser yw hi yn fy mywyd personol? Mae un peth yn sicr, mae hi yn amser dechrau o'r newydd, yn amser cael fy newid, yn amser gollwng llu o bechodau, yn wastad ym mywyd y Cristion.

ADNABOD

Côr doniau gras

Ar Sul y Blodau, byddwn yn cofio digwyddiadau dydd cyntaf wythnos olaf Iesu cyn ei groeshoelio. Rydym yn cofio'r croeso a gafodd Iesu ar y ffordd i mewn i Jerwsalem, y dyrfa yn llawenhau o feddwl efallai mai hwn oedd y Meseia, yr un oedd am eu gwared o orthrwm y Rhufeiniaid. Hwn oedd y Meseia, ond, gwaredigaeth o orthrwm gelyn mwy oesol na theyrn y byd oedd ei waith Ef. Hwn sydd yn ein gwaredu o gaethiwed a gorthrwm ein pechod ein hunain, ac oherwydd hynny, down ynghyd i'w addoli.

Heno, bûm mewn cyngerdd yn Abergele a hynny yng nghwmni Cytgan. Côr siambr yw Cytgan, criw o bobl ifainc oedd yn arfer bod yn aelodau o Gôr Ieuenctid Cymru ac sydd bellach yn mynd oddi amgylch yn diddanu mewn amryw o lefydd drwy Gymru a Lloegr. Roedd y cyngerdd yn wledd, a lleisiau disgybledig afieithus y criw yn codi calon, ac yn arwain at werthfawrogiad o du'r gynulleidfa. Un o'r pethau a ddaeth i'm meddwl oedd y modd y mae Duw, mewn natur yn rhoi doniau anghyffredin i unigolion, a'r modd y mae'r doniau hyn, o gael eu defnyddio mewn côr yn ychwanegu at y mwynhad. Byddaf yn mwynhau unawdau, ond mae deuawd neu fwy yn ychwanegu cyfoeth o amrywiaeth, yn arbennig wrth i'r lleisiau asio mewn cynghanedd gyfoethog. Mi fyddwch yn gwybod fy mod yn ffafrio côr cymysg, ac mae'n debyg mai'r rheswm am hyn yw'r modd y mae pob llais a'i gyfraniad yn creu gyda'i gilydd, sŵn gorffenedig cyflawn.

Wrth feddwl am hyn, mae'n hawdd iawn symud ymlaen at y mater, sef y modd y mae Duw yn ein galw i mewn i'w Eglwys. Mae angen doniau anghyffredin i berthyn i ambell barti neu fudiad yn y byd, ond galwad Gras yw hwn, i bawb yn ddiwahân. Mae Duw yn ein galw fel yr ydym, pawb sydd yn credu yn yr Arglwydd Iesu Grist fel gwaredwr personol, i mewn i gymdeithas o bobl sydd yn dod â'u doniau i addoli ac i wasanaethu eu Harglwydd. Wedi dod, mae i bob un ei lais, pob un ei gyfraniad, a dim ond wrth inni gael ein disgyblu i gyrraedd y nod o ddyrchafu'r Arglwydd Iesu yn ein hoedfaon ac yn ein bywydau o ddydd i ddydd, y byddwn drwy hynny yn gweld y gwaith yn mynd yn ei flaen. Mae'r Eglwys yn gôr cymysg go iawn, a gweddïwn am ras i sylweddoli fod yn rhaid i ni gyfrannu ein doniau, i wneud hynny'n flaenoriaeth. Mae'n haws canu unawd, 'does dim rhaid asio, cyd-weithio, cyd-ddeall, ond nid lle i unawdwyr yw'r Eglwys, yn hytrach, lle i gôr o ddoniau gras.

ADNABOD

Dyfodol Eglwys Crist

Bûm ar amryw deithiau eto yn ystod yr wythnos, ac mae'n debyg mai'r daith fwyaf diddorol oedd cael mynd i gynnal oedfa Ddiolchgarwch. Roeddwn yn hwyr yn cyrraedd, ac roedd hi eisoes yn nosi wrth imi gyrraedd y capel. Y tu mewn, roedd tyrfa o thua pymtheg o bobl, mewn adeilad cartrefol oedd mae'n debyg wedi aros yr un fath dros flynyddoedd maith. 'Doedd fawr o'r bobl oedd yno'n aelodau yn y capel bach, ac maent wedi dechrau oedfa Saesneg i geisio denu'r bobl leol, ond does yna ddim gymaint â hynny o lewyrch ar y niferoedd. Ond, cefais groeso cynnes, a chefais y fraint o bregethu'r Efengyl i'r gynulleidfa gartrefol. Petaech yn gofyn imi a fwynheais y profiad, mi fyddai'n rhaid imi gydnabod iddo fod yn brofiad digon difyr, ac roeddwn wrth fy modd yn sgwrsio gyda'r bobl, nifer ohonynt â chysylltiadau teuluol â'r ardal hon.

Y cwestiwn pwysig arall, mae'n debyg y dylid ei ofyn yw pa mor fuddiol yw sefyllfa o'r fath? Mae yna fudd bob amser mewn pregethu'r Efengyl, a buasai llawer o Gristnogion drwy'r byd yn gwerthfawrogi'r cyfle i gwrdd â dwsin a hanner o bobl er mwyn addoli'r Arglwydd. Ond mae cynnal achos ymhell o gynulleidfa naturiol, cynnal adeilad lle nad oes pobl, a cheisio meddwl am waith arferol yr Eglwys o dyfu ac o addoli, o weddïo a dylanwadu, yn anodd ei gyfiawnhau. Nid bod y sefyllfa hon yn unigryw, gall fod yna lu o enghreifftiau tebyg. Yn 'Llais y Gymanfa' fe nodir fod gan y Methodistiaid dros 800 o gapeli drwy Gymru, a bod 81 ohonynt gyda llai na 10 aelod, a chyfanswm o 602 capel gyda llai na 50 aelod. Mae hynny'n golygu bod tri chwarter ein heglwysi yn y categori hwn. Mae'n anodd dweud am ba hyd y medrwn gynnal y math hwn o drefniadaeth, gyda'r effaith ar ysbryd y bobl, yr anallu i ddenu pobl newydd yn arbennig o blith ieuenctid a phlant, a'r gofynion ariannol uwch sydd ar gynulleidfaoedd bychain. Gweddïwn am arweiniad eglur o du'r Arglwydd i'n tywys i'r dyfodol ansicr sydd o'n blaenau. Os ydym am oroesi rhaid i ni wynebu'r anawsterau yng nghwmni Crist ei Hunan. Does dim ffordd arall.

ADNABOD

Profiad bendithiol yn Llundain

Y Sul diwethaf cefais un o'r profiadau melysaf yn ystod y flwyddyn a aeth heibio, sef cael mynychu oedfa mewn eglwys yn West Norwood, tua chwe milltir i'r de o Lundain. Eglwys Fedyddiedig yw hon, yn gwasanaethu pobl sydd â'u gwreiddiau yng ngwledydd yr Affrig a'r Caribî, ond pobl sydd wedi eu geni a'u magu yn y wlad hon. Roeddwn yno fel rhan o brofiad ymarferol wrth dreulio wythnos yng nghwmni Cyngor y Genhadaeth Fyd-Eang. (C.W.M.) 'Doedd fawr i'w ddweud am y gynhadledd, ond roeddwn yn ymwybodol fod yna rhywbeth arbennig am y lle hwn o'r eiliad inni ddisgyn oddi ar y trên. Wrth gerdded tua'r capel, roedd y stryd yn llawn pobl yn mynd a dod - rhai yn mynd ar ôl bod yn y gwasanaeth naw o'r gloch, ac eraill yn dod ar gyfer y gwasanaeth deuddeg o'r gloch. Dyma'r gwasanaeth roeddem ni i'w fynychu.

Wedi mynd i mewn i'r adeilad, roedd y lle yn llawn bwrlwm, gyda thuag wyth o ddosbarthiadau o thua phump ar hugain o bobl, yn gwrando ar arweinydd yr un yn agor yr Ysgrythur. Yn y man, daeth llais dros yr uchelseinydd yn galw pawb i ddod i ben, roedd y gwasanaeth ar fin dechrau. Erbyn hyn, roedd y capel o dan ei sang, a chôr wedi cyrraedd y pen blaen. Wedi ychydig ddarlleniadau a gweddïau, dechreuodd y canu, a gallwch ddychmygu'r profiad o fod yng nghanol y fath dyrfa yn canu o dan eu harweiniad. Fel yr âi'r gwasanaeth yn ei flaen, roedd y cyfan yn llawn o fywyd yr Ysbryd Glân, y siarad, y cyfrannu, y cyfarch, y pregethu, ac yna ar y diwedd, cyfnod i longyfarch y criw diweddaraf i fynd drwy'r dosbarthiadau aelodaeth - 42 ohonynt! Erbyn deall, mae'r eglwys fel arfer yn derbyn a bedyddio tua'r un nifer bob 10 wythnos.

Ar ôl yr oedfa, cawsom wahoddiad i ginio, a chyfle i sgwrsio â rhai o'r arweinwyr. Roedd yr eglwys wedi cychwyn 12 mlynedd yn ôl, a bellach maent yn 2,500 o aelodau, ac wedi cychwyn 12 eglwys arall mewn trefi cyfagos. Roedd yn rhaid gofyn beth, yn eu tyb hwy, yw cyfrinach y fendith, a da oedd clywed y rhain yn tystio i ddaioni Duw, i nerth yr Iesu i newid bywydau, i allu'r Ysbryd Glân i fywhau, ac i barodrwydd yr eglwys i dreulio 40 diwrnod bob blwyddyn yn gweddïo ac yn ymprydio. Roedd y cyfan yn dechrau a gorffen wrth ymyl gorsedd Duw mewn gweddi a mawl. Bellach, roeddent yn medru tystio i ddiwygiad nerthol yn eu plith.

ADNABOD

'Does ryfedd, mewn cyd-destun Cymraeg, ein bod yn ôl o'r bendithion. Mae gennym Dduw sydd yn ewyllysio bendithio os bydd ei bobl yn galw ar ei Enw. Am ba hyd tybed y bydd i bobl geisio dal i fynd hebddo? Am ba hyd y bydd i'r eglwysi geisio bendithion ysbrydol heb fawl a gweddïau ysbrydol? Mae'n amlwg mai adeiladu ar y tywod fydd hyn i gyd, tra bo'r eglwys hon yn Llundain yn ein herio i adeiladu ar y Graig.

ADNABOD

St Michael le Belfry

Gwyddoch fy mod newydd dreulio ychydig ddyddiau yn Sir Efrog yn ystod yr wythnos. Wedi i Sarah fynd i'r drafferth o bacio'r garafán, o drefnu lle yn y maes carafannau, a thalu am y fraint, wedi treulio dros dair awr yn teithio, gallwch ddychmygu ein siom pan ddywedodd un o'r plant: "Pam dan ni'n dod i le yn union yr un fath â Llansannan?" Ond, trwy drugaredd, bu inni fwynhau cael golwg o amgylch yr ardal brydferth yma.

Yn ystod un o'n teithiau fe dreulion ni amser yn ymweld ag eglwys hynafol St Michael le Belfry yn Efrog. Mae'r eglwys yma, sydd yn dyddio'n ôl i 1530, yn sefyll yng nghysgod y gadeirlan. Yn 1973 roedd yna fwriad clir i gau'r eglwys, ond penderfynwyd gwahodd rheithor ifanc newydd i arwain y gwaith. Yn ystod y bymtheng mlynedd ddilynol daeth yr eglwys yn ganolbwynt bywyd newydd yn y dref, ac yn wir o fewn i'r byd Cristnogol.

Enw'r ficer newydd oedd David Watson, a thrwy ei weinidogaeth, bu i Dduw ddenu cynulleidfa o bobl newydd i'r eglwys, pobl oedd yn brofiadol o nerth Duw yn eu bywydau newydd, a nerth yr Ysbryd Glân yn eu tystiolaeth. Gwelwyd amryw o wyrthiau yn cael eu cyflawni wrth i fywydau gael eu trawsnewid, ac fe aeth y sôn ar led am waith Duw yno. Efallai bod rhai ohonoch wedi ymweld â'r eglwys yn ystod y cyfnod cyffrous hwn, ac wedi profi rhywbeth o'r fendith oedd yno. Yn rhagluniaeth Duw fe fu farw David Watson o gancr, ag yntau yn ddyn cymharol ifanc, ond gadawodd ar ei ôl eglwys oedd yn gyfarwydd â nerth Duw, a nifer o lyfrau bendigedig sydd yn tystio i waith yr Ysbryd Glân.

Wrth ymweld â'r eglwys yr wythnos ddiwethaf, mae'n amlwg fod gwaith Duw yn parhau yno, a'r noson honno roedd hi'n noson 'coffi ac addoliad' lle gwahoddir pobl o'r ddinas i ddod mewn i sgwrsio am yr efengyl mewn awyrgylch anffurfiol, gyda sŵn addoliad yn y cefndir.

Mae'r lle'n edrych yn dlodaidd iawn o'i gymharu â'r gadeirlan drws nesa', ond nid amgueddfa ddoe mohoni eithr eglwys fyw sydd yn tystio heddiw. Mae apêl y gadeirlan yn ei gwychder pensaerniöl, tra bod apêl St Michael's yn yr hyn y mae Duw yn ei wneud yno heddiw. Os byddwch yn mynd ar eich gwyliau, gwnewch amser i fynd i chwilio am eglwysi tebyg, nid amgueddfeydd i draddodiad ac arfer, ond lleoedd lle mae Duw ar waith heddiw, yn newid bywydau ac yn cyrraedd pobl o'r newydd. Gobeithio y bydd hyn, yn nhrugaredd Duw, yn foddion i ddod â'r bywyd yn ôl gyda chwi i'r ofalaeth hon.

ADNABOD

Blaenoriaethau'r Eglwys

Heddiw, mi hoffwn dynnu eich sylw at yr un peth sydd yn ganolog i fywyd yr Eglwys. Y rheswm pam fod hynny ar fy meddwl yw ei bod yn amlwg yn aneglur i lawer beth yw diben ein gweithgarwch. Tra'n bod fel eglwysi yn sylweddoli fod gennym nifer o gyfleon i gyfrannu'n adeiladol ar lefel gymdeithasol, i gyfrannu ar lefel diwylliant, traddodiad, a chynnal bywyd ein cymunedau cefn gwlad, nid dyma ein gwaith canolog. Yn anffodus, i lawer, gan nad yw ystyr yr Efengyl yn eglur, gallwn gael ein cam-arwain. Gwaith ysbrydol yw'r gwaith yn sylfaenol, a dim ond wrth i'r gwaith yma fynd rhagddo y medrwn sylweddoli unrhyw weithgarwch arall yn effeithiol. Dim ond i'r graddau y mae'r eglwys yn gweld newidiadau ysbrydol ym mywydau unigolion y bydd gwaith yr Eglwys, addoliad yr Eglwys, a thystiolaeth yr Eglwys yn dod i fod yr hyn y mae Duw yn ei ddymuno. Oherwydd yn y diwedd, nid ein dymuniadau ni, nid ein ffansïon ni, ond dymuniad Duw ar gyfer yr Eglwys yw ein dyhead ninnau i fod. Beth yw'r dymuniad hwnnw? Yn hanfodol, dyrchafu Iesu Grist! Rhoi'r mawl a'r anrhydedd i'r un sydd wedi dod, wedi byw, wedi marw, wedi atgyfodi ac esgyn i'r Nefoedd, yr un mae'r Nefoedd yn ei ogoneddu. Mae'n rhwydd felly i ni i benderfynu beth sydd yn briodol. 'Does ond eisiau gofyn cwestiwn syml: "A ydy hyn yn rhywbeth sydd yn dyrchafu Iesu Grist?" Mae'n gwestiwn personol, mae'n gwestiwn gyda golwg ar y gweithgarwch sydd yn cael ei gyflawni yn enw'r Eglwys, mae'n gwestiwn sydd yn cwmpasu'r cyfan a wnawn. I'r rhai sydd yng nghanol bywyd yr Eglwys, dyma ddylech ei ddisgwyl yn ein gweithgarwch. Dyma'r cwestiwn ddylai eich arweinwyr ofyn. I'r rhai hynny sydd ar yr ymylon, peidiwch â bod yn siomedig os gwelwch fod agenda'r Eglwys yn ddieithr. Bûm yn siarad ag un aelod eglwysig yn ddiweddar oedd yn synnu nad oedd fy mrwdfrydedd gyda golwg ar ryw weithgarwch, yr hyn yr oedd yn feddwl y dylai fod. Mae nifer helaeth o bobl yn mynnu agenda bersonol, a phawb yn credu y dylem fod yn canolbwyntio ar hyn, llall ac arall. I ni, dyrchafu Iesu sy'n dod gyntaf, yn dod yn gyson, ac yn olaf. Wrth i hyn gael ei gyflawni, mi fydd yna bobl yn dod i adnabod yr Arglwydd, yn tyfu yn eu perthynas ag Ef, ac yn y diwedd yn cael mynediad i deyrnas Dragwyddol Duw yn nydd Iesu Grist.

ADNABOD

Cyrddau 'mawr'

Rwyf wedi bod yn meddwl llawer yn ddiweddar am rai adnodau sydd yn llythyr cyntaf Paul at y Corinthiaid. Ym mhennod 2, adnodau 4 a 5, mae'n dweud hyn:

'a'm hymadrodd i a'm pregeth, nid geiriau deniadol doethineb oeddent, ond amlygiad sicr o'r Ysbryd a'i nerth, er mwyn i'ch ffydd fod yn seiliedig, nid ar ddoethineb dynol, ond ar allu Duw.'

Yn y bennod hon, mae Paul yn mynegi, o ddod i Gorinth ac yntau yn gwybod am y 'gwybodusion' oedd yno, nad oedd ganddo unrhyw ddiddordeb mewn mynd i gystadlu â'i glyfrwch ei hunan, ac er ei fod yn anghyffredin o alluog ei hun, ei gamp oedd cadw ei bregeth yn syml, yn wir, dweud dim mwy na bod Iesu Grist wedi ei groeshoelio. Dyma'r unig wirionedd, o'i ddeall yn iawn sydd yn medru newid bywydau, a dod â ni i berthynas iawn â Duw, a thrwy hynny i berthynas iawn â phobl eraill hefyd. O gadw ei neges yn syml, roedd Paul yn cynnal fod y bobl hyn yn gwybod fod yr effeithiau a ganlynodd ei waith yn effeithiau oedd yn dod o Dduw, gwaith yr Ysbryd Glân oedd y gwaith hwn. Yn hynny, nid oedd y bobl yma yn mynd i ddweud, 'dyna bregethwr gwych - dyna ddyn yn cael dylanwad yw'r Paul yma, mi ddilynaf hwn', yn hytrach, byddai eu ffydd a'u gobaith yn gyfan gwbl yn Nuw.

Bu yna gyfnod yn hanes eglwysi Cymraeg pan oedd hi'n ffasiynol iawn i ddangos eich hunan, pobl yn arwain oedfaon er mwyn rhoi'r argraff i eraill eu bod yn anghyffredin o glyfar, yn eu defnydd o eiriau, yn eu defnydd o wybodaeth, a hynny er mwyn dyrchafu eu hunain. Fel y gwyddom o brofiad, arweiniodd hyn at 'bregethwyr cyrddau mawr' ond ddim o anghenraid at gyrddau mawr, hynny yw, cyrddau lle'r oedd Duw yn fawr, lle'r oedd Iesu yn fawr, lle'r oedd yr Efengyl yn fawr!

I Paul, gwaith yr Efengyl oedd gogoneddu Iesu, a thrwy hynny mi fyddai'r Ysbryd yn egluro ei rym, byddai bywydau'n cael eu newid. I ni hefyd, wrth inni fynd o Sul i Sul, ein dymuniad yw gweld yr Iesu yn cael ei ogoneddu, yn wir i ddymuno pregethu sydd yn peri i'r pregethwr leihau wrth i Iesu gynyddu. Dim ond Iesu sydd yn medru effeithio yn barhaol ar ein bywydau, ac mae'n defnyddio geiriau pregeth i wneud hyn. Ond cyfrwng yw'r bregeth i waith yr Ysbryd, a phan â'r cyfrwng yn nod ynddo'i hun, rydych yn colli golwg ar ben draw'r bwriad o du Dduw, sef i newid ein bywydau i adlewyrchu ei gariad Ef.

ADNABOD

Cam ceiliog

Mae'n braf anghyffredin cael gweld y dydd yn ymestyn. Fel y gwyddoch, 'dwi ddim yn rhy hoff o ddyddiau byrion y gaeaf, ac mae'r camau ceiliog diarhebol a welwn yn ernes o wanwyn newydd. Yn ystod yr wythnos cefais sgwrs â garddwr oedd yn paratoi i dorri ei lawnt hyd yn oed.

Mae'n sicr y daw'r gwanwyn eto, cyfeiria pob arwydd at hynny, ond nid yw'r gwanwyn yr edrychwn ymlaen ato yn yr Eglwys mor amlwg i'w weld. Mae addewidion Duw gennym, yr anogaeth i bledio'r addewidion hynny, a'r wybodaeth iddynt gael eu selio inni yn Iesu Grist, ac eto, mae'r gaeaf yn hir yn ildio.

Gweddïwn am hyder yn ein haddoliad ac yn ein gweddïau i weld yr anweledig, ac i gredu Gair yr Arglwydd o'r newydd. Gobeithio y bydd ein hoedfaon yn ddisgwylgar, ac y bydd i Dduw, trwy ei Fab Iesu Grist, ragori ar y disgwyliadau hynny, er mwyn i ninnau weld y nos yn cilio, a'r eglwys yn cael cymryd 'camau ceiliog' at Wanwyn Duw.

ADNABOD

Gwanwyn Duw

'Am wanwyn Duw' - dyna yw gweddi Gwili yn yr emyn cyfarwydd. Ddechrau'r wythnos roeddwn yn meddwl fod y gwanwyn wrth y drws, ond ddoe pan oeddwn mewn pwyllgor yn y Bala, beth welwn i drwy'r ffenest ond plu eira'n disgyn yn drwch. Mae'n siŵr mai'r un yw fy mhrofiad ynglŷn â gwaith yr Efengyl dros y blynyddoedd diwethaf hefyd. Byddaf braidd am gredu bod y gwanwyn yn y tir, dim ond i ddarganfod rhyw awelon oer o'r gogledd yn rhywle yn dod ag oerfel i oddiweddyd unrhyw arwyddion o fywyd. Beth am eich profiad personol chi?

Ydych chi wedi teimlo eich bod yn cynhesu at bethau Duw, mewn oedfa neu Ysgol Sul, mewn Astudiaeth, neu ar eich pen eich hunan mewn munud o weddi yn y stafell ddirgel? Ac yna, mewn dim, daw gofalon a phryderon y byd i oddiweddyd y gwres hwn. Mae'n siŵr y gall geiriau pobl eraill gynhesu'r galon, ond dim ond Duw all gynnau tân yn y galon, a hwnnw'n fflamau a gaiff ei gynnal yn barhaus gan ei Ysbryd Glân. Dyma'r tân a geisiwn, gan hiraethu amdano yn ein dydd.

Bydded i Dduw ein bedyddio â'r tân hwn heddiw.

ADNABOD

Hosanna

Gair Hebraeg yw'r gair 'Hosanna', ac yn llythrennol mae'n golygu *"achub yw'n gweddi"*.

Er bod y gair wedi dod yn fodd i addoli a chlodfori erbyn hyn, yn wreiddiol, cri neu weddi am iachawdwriaeth oedd ei gefndir. Mae'n debyg mai awydd i ganmol Iesu fab Dafydd oedd yng ngeiriau'r dyrfa ar Sul y Blodau, gyda golwg ar groesawu'r un fyddai'n eu gwaredu o ormes y Rhufeiniaid. Ond mae'n ddifyr nodi fod Iesu, a hynny'n ddiarwybod i'r dyrfa, a hyd yn oed ei ddisgyblion, wedi dod i gyflawni gwir ystyr y gair.

Daeth Iesu i Jerwsalem i achub, i ateb gweddi'r rhai fu a'r rhai sydd eto'n ceisio iachawdwriaeth. Hyderaf mai dod i geisio'r iachawdwriaeth hon, ac i dyfu ynddi fydd ein cymhelliad wrth addoli heddiw. Roedd y dyrfa wedi dod at Iesu gan ddisgwyl cymorth, ond cawsant waredigaeth. Yr un modd heddiw gall fod llawer o bobl yn dod at Grist am gymorth, ond ein gwir angen yw am waredigaeth.

ADNABOD

Gorffwys

Cefais gyfle yn ystod yr wythnos i dreulio ychydig ddyddiau yn Aberystwyth. Dyna amser braf, gydag ond ychydig waith cyfieithu i'w wneud ac un pwyllgor yn unig. Wrth gael y cyfle i orffwys, sylweddolais o'r newydd pa mor bwysig yw i ni wneud yn fawr o bob cyfle o'r fath. Mae'r byd am inni gredu bellach fod pob gorffwys gyfystyr â diogi, ac eto, mae'r Duw a'n creodd wedi trefnu amser i orffwys, ac yn wir yn ein cyfeirio ymlaen i edrych tuag at yr orffwysfa dragwyddol sydd i'r saint yng Nghrist Iesu.

Mae'r Testament Newydd yn cymharu'r Saboth i'r Saboth tragwyddol, a diolch am y cyfle heddiw eto i dorri ar draws ein gweithgarwch arferol er mwyn aros a gwrando ar lais yr Arglwydd. Os na wnawn hyn byddwn yn niweidio'n hunain yn gorfforol, ond yn yr un modd, yn ysbrydol. Mae gwarafun i'r Arglwydd amser i siarad â ni nid yn unig yn arwydd o ddiofalwch ysbrydol, ond mae'n peri i'n pererindod ysbrydol golli cyfeiriad gan niweidio ein perthynas â Duw.

ADNABOD

Gwyliau'r plant

Wel, mae tymor yr ysgol wedi dod i ben, ac mae bywyd ar yr aelwyd yn fwy gwyllt nag arfer. Mae'r tawelwch sydd yn arfer disgyn ar y tŷ tua chwarter i naw bob bore wedi'i golli dros dro a phatrwm dyddiol gwyliau'r ysgol wedi dechrau. Mae yna gyfnodau gwahanol ym mywydau plant a rhieni wrth gwrs, ac yn wir, felly hefyd ym mywydau pob unigolyn pan mae'n rhaid wynebu sialens newydd, a cheisio addasu a dysgu mewn amgylchiadau cyfnewidiol. Anaml iawn y cewch chi wersi ar sut i addasu, ac eto mae'n syndod sut y down i ben â newidiadau yn rhyfeddol.

Felly hefyd mae hi yn ein bywyd o fewn yr Eglwys. Daw cyfnodau o newid, a'r gamp yw dysgu sut i addasu mewn pryd. Y gwahaniaeth mawr sydd gennym yn yr Eglwys yw arweiniad Gair Duw yn y Beibl, a phrofiad Cristnogion dros y blynyddoedd. Gweddïwn am hyder i wynebu pob newid yng nghwmni'r Un sydd yn aros yr un o hyd. O gael ei gwmni byddwn yn fwy na pharod i dyfu'n eglwysi mwy perthnasol i'n cyfnod.

ADNABOD

Edifeirwch

Yn Epistol Iago mae'r awdur yn sôn am ddrych, lle y dowch ato er mwyn gweld pa olwg sydd arnoch. Os gwelwch rywbeth o'i le, mi wnewch rywfaint o ymdrech i dwtio. Felly hefyd y dylem fod wrth ddod o dan weinidogaeth y Gair, gan ofyn i ni'n hunain: *"Beth yn fy mywyd mae Duw yn awyddus i'w newid yn fy mywyd heddiw tybed?"*

Yn hyn o beth, gallwn ystyried ein cymhellion, ein meddyliau, ein bwriadau. Pa bethau sydd yn annheilwng, neu oes yna feini tramgwydd i ewyllys Duw ynom sydd angen rhyw newidiadau llawer iawn mwy sylfaenol a dyfnach?

Term a ddefnyddir yn aml yw *edifeirwch*. Golyga nid yn unig deimlad euog ynglŷn â rhyw weithred neu'i gilydd, ond yn ei hanfod mae'n golygu newid cyfeiriad.

Gobeithio y bydd Duw yn newid cyfeiriad yn ein bywydau o dan weinidogaeth y Gair ble mae angen hynny heddiw, a hynny drwy nerth ei Ysbryd Glân.

ADNABOD

Mynychu oedfaon

Nos Lun diwethaf roeddwn yn pregethu mewn oedfa ddiolchgarwch. Cofiaf o'm plentyndod nad oedd fawr o seddi gweigion yn y capel ar noson o'r fath, ac rwy'n dechrau teimlo'n hen gan fy mod yn gweld y gwahaniaeth mewn llawer ardal bellach. Mae hyd yn oed niferoedd y bobl hynny a arferai fynychu addoldy unwaith y flwyddyn wedi gostwng yn sylweddol iawn erbyn hyn. Mae'n siŵr mai proses yw hon ym mywydau llawer; mae colli un neu ddwy oedfa yn ein gwneud yn anghofus, ac yna aiff un neu ddwy yn fis neu ddau. Wedyn bydd grym arferiad cadw draw yn gyfan gwbl yn anodd iawn i'w dorri mewn dim amser.

Wrth gydnabod mai gwaith gras, a gras yn unig, all wneud pobl yn wir addolwyr, eto yn yr oedfaon cawn y cyfle gorau posib i ymateb i'r Gras hwnnw sydd yn medru newid ein bywydau.

Gweddïwn y bydd Duw yn cadw gwrandawyr yn yr oedfaon, a thrwy'r Ysbryd Glân yn eu gwneud yn addolwyr y Tad mewn Ysbryd a gwirionedd.

ADNABOD

Rhyfeloedd

Rhaid cadw mewn cof Sul y Cofio, ond mae teuluoedd a gollodd anwyliaid mewn rhyfeloedd yn teimlo'r boen drwy'r amser, nid unwaith y flwyddyn yn unig. Mae llawer iawn yn byw mewn gofid a braw ac anabledd parhaol hefyd oherwydd rhyfeloedd.

Wrth gofio am y rhai a gollwyd yn y gorffennol gobeithio ein bod yn cofio am y rhai sydd yng nghanol rhyfeloedd ar hyn o bryd. Mewn rhyfeloedd, mae yna ladd, creulonderau eraill a cham-drin, yn ogystal â newyn, tlodi, gwahanu teuluoedd, colli cartrefi, dinistrio gwreiddiau a chymdogaethau, heb sôn am golli gwaith a difetha addysg a diwylliannau yn digwydd. Ar y cyfryngau gwelwn y pethau hyn yn ddyddiol. Wrth gwrs mae yna lawer o ddrygioni rhyfeloedd a'u canlyniadau na wyddom ni ddim amdanynt.

Yn ôl y Beibl, mae rhyfeloedd yn deillio o falchder, ymffrost, a natur bechadurus dynion. Ac eto, mewn nifer o achosion, nid y rhai sy'n euog o'r pethau hyn sydd yn gorfod ymladd ar faes y gad.

Mae'n siŵr y dylem, nid yn unig gofio yn ein gweddïau am y rhai sy'n galaru am anwyliaid a gollwyd, ond ar yr un pryd gyflwyno gweddïau am arweiniad i'r rhai sy'n llywodraethu'r gwledydd.

Mae'r Ysgrythur yn rhybuddio y daw yna ryfeloedd eto; rydym yn byw mewn byd sydd â staen pechod, nid yn unig ar ein calonnau, ond yn ein perthynas â'n gilydd. Ac eto, mae Iesu yn pwysleisio mai am ddyfodiad Ei deyrnas y dylem weddïo yn bennaf. Hyderwn y cawn ras i wneud hynny heddiw, a hyd yn oed yn awr yn ein dyddiau dyrys ni, i fedru dirnad troeon ei ragluniaeth. Boed i heddwch Duw lywodraethu yn ein calonnau.

ADNABOD

Troi cefn

Rwy'n ysgrifennu hwn heno ar y gadair esmwyth. Fel arfer byddaf yn eistedd wrth y ddesg, ond yn anffodus, a hynny oherwydd ymgais i wadu fy oed, cefais anffawd wrth neidio ar y trampolîn sydd yn yr ardd, ac mae hynny wedi esgor ar boen yn y cefn. Mae eistedd am gyfnod yn y gadair neu yn y car yn tueddu at wneud y boen yn waeth, ac felly dyma fi. Yn ôl yr ymchwil yr wyf wedi ei ddarllen, mi fydd 4 allan o bob 5 o bobl yn dioddef o boen yn y cefn, (nid pawb oherwydd campau digri' cofiwch), ac felly mae'n siŵr fod nifer fawr ohonoch yn gwybod yn iawn sut wyf yn teimlo.

Yn ôl yr hyn a gofiaf o wersi bywydeg, mae'r cefn, a'r asgwrn cefn yn benodol yn rhan allweddol o fy nghorff. Dyma sydd yn golygu fy mod yn medru sefyll, dyma'r lle mae'r nerfau yn cyfarfod â'r ddolen sy'n cysylltu â'r ymennydd. Nawr i'r asgwrn cefn ei hun, mae 24 o fertibradau, gyda disgiau rhwng pob un yn gweithredu i gymryd y sioc. Ond, er fy mod yn gwybod y pethau yma i gyd, nid yw yn tycio, gan nad ydy fy ngwybodaeth yn gwneud dim i esmwytháu'r boen. Ta waeth, rhag ofn ichwi alaru yn ormodol ar gownt fy nghyflwr, rwyf yn medru mynd yn nobl, ac yn cael dim helynt wrth gerdded ac yn y blaen.

Un o ryfeddodau'r cyfrifiadur yw'r ffaith fy mod yn medru cynnwys yr holl Feibl mewn amryw o ieithoedd yn ei grombil. O fynd at hwnnw, gellwch deipio gair i mewn, ac mi wnaiff y cyfrifiadur ddweud wrthych ymhle y cewch hyd i'r gair yn y Beibl. Yn ddiddorol, mae dros gant o gyfeiriadau at y gair cefn, ond yn ddieithriad bron, mae'r cyfeiriad at bobl sydd wedi troi cefn, troi cefn ar yr Arglwydd. Ni allaf ddychmygu dim sydd yn fwy poenus na gweld pobl yn gwneud hyn, rhai yn fwriadol, rhai oherwydd esgeulustod a rhai eraill oherwydd dyna yw eu cyflwr naturiol, a heb sylweddoli erioed mai dyma sydd yn wir amdanynt.

Ond mae yna un cyfeiriad gan Paul yn ei lythyr at y Philipiaid lle y mae'n sôn am droi cefn ar y pethau sydd yn ei ddal yn ôl yn ei fywyd ysbrydol, troi cefn ar y rhwystrau oherwydd ei awydd i redeg yn ei flaen i ennill y wobr yr oedd Duw yn ei alw iddi yn Iesu Grist. Roedd am adnabod Iesu, grym atgyfodiad Iesu, am gael adnabod perthynas efo'r Un fu farw yn ei le. Yr oedd yn ymwybodol nad oedd wedi cyrraedd eto, ac felly yn adnodau 12+13 o'r drydedd bennod, mae'n darlunio ei hun fel athletwr sydd yn gwybod fod edrych yn ôl yn mynd i effeithio ar gyflymder ei ymdrech; *gan anghofio'r hyn sydd o'r tu cefn, ac ymestyn yn daer at yr hyn sydd o'r tu blaen, yr wyf yn cyflymu at y nod i ennill y wobr y mae Duw yn fy ngalw i fyny ati yng Nghrist Iesu."* Pa mor bwysig yn eich calon chi yw adnabod Iesu, grym ei atgyfodiad, perthynas efo'r Un fu farw? Fyddwch chi yn hapus i gefnu ar Iesu, neu a ydych fel Paul, am gefnu ar bopeth all wneud ichwi gefnu arno Ef?

185

ADNABOD

Dwi'n unigryw

Yn ystod yr wythnos ddiwethaf, mae gorchwylion bod yn dad wedi amrywio o fod yn arolygwr addysgol, yn hwylusydd teithio, yn dwll yn y wal hael, ac yn un i gyd-lawenhau gyda dewisiadau 'diddorol' fy mhlant. Gyda'r olaf yma, bu raid mynd i nôl Steffan a Gareth Croenllwm, o Dudweiliog, wel, a dweud y gwir, o fferm Cefn Amwlch, lle'r oeddent wedi treulio wythnos o brofiad gwaith yn godro os gwelwch yn dda! Trwy drugaredd, roedd wedi cofio cael cawod cyn dod i'r car, er na ellir dweud yr un peth am y dillad oedd yn ei fag! 'Nawr, mae yna ddihareb a ddysgais pan yn yr ysgol sydd yn gwbl gyfeiliornus yn fy ngolwg bellach. Yn ôl honno, lle crafa'r iâr fe biga'r cyw'; gellwch gymryd fy ngair na fues i yn godro yn fy mywyd. Dwi'n amau mai diddordeb yw hwn sydd wedi ei blannu yn ochrau Llannefydd, a phan ddaeth yn gyfnod dewis maes ar gyfer profiad gwaith o'r ysgol, dyma'r dewis. Wedi bod yno, roedd y profiad yn un yr oedd wedi ei fwynhau yn arw, er bod ei freichiau yn brifo ychydig wrth estyn y peiriannau, gan fod perchennog y fferm yn godro tua 900 o wartheg ddwywaith y dydd!! Ar ben hyn, roedd angen codi o gwmpas pedwar o'r gloch yn y bore, cyn noswylio tua saith. Gobeithio y bydd yn haws ei gael i godi am y bws w'snos nesa', wedi'r cyfan, nid yw hwnnw yn dod tan wyth!

  Does dim amheuaeth fod yr hyn ydym yn deillio o amryw byd o ddylanwadau. Mi fydd rhieni yn gwneud eu gorau glas i fod yn ddylanwad, mae ffrindiau yn ddylanwad, yr ysgol, y gymdeithas, diwylliant a.y.b.. Yn wir, mae llawer o'r hyn a gredwn yn deillio, nid o benderfyniadau personol, ond o effaith cwmni, effaith cymuned, effaith cyfnod, effaith arfer. Ond, tra bod hyn i gyd yn wir, yr ydym hefyd yn unigryw, does neb tebyg inni. Yr oeddwn yn darllen ddoe am yr hyn ydym fel pobl, a'r awdur yn cyfeirio at yr hyn sydd yn y Beibl. Pan wnaeth Duw ni, o batrwm unigryw ein DNA i olion ein bysedd, does neb yn debyg. Dyma'r Duw a'n gwnaeth yn rhyfeddol ac ofnadwy, ac yn ei olwg, mae Ei bobl, pob un, yn gannwyll ei lygad (Salm 17:6-9). I genhedlaeth sydd yn chwilio yn ddyfal am ystyr, yn chwilio i geisio darganfod pwy ydym, beth ydym, dywed y Beibl yn glir ein bod yn ddelw Duw, a bod ystyr ein bywyd i'w ddarganfod mewn perthynas â'r Un a'n creodd, perthynas sydd yn bosibl drwy'r Arglwydd Iesu.

  I mi, mae'r ffordd mae fy mhlant wedi datblygu yn unigolion, gyda diddordebau, dymuniadau, bwriadau mor amrywiol yn brawf o'r ffaith, er gwaethaf fy awydd o bryd i'w gilydd i'w gweld yn debycach o ran diddordebau

ADNABOD

i fy rhai i, maent yn unigolion, mae arnynt angen darganfod eu hunain. Trwy drugaredd Duw, maent yn gwneud hynny yng nghyd-destun person Iesu Grist, oherwydd dim ond yn Iesu y down ni i adnabod gwir botensial ein bywydau unigryw, ac y cawn fodlonrwydd yn yr hyn ydym. Tra bod eraill yn dyheu am fod yn rhywun arall, ac eraill yn dyheu ar i bobl eraill fod yn wahanol, darganfyddiad bendigedig y Cristion yw fod Duw wedi ein creu i fod yn ni, i adnabod y bodlonrwydd sydd yn hynny, i adnabod iachawdwriaeth, perthynas iawn gyda Duw, ac adnabod iechydwriaeth, perthynas iawn gyda ni ein hunain.

ADNABOD

Mynd at y bedd

Beth am fynd heddiw at y bedd, y bedd lle rhoddwyd Iesu, yn llonydd, oer, a marwolaeth wedi hawlio ei fuddugoliaeth fwyaf. Nid cysgu y mae, nid gorffwys; mae'n farw, dim gwynt yn ei ysgyfaint, dim meddyliau yn ei feddwl, dim teimlad. Mae ei gorff mor ddi-fywyd â'r garreg y mae'n gorwedd arni. Gwnaeth y Rhufeiniaid yn siŵr o hynny, oherwydd pan ddeallodd Peilat fod Iesu wedi marw gofynnodd i'r milwyr a oeddent yn sicr o hynny. Petaent wedi gweld un symudiad, clywed un ochenaid mi fyddent wedi torri ei goesau i brysuro ei farwolaeth. Ond doedd dim angen, ac fe drywanwyd ei ochr â gwaywffon i ddiogelu hynny. Roedd eu gwaith wedi ei gwblhau. Dyma ryddhau'r hoelion, gollwng ei gorff i lawr, a'i roi i Joseff a Nicodemus.

Roedd Iesu wedi ateb eu gweddïau hwy, eu gweddi am Feseia. Yn yr un modd ag yr oedd y milwyr yn dyheu i weld Iesu yn farw, roedd y ddau yma yn dyheu am arwydd o fywyd. Wrth iddynt olchi'r gwaed oddi ar ei wyneb, yr oeddent yn gwrando am anadl, yr oeddent yn chwilio am fywyd; ond, doedd dim bywyd! Felly dyma wneud yr hyn oedd yn ddisgwyliedig. Dyma'r ddau yn gorchuddio ei gorff â lliain, a'i roi ym medd Joseff. Roedd yna warchodlu wedi ei drefnu i wylio'r bedd, a gosodwyd sêl Rufeinig ar y maen. A dyna lle bu'n gorwedd am dridiau, heb neb yn cael dod yn agos. Ond mae bore Sul yn cyrraedd, a chyda'r Sul, goleuni - goleuni yn y bedd. Ni wyddom pa fath o oleuni, ond daeth goleuni, oherwydd ef yw'r goleuni! A chyda'r goleuni, daeth bywyd. Wrth i'r tywyllwch gilio, mae'r pydru yn peidio. Mae'r nefoedd yn chwythu, mae Iesu'n anadlu. Mae ei frest yn ymestyn, ei wefusau yn agor, ei holl gymalau yn symud. Ac wrth i ni ddychmygu'r eiliad, safwn mewn rhyfeddod.

Rhyfeddwn at yr olygfa, ond mae'n rhyfeddod yn deillio o'r hyn a wyddom hefyd. Yr ydym yn gwybod y byddwn ninnau'n marw, yn cael ein claddu; mi fydd ein hysgyfaint yn wag, ein holl gorff yn pydru. Ond mae atgyfodiad corfforol Iesu, mae symud y maen yn esgor ar gredo buddugoliaethus:

"Os dyn ni wedi ein huno â'i farwolaeth, dyn ni'n siŵr o gael ein huno hefyd â'i atgyfodiad. Mae beth oedden ni'n arfer bod wedi cael ei ladd ar y groes gyda'r Meseia, er mwyn i'r awydd cryf sydd ynom ni i bechu ollwng gafael ynom ni, ac i ni beidio ei wasanaethu ddim mwy. Os ydy rhywun wedi marw, mae'n rhydd o afael pechod. Ond os dyn ni wedi marw gyda'r Meseia dyn ni'n credu y cawn ni fyw gydag e hefyd! Fydd y Meseia ddim yn marw byth eto, am ei fod wedi ei godi yn ôl yn fyw - does gan farwolaeth ddim gafael arno bellach." Rhufeiniaid 6:5-9

ADNABOD

Galar cignoeth

Ddechrau'r wythnos, rhaid oedd dal y trên i Lundain ar gyfer cyfarfod dydd Mawrth, ac ar waethaf cychwyn yn hwyr, a'r ffaith fod y trên yn hwyr, cyrhaeddais fy ngwesty toc wedi hanner nos yn dilyn pedair awr ddifyr iawn o ddarllen. Yr oeddwn wedi bwriadu parhau gyda'r gorchwyl pleserus ar y ffordd yn ôl, ond gan fod y trên yn orlawn y tro hwn, bu raid eistedd wrth ymyl gwraig anghyffredin o siaradus yr holl ffordd o Lundain i Fflint, ac felly mi aeth y cyfle.

Beth bynnag am hynny, un o'r llyfrau ddarllenais oedd cyfrol gan C S Lewis, oedd yn gronicl o'i deimladau yn dilyn marwolaeth ei wraig. Yr oedd yn Gristion cadarn iawn, ac mae ganddo amryw o gyfrolau sydd yn edrych ar rai o sylfeini'r ffydd, ynghyd â straeon efo thema Gristnogol ar gyfer plant. Rhag ofn bod un ohonoch a diddordeb, '*A grief observed*' yw'r teitl - mae'n gyfrol gignoeth iawn am ei brofiadau yn syth ar ôl colli Helen ei wraig o glefyd cancr. Bu iddo briodi yn hwyr mewn bywyd, ac yntau ar y pryd yn uwch-ddarlithydd mewn Saesneg ym mhrifysgol Caergrawnt. Yr oedd pawb wedi tybio y byddai'n aros yn hen lanc, a daeth yn syndod iddo yntau pan syrthiodd mewn cariad. Ond ni pharhaodd y berthynas yn hir, a buan y dechreuodd ei wraig waelu, cyn i grafangau ei chlefyd ei goddiweddyd. Detholiad o'i ddyddiadur yw'r gyfrol, o'r diwrnodau cyntaf lle mae'n teimlo bron fod ei hiraeth yn ei fygu yn llwyr, yn ymladd am wynt yn llythrennol gan mor arw oedd y golled a deimlai, ymlaen drwy'r broses o amau bodolaeth, heb sôn am ofal Duw, i'r cyfnod pan mae'n dechrau'r broses o ollwng gafael yn ei wraig i law Duw, ac yn hynny yn medru profi o gariad a thrugaredd y nefoedd yn ei amgylchynu.

Ar brydiau, mae'r gyfrol yn gignoeth, a rhwydd medru deall fod rhai yn amau iddo golli ei ffydd yn ystod ei flynyddoedd olaf. Yr hyn a welais yn ffres yn y gyfrol hon oedd ei gonestrwydd, parodrwydd yr awdur i gyhoeddi'r hyn mae'n siŵr mae nifer yn ei deimlo, ond na fyddent fyth yn ei rannu. Mi fydd llawer ymdriniaeth â galar yn medru bod yn arwynebol anghyffredin, siarad sydd yn colli ei rin o fewn dyddiau i glywed y geiriau. Nid dyma a geir yn y gyfrol, ac nid dyma a geir yn y Beibl chwaith; cynnyrch cenhedlaeth grefyddol arwynebol yw hynny. I'r gwrthwyneb, yn y Beibl, ceir rhannau helaeth, fel yn llyfr y Salmau, lle y ceir cwestiynu agored, amheuon real, anfodlonrwydd noeth. Ond, yn y cyfan, mae'r cwbl yn cael ei ddwyn at Dduw, y Duw sydd yn Dad, sydd yn ein hadnabod, sydd yn gofalu amdanom, sydd yn barod i'n cofleidio yn ei gariad. Yn yr Iesu, mae'r Cristion yn cael ei wneud yn blentyn Duw, gallwn nesáu ato gyda hyder, mae'n gwybod beth sydd ar ein calon, ac o'i gyffesu, o'i ollwng, gallwn agor ein llaw, ein calon, i dderbyn cariad a thrugaredd yr Iesu.

ADNABOD

Gwaith yr Ysbryd – perswadio pechadur

Wrth wrando ar y radio a gwylio'r teledu dros y dyddiau diwethaf, mae'n syndod fel y bydd llawer o'r cynnyrch yn debyg yr adeg yma o flwyddyn i flwyddyn. Ceir trafodaeth ar ryfel yn gyffredinol, brwydro fel ateb i broblemau, y rhyfeloedd sydd yn parhau i ddifa ac effeithio ar filoedd ar draws y byd, ac yna'r drafodaeth rhwng priodoldeb pabi coch y Lleng Brydeinig a phabi gwyn Undeb Heddwch. Rhaid imi gydnabod fod y trafodaethau hyn yn medru bod yn arwynebol iawn, ac yn wir, nid ydynt yn ymdrech i berswadio unrhyw un ar sail dadleuon eraill, yn hytrach yn ddim mwy na chyfle i gadarnhau a mynegi barn sydd eisoes yn eiddo inni. Yn hynny, does gennyf fawr iawn o awydd i ychwanegu fy marn bersonol yn y mater, er fy mod yn credu fod gan y Beibl lawer i ddweud am berthynas cenhedloedd â'u gilydd. Efallai mai dyna yw'r pwynt sylfaenol sydd yn mynd ar goll yn achlysurol, trafodaeth ar berthynas cenhedloedd yw hon yn fwy na pherthynas unigolion. Wedi dweud hyn, mae'r Cristion yn unigolyn ac yn ddinesydd cenedl, a'r hyn sydd angen ei gysoni yw fy rôl yn y ddau faes, effaith y naill ar y llall.

Heddiw, awn yn ôl at y cwestiwn o berswadio. Pa mor aml mae rhywun wedi newid eich meddwl am rywbeth neu'i gilydd? Pa mor agored fyddwch chi i wrando ar ddadleuon rhesymol? Byddaf yn meddwl yn ôl i fy mhlentyndod a chofio yn aml nad oedd unrhyw fesur o resymu o eiddo fy rhieni yn fy mherswadio mai hwy oedd yn dweud y gwir. Beth am mam yn ceisio cynnal fod yna werth mawr mewn dal ati efo gwersi piano? Neu Mrs Rees Mathemateg yn dweud y buaswn yn difaru peidio dyfalbarhau gan y byddwn yn cael mantais anghyffredin o *logarithms* rhyw ddiwrnod! Peth da fod gennyf gof da, neu mi fuaswn yn llawer mwy llym gyda'r plant, ond mae'r perygl o ragrithio yn fy nal yn ôl!! Ar y llaw arall, mae yna rai sydd yn agored iawn i gymryd eu perswadio, yn wir mewn rhai achosion, i gael eu manipiwleiddio.

Mae Paul, wrth ysgrifennu am ei waith yn cyfeirio at y ffordd y mae'n 'perswadio dynion' am yr efengyl, am yr angen, os oes Un wedi marw dros bawb, yna, rhaid bod pawb yn farw; a chan fod Un wedi marw, dylem ni fyw iddo Ef bellach, ac nid i ni ein hunain (2 Corinthiaid 5:1 ymlaen). Wedi dweud hyn, rhaid cadw mewn cof ei fod yn ymwybodol mai gwaith yr Ysbryd Glân sydd yn gwneud y gwaith yn effeithiol, dim ond yr Ysbryd sydd yn medru toddi calonnau caled, yn medru codi'r meirw, yn medru dangos rhagoriaeth gwaith Iesu, yn medru fy mherswadio fod Iesu wedi marw drosof i. Gall pobl, gan gynnwys pregethwyr, ddigalonni yn eu hanallu i gael perswâd, i gael pobl i wrando arnynt hwy, neu ar y llaw arall fethu oherwydd eu bod yn manipiwleiddio pobl i benderfyniad sydd yn amhriodol. Dim ond yr Ysbryd Glân sydd yn dod â'r geiriau yn bersonol i ni, ac yn peri ein bod yn ymateb yn wahanol, yn dewis bywyd, yn dewis Iesu, a thrwy hynny yn ei ddilyn Ef, nid yn dilyn pobl neu bregethwr.

ADNABOD

Cymanfa Ganu

Rhaid imi gydnabod dau beth sydd braidd yn wrthgyferbyniol y bore 'ma - ar y naill law rwyf wrth fy modd yn canmol a chlodfori'r Arglwydd ar gân, ar y llaw arall, mae'r arfer o fynd i'r Gymanfa wedi colli tipyn o'i apêl. Mae'n siŵr y medrwch ddeall y cyntaf, ond mae'r ail sylw yn anodd i mi ei ddeall heb sôn amdanoch chi! Cefais fy magu yng nghanol Sir Aberteifi. Roedd y Gymanfa yn ddigwyddiad o bwys, yn achlysur dillad newydd, yn achos cael mynd am y diwrnod, a hynny ar ôl rihyrsals diderfyn yn ystod y gaeaf. Roedd yna fesur o fwynhad yng Nghymanfa'r plant yn y bore, a mesur o wefr i blentyn yng nghyfarfod y pnawn a'r hwyr. Byddai'r teulu'n eistedd ymhobman rownd y galeri, Mam a Siân gyda'r sopranos, Anwen efo'r altos, fi ymhlith y tenoriaid a Dad a Morris gyda'r baswyr. (Rwy'n rhy ifanc i gofio lle roedd gweddill y teulu'n eistedd!) Yn ddwy ar bymtheg oed a minnau wedi dod yn Gristion, daeth gwedd newydd ar y canu, a minnau bellach yn medru cyfuno fy hoffter o ganu gyda dealltwriaeth newydd o gyfoeth yr hen emynau. Tyfodd hyn yn ddiweddar i gynnwys y cytganau newydd y deuthum yn gyfarwydd â hwy yng nghwmni cyfeillion Cristnogol newydd, ond ysywaeth, nid i gynnwys y geiriau arwynebol a dyn-ganolog sydd mor nodweddiadol o 'emynau' ail hanner yr 20fed ganrif. Roeddwn yn sôn yn ddiweddar mai hanfod addoliad yw cydnabod Duw, ei berson, ei waith, ei ras, ei drugaredd; nid rhestru teimladau goddrychol a 'syniadau crefyddol' ond cyhoeddi gwirioneddau gwrthrychol ac effaith y rhain ar enaid pechadur.

    Mae'n siŵr gennyf mai un o'r rhesymau dros fy nadrithiad yw fy mod wedi gwrando ar bobl yn morio canu 'emynau' sydd yn cynnig ond ychydig iawn o sylwedd, ond mi dybiaf fod y rheswm yn fwy gwaelodol na hynny. Onid perthyn i gyfnod mae llawer o'n harferion ni? Y gofid pennaf yn yr Eglwys yw nad yw'n diwygio ei hun yng ngoleuni amgylchiadau a chyfnodau gwahanol; onid oes yn rhaid inni holi'n barhaus beth yw diben a nod ein gwahanol ddigwyddiadau crefyddol? Rwy'n sylweddoli ei bod yn fwy cyfforddus i aros mewn rhigol, ond nid yw'r Efengyl yn caniatáu hynny gan ein bod yn cael ein galw'n barhaus i edrych am ffyrdd sydd yn cyrraedd ein cenhedlaeth ni â'r newyddion da, mewn gwisg sydd yn berthnasol i blant, ieuenctid ac oedolion eleni.

ADNABOD

Troeon trwstan

Roedd rhaid teithio cryn dipyn yr wythnos ddiwethaf eto, ac ar un o'r teithiau roeddwn angen mynd i'r llyfrgell yng nghanol dinas Abertawe i geisio rhywfaint o wybodaeth. Dyma feddwl y buasai'n haws mynd peth cyntaf yn y bore, gan ystyried y byddai'n dawel yno, ac y cawn lonydd i edrych am y ffeithiau.

Yn anffodus, nid Cefnberain yw Abertawe, ac erbyn imi gyrraedd y ddinas, (cyn naw), roedd pob lle parcio agos wedi ei feddiannu, ac roedd rhaid edrych am le mewn rhyw stryd gefn cryn bellter i ffwrdd! Ar ôl cerdded am tua ugain munud, gellwch ddychmygu fy siom o sylweddoli fy mod wedi cyrraedd ar ddiwrnod pan oedd y gwasanaeth llyfrgelloedd wedi penderfynu cynnal diwrnod hyfforddiant i'r staff. Y cyfan oedd ar y drws, ar wahan i glo go sownd, oedd nodyn yn fy hysbysu o'r penderfyniad oedd i effeithio ar holl lyfrgelloedd y dref. Wel! O bob diwrnod i gael sesiwn hyfforddiant, yr unig ddiwrnod yr wyf erioed wedi dymuno mynd yn agos i elwa ar y gwasanaeth yn Abertawe!

Erbyn imi gyrraedd y swyddfa, roeddwn yn gymharol ddi-amynedd, ac eto, erbyn cael paned a sgwrs efo Geraint Tudur, roedd y niwl wedi hen chwalu wrth imi gychwyn am gyfarfod yng Nghaerdydd. Ond och, gwae a gofid, roeddwn yn hwyr, ac erbyn cyrraedd roedd un o'r rhai yr oeddwn i gyfarfod ar ei ffordd i gyfarfod arall. Diwrnod cyfnewidiol felly!

Fyddwch chi'n meddwl fod amgylchiadau'n cynllwynio yn eich erbyn ar brydiau? Pa fath o deimladau fydd hyn yn esgor arnynt? Mi fydd eich cynlluniau chi yn nobl, popeth yn ei le, ac yna mae rhywbeth yn dod ar draws y cwbl. Ar achlysur arall, mi fyddwch yn codi yn y bore ar eich gorau, ond erbyn amser paned, mae yna gwmwl wedi cuddio'r haul, teimlad neu brofiad annisgwyl wedi dod i chwalu eich dedwyddwch.

Mae Iago yn rhoi yr addewid yma inni: "Mae'r rhai sy'n dal ati yn wyneb treialon yn cael eu bendithio gan Dduw. Ar ôl mynd drwy'r prawf byddan nhw'n cael eu coroni â'r bywyd mae Duw wedi ei addo i'r rhai sy'n ei garu."

Y gwir y mae'r Cristion yn medru dal gafael ynddo yw, pa faint bynnag o ddrysau sydd yn cau ar ein cysur yn y byd yma, mae yna un drws mae Duw wedi ei agor na all neb na dim ei gau. Wrth ddod at Iesu, cawn fynedfa at Dduw yn awr, mynedfa i drugaredd, maddeuant, bywyd newydd, bywyd tragwyddol. Does dim am ein rhwystro rhag cael mynediad ato, os ydym yn dod am y tro cyntaf, neu'n dod yn gyson.

ADNABOD

Y 'P.D.A.'

Wrth baratoi y sylwadau yma heno, mae yna rywbeth yn unigryw ynghylch ei gyfansoddi. Rwy'n eistedd yn sedd ffrynt y car, ac yn ei deipio ar y ffôn, ffôn sy'n cynnwys teipiadur, ac ar ôl ei orffen, byddaf yn medru ei e-bostio o'r ffôn i Bryn Golau ar gyfer ei argraffu. A dweud y gwir, mae'n siwr ei fod yn declyn fuasai'n gwneud cinio dydd Sul, ond nad wyf wedi dod o hyd i'r botwm iawn!

Fyddwch chi'n meddwl ambell waith sut mae teclynau fel hyn yn gweithio, pa fath o weiars bychan, o gof cymhleth, y cyfan yn gweithio efo'i gilydd i sicrhau fod hwn yn medru prosesu'r geiriau yma, er mwyn i chi fedru rhannu fy meddyliau heddiw. Mae Sarah yn mynnu fod gennyf ormod o ddiddordeb yn y 'teganau' yma, ond rhaid imi gydnabod, nid yn unig eu bod yn ddefnyddiol, ond yn ryfeddod ar yr un pryd. Mae meddwl am y manylder yn ddigon i gipio'r anadl. Byddaf i, fel y Salmydd, yn cael yr un profiad wrth edrych ar y sêr ar noson glir, a meddwl am y pellter, am y rhifedi, am y bydoedd, 'a minnau yn y canol, heb fedru d'wedyd dim'.

O fod yn y canol, mi fyddaf yn meddwl am gymhlethdod a chywreinrwydd, rhyfeddod a syndod yr hyn wyf fi fel creadur Duw. Pa faint o allu, doethineb, mawredd sydd yn perthyn Iddo Ef? Mae'r un sydd yn dal bydoedd, yr un sydd yn rhoi pob gallu a chlyfrwch, yn fy nghynnal i, ac yn ei olwg Ef, fe ddywed yr efengyl fy mod i yn werthfawr yn ei olwg, mor arbennig o werthfawr fel bod Iesu ei hun wedi dod i'n cymodi, i'n bywhau. Os yw Duw y creawdwr yn rhyfeddol, gymaint mwy yw rhyfeddod y Duw sy'n gwared, yn cynnal yn gofalu.

'O holl weithredoedd nef yn un,
y bennaf oll oedd prynu dyn;
rhyfeddod mwyaf o bob oes
yw Iesu'n marw ar y groes'.

ADNABOD
J.D.

Yfory, mi fyddaf yn mynd i lawr am y de unwaith eto, yn rhannol i fynd ynglŷn â gwaith AGAPE, ond yn benodol i fynychu angladd un o gynweinidogion Bethani, Rhydaman – Y Parch J D Williams. Mi fydd rhai yn gofyn, wel pam mynd i'r angladd yma'n benodol?

Pan gychwynnais ar fy ngwaith fel gweinidog yn ôl ym 1985 yng nghylch Glanaman a Brynaman, yr oedd yr enwad yn ceisio diogelu fod pob gweinidog newydd yn mynd o dan ofal gweinidog hŷn am y ddwy flynedd gyntaf. Roedd hwn yn gynllun rhagorol, yn arbennig o gofio nad oeddwn ond yn 22ain mlwydd oed, heb erioed fod wedi cario'r cyfrifoldeb o ofal eglwysi a gofal pobl cyn hyn, ac yn siŵr o wneud llu o gamgymeriadau. Yn fy achos, penderfynodd y Bwrdd Ymgeiswyr ymddiried y gwaith i J D Williams, ac yn rhagluniaeth Duw, bu hynny yn gymorth anghyffredin imi. Roedd newydd ymddeol fel gweinidog Bethani, un o eglwysi cryfaf y Methodistiaid yn y De ar y pryd, lle'r oedd wedi gweinidogaethu am dros 30ain mlynedd. Roedd yn olynydd i'r Parch Nantlais Williams, ac roedd yn hynod o ddiddorol clywed J D Williams yn adrodd fod ganddo beth anghyffredin yn gyffredin gyda'i ragflaenydd. Roedd yntau, fel Nantlais, wedi cyrraedd Bethani heb sicrwydd personol o ffydd real yn Iesu fel Gwaredwr. Torrodd y wawr ar Nantlais yn un o gyfarfodydd gweddi Bethani yn ystod Diwygiad 1904, a thebyg y bu hi yn hanes J D Williams, yntau wedi trefnu i fyfyrwyr ymweld â Bethani ar ymgyrch efengylu, ac yn ystod y cyfnod hwnnw y daeth yntau i sicrwydd o'i berthynas â Iesu.

Dilynwyd y profiad hwn gan flynyddoedd o weinidogaeth ofalus a thyner, gweinidogaeth oedd hefyd yn heriol, a chlywais nifer yn adrodd am bobl yn ymadael ag oedfa gymun yn eu dagrau. Llwyddai yn rhyfeddol i gyfuno ffyddlondeb i'w alwad, ffyddlondeb i'r efengyl a ffyddlondeb i'w bobl, ac er fy mod yn cydnabod ffafriaeth gan ei fod yntau yn 'Gardi', roedd ôl addfwynder a thynerwch yn llewyrchu drwy ei eiriau a'i edrychiad.

Un o'r pethau sydd yn ofid parhaus imi wrth feddwl am yr Eglwys yn ein gwlad yw'r ffaith ein bod yn brin anghyffredin o arweinwyr. Mae'n sicr, yn y gorffennol, ein bod wedi ein bendithio â rhai arweinwyr duwiol ac effeithiol, a phwysaf arnoch i weddïo y bydd Duw yn codi eto bobl fydd yn ffyddlon i alwad Duw, i efengyl Iesu Grist ac i her ein cenhedlaeth, pobl y bydd eu cerddediad, fel un J D Williams, yn cyd-fynd gyda'i geiriau.

ADNABOD

"Sporting Marvels"

Yn ddiweddar, aeth nifer ohonom draw i Fangor i wrando ar gyflwyniad am waith Cristnogol newydd yng Nghwm Rhondda. Mae'r gweithgarwch o dan adain mudiad sy'n dwyn y teitl, *'Sporting Marvels'* gyda'r nod syml o gyflwyno darlun clir a chyhyrog o'r efengyl i bob plentyn ysgol yn y Cwm, i wneud hynny yn gyson, ac i barhau i wneud hynny hyd y diwedd. Cefais fy synnu gan nifer o ystadegau brawychus a rannwyd gyda'r gynulleidfa, nid y lleiaf o'r rhain oedd y ffaith mai ond 0.9% o'r boblogaeth o tua 84,000 sydd ag unrhyw gysylltiad gydag eglwys/capel.

Phil Davies, Prif Weithredwr y fenter oedd yn rhannu, gŵr amryddawn a dysgedig, un oedd yn arfer chwarae rygbi i Ben-y-bont cyn symud i Dreorci. Adnabyddid ef ar y cae fel *'Ming the merciless'*, a does dim angen llawer o ddychymyg i wybod pam, yn enwedig o ystyried mai un o'i gyfeillion pennaf oedd Chris Jones, yr unig un yn hanes y gêm i gael ei wahardd am oes - ddwywaith!! Bu i Chris ddod i brofiad personol o Iesu pan yng nghelloedd yr heddlu yn Aberhonddu, ac yn bennaf drwy ei ddylanwad ef, symudodd Duw yng nghalon Phil. Bellach mae'r ddau, ynghyd â brawd Chris, yn dilyn Iesu, a chyda'r anwylaf o bobl y byd. Dyma'r tri sydd yn credu Duw am weld y gymuned yn cael ei thrawsffurfio'n llwyr, a hynny, un person ar y tro. Yn wir, beth bynnag arall y bu inni glywed nos Wener, roedd clywed hyder di-sigl Phil yng ngallu Duw i wneud y gwaith hwn yn wledd i enaid, a chefais fy herio'n arw wrth eistedd o dan ei weinidogaeth. Yn raddol, mae'r had yn cael ei hau, a braf clywed eisoes fod yr Undeb Gristnogol yn Ysgol Tonypandy, er enghraifft, yn denu dros 150 o ddisgyblion, gyda dros gant yn yr ysgolion eisoes wedi rhoi eu bywydau i Iesu Grist. Meddyliwch wir, yn ôl Steffan, rhywbeth rhwng 7 a 12 sydd yn mynychu yn Ysgol Glan Clwyd, un o'r unig ysgolion yn y cylch sy'n cynnal Undeb Gristnogol. Nid yw'r niferoedd yn syndod i Phil er hynny, ac mae'n edrych ymlaen at weld ffrwyth helaethach drwy weithgarwch y 9 athletwr proffesiynol sydd yn gweithio yn llawn amser yn yr ysgolion uwchradd, a'r 11,000 sydd eisoes wedi ymrwymo o bob cornel o'r byd i weddïo dros y gwaith.

Roedd ei her i mi yn her i chwithau hefyd. Pa mor alluog yw Duw? Beth yw ei ddymuniad wrth feddwl am ein pobl ifanc? Wnawn ni gredu Duw heddiw, credu ei addewidion, credu fod Iesu yn mynd i weld ein plant a'n hieuenctid yn rhoi eu bywydau Iddo? Beth am weddïo dros yr Undeb Gristnogol yn Glan Clwyd, dros y Clwb Ieuenctid, yr oedfaon? Wnaiff hyn wahaniaeth? Yn sicr, ni wnaiff wahaniaeth os byddwn yn gweddïo heb gredu! Ond, beth am y geiriau 'llawer a ddaw drwy daer weddi'r cyfiawn'.

ADNABOD

Ystyr y Nadolig i mi yw...

Yng nghanol ein cymdeithas mae yna syniad mai arwyddocâd y Nadolig yw'r hyn y gwnawn ni ohono. Byddwch yn clywed ymadroddion fel, 'ystyr y Nadolig i mi yw bod efo'r teulu'; 'ystyr y Nadolig i mi yw cwmni ffrindiau'; ystyr y Nadolig i mi yw bwyd da ac anrhegion', neu fel y clywais un o gyflwynwyr Radio Cymru yn dweud yr wythnos ddiwethaf - 'Carolau Ysgol Glan Clwyd sydd yn gwneud y Nadolig i mi'! Digwyddiadau, sefyllfaoedd, pobl, amgylchiadau, y cyfan mae'n siŵr yn werthfawr, ond nid dyna'r stori y mae'r Beibl yn ei hadrodd. Yno, ceir sôn am 'y newyddion da o lawenydd mawr sydd i'r holl bobl'. Newyddion da i bobl sydd heb deulu, heb gwmni, heb fwyd, heb anrhegion, a heb fod wedi ymweld â Gwasanaeth Carolau Glan Clwyd hyd yn oed!! I fod yn newyddion da i bawb, rhaid nad yw'n dibynnu ar amgylchiadau, ar ddigwyddiadau, ar bethau, oherwydd mae'r rheini yn newid yn achos pobl wahanol. Rhaid ei fod yn newyddion da sydd y tu hwnt i'r pethau hyn. A dyna yw, newyddion da am berson, am waith Duw, am ddyfodiad Iesu i fyd pob math o bobl yw'r Nadolig - nid beth wnawn ni o'r Dolig, ond beth mae'r geni'n ei ddangos o'r hyn a wnaeth Duw; nid hyd yn oed beth wnawn ni o Iesu, mae'r Beibl yn glir ynglŷn â hynny. Gwrandewch ar eiriau Iesu, "Ni fynnwch chwi ddod ataf i i gael bywyd". Yn y rhagarweiniad i Efengyl Ioan cawn y geiriau cyfarwydd, "Daeth i'w gynefin ei hun, ac ni dderbyniodd ei bobl ei hun mohono." Beth sydd yn wir felly? Yn ôl y Beibl, mae Duw yn cymryd y cam achubol yma, mae Iesu'n dod atom ni, yn ein hanallu ni i fynd ato Ef. Ei wrthod, ei roi yng nghefn ein meddwl, ei roi ar waelod rhestr ein blaenoriaethau, bodloni ar berthynas arwynebol oriog, dyna yw ein hymateb ni. Ond, daw Duw o'r nefoedd i geisio, i gadw, i ddelio gyda'n gelyniaeth. Yn ôl y Beibl, "Daeth Crist Iesu i'r byd i achub pechaduriaid, o ba rai, pennaf wyf fi". Mae'n wirionedd sydd i'w gyhoeddi, i'w rannu, i'w gofleidio am berson sydd i'w 'garu a'i glodfori yn fwy nag un'.

Un o'r pethau sydd braidd wedi mynd ar goll ynghanol dathliadau capeli hyd yn oed, yw lle i gyhoeddi hyn, ei gyhoeddi yn glir, yn ddi-addurn, ei gyhoeddi yn Iesu, Emaniwel, Gwaredwr ac Arglwydd i bechadur.

ADNABOD

Blwyddyn arall

Un o'r atgofion prin sydd gennyf o fy nyddiau yn pregethu yng nghylch Sir Aberteifi, yw cael cinio unwaith mewn Tŷ Capel a gwrando ar y diweddar Barchedig Tudur Jones yn arwain yr oedfa ar y radio oedd ymlaen ar fy nghyfer. Nid yw fy nghof yn ymestyn i'r union le, ond rwyf yn cofio fod y teulu wedi fy ngosod i eistedd a bwyta mewn ystafell ar fy mhen fy hun! Roedd hyn yn arfer lled gyffredin, a byddent yn gadael copïau o'r Goleuad neu ryw gylchgrawn arall wrth ymyl, gan dybio fy mod yn debyg o fwynhau fy nghwmni fy hun yn well na dim arall. Beth bynnag, roedd yn ddechrau blwyddyn, a Tudur Jones yn rhyfeddu at y ffaith ei fod wedi cael gweld blwyddyn arall, ond yn fwy na hynny, y cyfan, fel y dydd hwnnw yn dystiolaeth i amynedd Duw, ac i'r ffaith fod dydd newydd yn gyfle newydd. Ei ymadrodd oedd, ei fod yn ddydd Gras eto, ac wrth siarad, yn adleisio geiriau un o'r emynau a oedd yn y Llyfr Emynau:

Dydd gras yw'n awr – dydd yw i ni
i ffoi rhag llid y dyfod;
mae eto le, trwy Iesu hael,
i ni â Duw gael cymod.
Awn ato Ef, cawn eto fyw;
boed Iddo glod - dydd cymod yw;
O! brysiwn i'w gyfarfod.

Ni allaf gofio fawr am gynnwys ei bregeth, ond heddiw, mae ei thema yn ddigon. Mae'n ddigon i mi fedru rhyfeddu fod Duw'r nefoedd wedi rhoi blwyddyn arall, diwrnod arall i ymateb i'r gwaith y mae wedi cyflawni drosof yn Iesu Grist.

Wrth groesawu blwyddyn newydd, mae'n siŵr fod yna gymysgedd o deimladau yn llenwi ein calonnau. I rai o fewn yr Ofalaeth, mae cychwyn blwyddyn newydd yn golygu ffarwelio â'r gorffennol, a gwneud hynny gan sylweddoli'r adeg yma'r flwyddyn ddiwethaf, neu flwyddyn ynghynt, fod yna gwmni sydd bellach yn eisiau, gwynfyd wedi pylu. I eraill, mae ffarwelio yn gysur ac yn rhyddhad, i eraill mi fyddent yn dymuno ddoe yn ôl, ac i eraill, mae'n dod yn llawn addewid a chyfleon.

Uwchlaw pob dim yn hanes y Cristion, mae'r sylweddoliad fod Duw gras yn cynnig gras o'r newydd heddiw. Gall heddiw fod yn gyfle ac yn amser i Iesu drawsnewid fy nghalon, fy ngolygon, fy ngobeithion. Y cyfan sydd angen i mi ei wneud yw ildio'r dydd, ildio'r flwyddyn, ildio fy mywyd Iddo.

ADNABOD

Disgwyl canlyniadau

Yn ddiweddar, daeth yr amser imi fynd am yr M.O.T. corfforol yna sy'n cael ei argymell inni. Yn ystod y blynyddoedd diwethaf mae yna lawer o bwyslais wedi bod ar gymryd archwiliad rheolaidd, cymryd diddordeb mwy manwl yn yr hyn sy'n digwydd inni yn gorfforol, a mynnu profion cyson. Wel! Dyma fynd am y feddygfa i gael trefn ar y mater. Yn ddiddorol iawn, enw'r meddyg y tro yma oedd Dr Divine, enw addas meddyliais, ac yn wir, roedd yn ddynes annwyl a hoffus iawn. Wedi'r sgwrs gyffredinol, dyma drefnu imi fynd am brofion gwaed er mwyn cael golwg ar lefel y *'cholesterol'*, profion eraill i weld a oedd amryw glefydau'r teulu yn gadael eu hôl arnaf i, golwg ar fy mhwysedd gwaed, ac yna prawf i wneud yn siŵr fod y galon yn gweithio'n hynci dori. Roedd angen mynd i'r feddygfa yn Ninbych ar gyfer hwnnw, a chael rhyw weiars wedi eu cysylltu yma ac acw er mwyn cael darlun cynhwysfawr. Mi fyddwch yn falch o glywed nad oedd Dr Divine yn medru gweld unrhyw reswm meddygol dros godi pwyllgor bugeiliol yn y dyfodol agos i edrych am weinidog newydd! Wedi dweud hynny, tebyg mai ond ar gyfrif ei henw mae'n 'ddwyfol', a gwell gennyf barhau i nodi fod 'fy amserau' yn llaw'r Un Dwyfol, sy'n gwybod y diwedd o'r dechrau.

Fyddwch chi'n adnabod pryder, yn gofidio wrth fynd am ryw ganlyniadau neu'i gilydd, neu ar gyfrif sefyllfa neu'i gilydd? Dw'i ddim yn eithriad, fe gofiwch am fy agwedd at hedfan mewn awyren!!! Gan fy mod wedi cael y profion cyn y gwyliau, roedd rhaid aros cryn amser cyn medru trefnu amser i fynd am y canlyniadau. (Gyda llaw, mae yna fynd garw ar y syrjeri, rhestr aros go hir meddai'r weinyddes!) Mae'n naturiol ddigon fod yna ofnau, a pheth da yw rhannu'r rhain. Ond beth sydd gan y Beibl i ddweud wrthym mewn sefyllfaoedd felly? Byddaf yn meddwl mai'r peth gorau i'w wneud yw gadael y Beibl i ateb dros ei hun, ac yna dysgu'r adnodau er mwyn eu defnyddio yn ein gwahanol amgylchiadau.

Yr Arglwydd yw fy ngoleuni a'm gwaredigaeth, rhag pwy yr ofnaf?
Yr Arglwydd yw cadernid fy mywyd, rhag pwy y dychrynaf? Salm 27:1

Peidiwch â phryderu am ddim, ond ym mhob peth gwneler eich deisyfiadau yn hysbys i Dduw trwy weddi ac ymbil, ynghyd â diolchgarwch. A bydd tangnefedd Duw, sydd goruwch pob deall, yn gwarchod dros eich calonnau a'ch meddyliau yng Nghrist Iesu. Philipiaid 4:6+7

ADNABOD

Ail-gylchu

Mae Sarah wedi prynu llyfr sydd yn llawn awgrymiadau syml am y modd y gallwn newid ein ffordd o fyw er mwyn bod yn ddefnyddwyr mwy synhwyrol o adnoddau'r ddaear. Mae'n siŵr fod pob un ohonoch yn gwybod bellach am y gwahanol ragolygon sydd gyda golwg ar ddyfodol ein hamgylchedd ac yn arbennig am gynhesu byd-eang. Nid fod hynny'n gwneud fawr o wahaniaeth yn ein bywydau, ar y gorau cewch y bobl hynny sy'n dweud nad oes dim y medrwn ni ei wneud o werth i wynebu problem mor sylweddol, ond ar y gwaethaf, cewch bobl sy'n gwbl ddi-hid a gwastraffus. Ni allaf weld yn fy myw fod unrhyw esgus yn y byd dros beidio â gwneud ein rhan, er mai bychan yw hynny. Y trueni yw bod ychydig o symbyliad, yn arbennig yng nghefn gwlad, lle nad oes dim sôn am finiau ail-gylchu, dim ond gorchymyn i fynd lawr i Abergele i'r lle gwastraff. D'oes fawr ryfedd am hynny; mewn arolwg diweddar, Sir Conwy oedd yr olaf ond un yn rhestr holl siroedd Cymru yn eu hymdrech i ail-gylchu gwastraff.

Y syniad diweddaraf yn Heulfryn yw teclyn bach sydd yn troi papur, papur newydd, cardfwrdd a.y.b. yn danwydd. Y cyfan sydd angen ei wneud yw arbed y papur, ei wlychu ac yna mae'r teclyn yn ei wasgu yn rholiau addas i'w rhoi ar y tân. Mae'r syniad yn un syml, ond yn ffordd rhwydd o ddiogelu nad ydym yn ychwanegu at y llenwi di-baid ar safleoedd gwastraff. Yr un modd, mae angen i eglwysi i ystyried pa mor ddoeth y byddwn yn defnyddio egni, pa mor wastraffus y byddwn. Mae'n sicr y dylem ymdrechu i wneud popeth posibl i leihau effeithiau ein bywydau afradlon, oherwydd tebyg mae pobl dlotaf y byd fydd yn gorfod wynebu'r canlyniadau wrth i lifogydd cynyddol effeithio ar lefydd fel Bangladesh, a sychder cynyddol ar gyfandiroedd fel yr Affrig.

Peidiwch â cham-ddeall, rwyf yn pledio hyn fel rhan o fy nghyfrifoldeb fel Cristion, nid awgrymu fod achub y blaned i fod yn bopeth yn ein bywydau. Mae hwn, fel pethau eraill yn medru meddu mwy o rym na chrefydd ym mywydau rhai, dyma'r cyfan y byddant yn sôn amdano, dyma'r lle y bydd eu holl ymdrech, eu holl aberth. Yn hyn, fel mewn sawl cyfeiriad mae yna berygl i Gristnogion, oherwydd un o'r ffyrdd y cawn ein twyllo yw trwy gredu fod rhywbeth y dylem ei wneud yn mynd yn rhywbeth sydd yn bopeth yn ein bywyd. Yr wyf yn rhannu'r pryder gyda miliynau o bobl o bob crefydd, a phobl sydd â dim crefydd o gwbl, ond mae yna fater sydd eto yn fwy. Pa werth imi geisio achub y byd, heb i mi fy hunan gael fy achub. Dyna'r un peth angenrheidiol.

ADNABOD

Y goler gron

Yr oeddwn yng Nghaer y dydd o'r blaen a hynny yn weddol brydlon yn y bore. Ar ôl gweld ambell un o'r aelodau ar y stryd, dyma fynd yn fy mlaen am siop yr SPCK, sef siop lyfrau a defnyddiau amrywiol wrth ymyl y Gadeirlan. Prin y byddaf yn prynu fawr o lyfrau yno, mae yna siop nobl ar Stryd Madog yn Llandudno i wneud hynny, ond unig ragoriaeth y siop fach yma yw ei bod yn gwerthu dillad hefyd. Mae'n siŵr y byddwch yn ei chael yn anodd credu pa ddilledyn yn union yr oeddwn yn edrych amdano. Wel! Gwell ichwi fod yn eistedd, roeddwn yno i brynu coler gron newydd. Roedd gen i hen un, ond yn anffodus fe ddaeth i gysylltiad â phaent yn rhywle, ac felly roedd angen cael hyd i un arall. I'r rhai hynny ohonoch sy'n credu mai mewn siop gwisg ffansi y mae cael gafael yn y fath beth, hoffwn eich cywiro! Y cwestiwn pwysig yw, beth mae eich gweinidog yn ei wneud yn edrych am y fath ddilledyn. Mae'n siŵr fod y rhan fwyaf ohonoch sy'n dod i'r capel yn gwybod nad yw'n rhan arferol o fy ngwisg, yn wir, os byddwch yn fy ngweld ynddi, dw'i wedi rhedeg allan o grysau, neu dw'i ar fy ffordd i Ysbyty Glan Clwyd i edrych am rywun.

Y rheswm dros y prynu oedd ymweliadau â'r ysbyty. Mi fydd yn fwy cyfleus imi fynd yno y tu allan i oriau ymweld arferol, ond mae'r gweinyddesau yn cael anhawster credu fod gŵr mor ifanc a golygus(!) yn medru bod yn weinidog. Ar ambell ward mae'n cymryd cryn berswâd i gael edrych am hwn a'r llall, ac er nad yw'n amhosibl, mi fyddech yn synnu gymaint mwy parod y maent i gredu fy ngwisg o'i gymharu â chredu fy ngair. Efo'r goler, byddaf yn cael mynd yn syth yn fy mlaen, neb yn holi am gael gweld fy nhystysgrif ordeinio, neb yn amau, ac rwyf hyd yn oed cael lle parcio am ddim!!

Mae'r Beibl yn ein hatgoffa mai gweld yr hyn sydd yn y golwg a wna dynion, ond y mae Duw yn chwilio'r galon. Wrth inni nesáu at Dduw, ar beth fyddwn ni yn pwyso, ar yr hyn a welir, yr hyn a glywir, neu ai ar yr hyn sydd yn ein calon? A beth yw hynny yn hanes y Cristion? Dim llai nac ymddiriedaeth llwyr yn Iesu Grist fel unig Arglwydd, unig obaith ein henaid, dim llai na chariad angerddol at Iesu, nid geiriau a gwisg, ond calon. Rwyf yn dweud yn aml, crefydd y galon yw Cristnogaeth. Nid geiriau, gwisg, traddodiadau, ffurfiau, adeiladau, ond Person, Iesu, yr un sydd wedi ennill ein calon.

ADNABOD

Peryglon heddiw

Mae'n siŵr eich bod bellach wedi clywed am y ffliw adar effeithiodd ar filoedd o dwrcwn yn swydd Suffolk. Yn ôl yr arbenigwyr mae'r straen o'r ffliw yma'n un peryglus iawn, a bu rhaid lladd y stoc i gyd er mwyn arbed rhag heintio mwy, ac er diogelu'r gweithwyr ar y fferm. Bu cryn sôn am y clefyd dros flwyddyn yn ôl, ond yn ddiweddar fe giliodd yr hanes, gyda straeon eraill yn mynnu sylw'r wasg a'r cyfryngau. Ond, gyda'r digwyddiad hwn, fe ddaeth yn newyddion eto, yn wir yn haeddu lle ar ben bwletin newyddion pob gorsaf, ac ar ddalen flaen pob papur. Dywed yr arbenigwyr, er ei fod yn medru bod yn glefyd marwol i bobl, eto nid yw'r tebygolrwydd y bydd pobl yn cael eu heffeithio yn fawr o gwbl. Mae'r rhan fwyaf sydd wedi marw yn dod o dde ddwyrain Asia, ac mae Sefydliad Iechyd y Byd yn tybied fod tua 160 wedi marw o'r haint. Ar yr un diwrnod roedd rhaid edrych ar adroddiadau o Irac yn ein hysbysu fod tua'r un nifer wedi marw mewn ffrwydrad, a hynny mewn diwrnod!

Ar waethaf y diffyg perygl, does amheuaeth na fydd pob arbenigwr, pawb sydd â barn yn darganfod eu ffordd i stiwdio deledu neu radio dros y dyddiau nesaf. Mae'n rhyfedd fel y mae cenhedlaeth sydd mor ddi-hid am bopeth, yn byw i'r funud yn unig, yn adeiladu cestyll crand ar dywod, unwaith y daw awgrym o berygl, yn rhedeg ac yn amau. Yn sydyn mae'n meidroldeb yn dod i'r golwg, yr atgof hynny fod ein gafael mewn bywyd yn denau iawn. I bobl sydd yn byw heddiw heb feddwl am yfory, mae perygl yn deffro hyd yn oed y rhai mwyaf esgeulus. Ond dim ond deffro dros dro, gofid heddiw fydd hwn eto, ac fel llu o bethau eraill, caiff ei gladdu yn ein cof fel ag y mae yn cael ei gladdu yng nghorneli'r papurau newydd. Am gyfnod mi fydd breuder bywyd yn arwain pobl i ofyn eu cwestiynau, i fod yn fwy gofalus, ond buan iawn y byddant yn ôl yn rhigol arferol eu bywydau.

Gwahanol iawn yw gwaddol y Beibl inni. O Genesis i Datguddiad cawn ein hatgoffa yn gyson fod ein bywyd fel tarth y bore, fel blodeuyn glaswellt, fel llwch, a bod dydd yn dod pan fydd popeth yn darfod. Pechod Eden sydd wedi achosi ein bod yn feidrol, a phechod Eden sydd yn peri fod marwolaeth yn ddychryn. Does bosib darllen y Beibl heb ddeall yn gyson fod marwolaeth a barn yn sefyll o'n blaenau. Ond, os collwyd gymaint yn Eden, gymaint mwy enillwyd ar Galfarî. Dyma'r unig le mae Duw yn ein derbyn, dyma'r unig le mae ofn a dychryn yn cael eu gorchfygu, dyma'r unig le i ni gysgodi.

Na foed im henaid euog trist ond haeddiant Grist yn gyfran
Ei aberth Ef, llawn digon yw i feddwl Duw ei hunan.

— ADNABOD —

Cawod o eira

Rwy'n cofio pan y deuthum yma ar brawf, i'r diweddar Ellis James Williams ddweud wrthyf mai un o'r pethau oedd o blaid y lle oedd y ffaith fod yr eira yn medru effeithio'n drwm ar gyfarfodydd y Sul; mi fyddwn yn siŵr o gael Sul neu ddau o wyliau bob gaeaf! Wel! a minnau wedi bod yma bron i 16eg mlynedd, dwi'n dal i ddisgwyl!! Cofiwch mae'r bechgyn yma yn elwa, yn wir bob tro mae yna bluen o eira, mi fyddant wrthi gymaint fyth yn ein perswadio nad oes fawr o ddiben mynd i'r ysgol gan y byddant yn siŵr o orfod dod adref cyn amser cinio. Rhyfedd fel mae pobl eraill yn dod i ben, mae yna wledydd sydd yn dioddef lawer yn waeth na ni, a mae'r rheini yn cadw i fynd yn syndod, tra yma, does ond angen modfedd neu ddwy i ddod â'r cyfan yn stop llwyr. Ac yna wrth gwrs mae'r newyddion i gyd yn dangos y lluniau rhyfeddaf o bobl yn mynd i dreialon, plant yn chwarae, a gorchudd o lendid dros y cread i gyd.

Mae'r Beibl yn sôn am eira yn fynych, ac fel rheol, yn cyfeirio at y gwaith y mae Duw yn ei wneud wrth faddau ein pechod. I Dafydd, rhyfeddod cariad Duw oedd ei allu i olchi'r galon fel ei fod yng ngolwg y nefoedd cyn wynned â'r eira; a thrwy Eseia cawn y geiriau, *'pe bai eich pechodau fel ysgarlad, fe fyddant cyn wynned â'r eira; pe baent cyn goched â phorffor, fe ânt fel gwlân'*. Nid nad yw eira yn medru mynd yn beth blêr iawn, yn wir, ychydig iawn â gymer hi i olygfa o brydferthwch gael ei hagru gan symud creadur a cherbyd. Ond, wedi disgyn, mae'n gwisgo'r cyfan â glendid anghyffredin, a hyd yn oed os yw'n baeddu, does ond angen cawod arall i adfer y sefyllfa.

Yn ein bywyd ni, mae Duw yn delio â'n pechod, delio â'r hagrwch unwaith ac am byth pan y down at Iesu am faddeuant. Am y tro cyntaf mae ein heuogrwydd yn cael ei guddio, ac yn rhyfeddol, trwy waed Iesu yr ydym yn hardd yng ngolwg y nefoedd! Ond, er bod maddeuant wedi dod inni, er bod Duw wedi delio gyda'r galon, er bod gwaed Iesu yn fwy na digon i olchi ymaith ein holl anwiredd, yr ydym yn sylweddoli, wedi dod yn Gristnogion, fod byw yn y byd, ond yn fwy na hynny, ein bywyd ein hunain, yn parhau i hel budreddi. Mi fyddwn yn parhau i bechu, yn parhau i fod yn anffyddlon, yn anufudd i'r Arglwydd yn ein meddwl a'n geiriau. Dyma lle mae gogoniant y cawodydd yna sydd yn dod wrth inni nesáu mewn edifeirwch at Iesu. Mae yna gawod newydd, gorchudd newydd, yn wir, bob tro y down ato, os ydym yn dod gan geisio maddeuant yn gyntaf, er bod ein *pechodau fel ysgarlad, fe fyddant cyn wynned â'r eira*. Diolch iddo.

ADNABOD

Gwesty i orffwys

Yn anffodus, rwyf yn dechrau cyfarwyddo â gwestai! Nawr, i'r rhan fwyaf ohonoch, dim ond lle ar gyfer gwyliau yw gwesty, a hynny yn y llefydd mwyaf hardd a chynnes, efo golygfeydd gwych. Gyda llaw, nid ydym wedi bod fel teulu ar wyliau gwesty, mae Sarah yn dweud y bydd rhaid i hyn aros nes y byddwn wedi heneiddio ychydig, os Duw a'i myn. Ar hyn o bryd, carafán neu babell yw'r unig brofiad sydd gennym, ar wahân i lety derbyniol iawn ym Mhontypridd(!), er yr ydym yn disgwyl cael *'chalet'* yn Skegness dros y Pasg. Byddwn fel teulu yn ymuno â chriw sydd am fynd i gynhadledd Gristnogol yno, ac yn edrych ymlaen yn arw at y bendithion yr ydym yn eu rhagweld.

Beth bynnag, yn ôl at y gwestai! Does fawr o ragoriaeth i ystafell fechan, efo un gwely, teledu a 'stafell ymolchi sydd wedi ei leoli mewn cwpwrdd, y cyfan ar y llawr uchaf, gyda holl wynt a glaw Bae Ceredigion yn taro yn erbyn y ffenestr drwy'r nos - a hynny i gyd er mwyn mynychu amryw bwyllgorau!!! Wedi cysgu, neu beidio â chysgu'r nos, cewch y fraint o ddod i lawr i frecwast, a rhaid cydnabod fod y wledd honno yn achub y profiad yn rhyfeddol, ag eithrio'r ffaith fod pawb yn y 'stafell yn ceisio osgoi edrych ar ei gilydd, a gormod o lawer ohonynt yn brysur yn darllen y Daily Mail wrth i'r sos coch faeddu eu crysau! Llefydd unig ac anghymdeithasol yw gwestai os ydych yno eich hunain.

Ond, cyn i neb ddanfon cerdyn cydymdeimlad, mae'r cwbl yn handi anghyffredin, a byddaf yn gwerthfawrogi lletty fel hyn, yn enwedig ar ddiwrnod blinedig. Mae cael gorffwys yn angenrheidiol ac yn felys, beth bynnag am y lleoliad, a does fawr gwell na chodi'r bore wedi bwrw blinder. Yn wir, mae Duw wedi darparu hyn ar ein cyfer, ac yn y Beibl fe gawn fod Duw wedi gosod yn ei greadigaeth batrwm o waith a gorffwys, o gynhyrchu a chysgu. Fel rhai sy'n byw yn agos at y tir, mi fyddwch yn gweld hyn o'ch cwmpas, ond nid yw'r wers fel petai yn gadael ei hôl. Mi fyddwn ni'n ceisio mynd drwy'r amser, hyd yn oed ar y Sul, a does fawr o amheuaeth nad ydym yn well ein hiechyd, nac ychwaith yn well ein hamgylchiadau o anwybyddu trefn Duw. Wrth brynu rhyw declyn neu'i gilydd, mi fyddwn yn darllen ei fod am weithio orau os byddwn yn ei barchu ac yn dilyn cyfarwyddiadau'r cynhyrchydd. Yr un modd, tebyg y byddem ninnau'n 'gweithio' yn well ac yn cynhyrchu mwy o ddaioni o ddilyn cyfarwyddiadau a threfn ein Crëwr.

ADNABOD

Cynhadledd ffôn

Yn ystod yr wythnos ddiwethaf yr oeddwn yn cymryd rhan mewn cynhadledd ffôn! Nawr, i'r rhai hynny ohonoch sydd yn anghyfarwydd â digwyddiad o'r fath, yr hyn sydd yn digwydd yw cynnal pwyllgor neu drafodaeth mewn gwahanol rannau o'r wlad, pawb ar ei ffôn ei hun, gydag amryw byd yn cymryd rhan. Mi fyddwch yn cael rhif arbennig i ffonio, ac o ddeialu hwnnw, mi fyddwch yn cael 'mynediad' i'r gynhadledd. Mae'n bosibl clywed a chyfrannu yn ddigon hylaw, pawb yn cael dweud ei bwt, ond yn gwneud hynny yn fy achos i o ffôn swyddfa'r Annibynwyr yn Abertawe tra roedd y lleill yng Nghaerdydd, Bangor, Llanelwy a Morfa Nefyn. Gyda'r holl bwyllgorau, a chyda'r gofid cynyddol am ddylanwad gyrru ar yr hinsawdd, mae'n debyg bod hon yn ffordd o leihau teithio, ynghyd â chostau teithio!

Beth bynnag, rhaid imi gydnabod fod y profiad yn parhau yn ddigon dieithr, a chefais fy hun yn ceisio dychmygu sut olwg oedd ar y cyfrannwyr eraill. Cyn belled ag y gwyddwn, mae'n bosibl eu bod yn eistedd o flaen y tân yn gwylio'r pêl-droed ar y teledu! Peth arall oedd yn eisiau oedd y cyfraniad y mae golwg yn ei wneud o amgylch y bwrdd; hynny yw, wrth gadeirio, mi fyddaf yn sylwi fod ambell un sydd ddim yn cyfrannu ar y foment honno eto yn ymateb yn eu hosgo, yn gwerthfawrogi neu yn anesmwytho. Mewn cynhadledd ffôn, os nad ydych yn dweud, ni fydd neb byth yn gwybod beth yw eich teimladau am y mater dan sylw; fydd neb yn medru dweud – 'yr oeddwn yn gweld nad oeddet yn hapus'!

Beth bynnag am gryfderau neu wendidau y math hwn o ddigwyddiad, mae gan y plant gân sydd yn dweud fod *'gweddi fel codi'r ffôn, er mwyn cael gair â'r Iesu'*. Ar ôl profiad y gynhadledd ffôn, rwy'n falch sobr o ddweud nad yw gweddïo yn debyg i hynny. Wrth i mi ddod at Dduw, mi fydd nid yn unig yn fy ngweld, mi fydd yn fy chwilio, mae'n gweld yr union fan lle'r ydwyf, mae'n gwybod yn iawn sut olwg sydd ar fy wyneb, ond yn fwy na hynny, sut olwg sydd ar fy nghalon. Mae'n fy adnabod wrth imi ddod o'i flaen. Yn fwy rhyfeddol fyth, gallaf innau adnabod Duw, gallaf 'weld' Duw. Yn ôl Iesu, mae'r sawl sydd wedi ei weld Ef wedi gweld Duw. O Genesis i Datguddiad, daw'r gwirionedd cyson, fod ein Duw yn 'datguddio', yn dangos ei hun. Sut un yw Duw? Gallwn weld yn Iesu; beth am ei ofal? Edrychwch ar Iesu; beth am ei gariad? Edrychwch ar Iesu; beth am ei ewyllys? Gwrandewch ar Iesu.

ADNABOD

Osgoi 'fformiwla'

Un o'r pethau fydd yn peri rhyfeddod aml i mi a Sarah yw'r math o gemau sy'n cael eu mwynhau orau yn y clwb ieuenctid. I'r rhai hynny sydd yn byw o fewn milltir i festri Llansannan, maent yn gwybod am y sŵn sydd yn cael ei gynhyrchu gan 15eg i 20ain o ieuenctid llawn ynni ar nos Wener. O bryd i'w gilydd mi fydd y to yn cael ei godi, nid oherwydd ein bod yn cynnal Cymanfa, ond oherwydd fod y gêm wedi esgor ar chwerthin a thwrw anghyffredin. Nos Wener, nod y gêm gyntaf yn syml oedd defnyddio eich troed yn unig i ddanfon eich esgid i mewn i focs oedd yn gorwedd tua wyth troedfedd i ffwrdd. Roedd y plant wedi eu rhannu i dimau o bedwar, y pedwar yn cystadlu yn erbyn y cloc. Wel! Roeddwn i a Sarah yn meddwl fod hon yn gêm ddigon diniwed, hynny yw, nes inni weld yr esgidiau yma yn hedfan i bob cyfeiriad, ac ambell un yn methu â chael dim hwyl ar y mater. Roedd yr arweinwyr yn eu dagrau yn gwylio'r cyfan, a rhaid oedd chwarae'r gêm eto neu wynebu gwrthryfel!! Gyda llaw, roedd yna wers bwysig yn y cyfan, a chafwyd amser braf yn rhannu'r efengyl gyda'r ieuenctid, rhag ichwi feddwl nad ydym yn gwneud dim ond cadw twrw!!

Yn ôl at ein rhyfeddod, y pethau rhyfeddaf yn apelio'n anghyffredin. Mae yna berygl yn aml yn yr eglwys ein bod yn gwybod sut mae pobl yn mynd i ymateb i her yr efengyl hefyd. Oherwydd bod yna un llwybr wedi 'gweithio' yn ein bywyd ni, tybiwn fod pawb arall yn mynd i gael eu herio yn yr un ffordd. Ond, yr un peth yr wyf wedi ei ddysgu fwyfwy dros yr ugain mlynedd a mwy yr wyf wedi bod yn rhannu'r efengyl, yw'r ffaith fod pobl yn unigolion, does yna'r un 'fformiwla', a'r fraint i ni yw cyflwyno gwirionedd sydd yn anghyfnewidiol mewn cymaint o ffyrdd newydd â phosibl. Nid ydym yn gwneud dim llai na'r hyn a welwn yn y Beibl. Mae Iesu yn defnyddio hanesion, damhegion, gwyrthiau, sgyrsiau personol, a thrwy'r cyfan yn cyrraedd amrywiaeth o bobl. Felly hefyd yn hanes yr eglwys fore, wrth bregethu mi fyddent yn gwneud hynny mewn ffyrdd oedd yn anrhydeddu'r gwirionedd ac yn siarad i mewn i gyd-destun eu gwrandawyr. Nid "dyma'r ffordd" ond "dyma'r gwirionedd" yw safiad diysgog y Cristion; mae'r ffordd o gyflwyno'r Gair anffaeledig sy'n tystio i'r gwirionedd yn rhywbeth y mae'n rhaid caniatáu i Ysbryd Iesu ein harwain iddo o'r newydd bob dydd, i bob unigolyn a chynulleidfa.

ADNABOD

Canmol daioni Duw

Wrth imi ysgrifennu hwn heno, mae'n dda medru tystio, er ei bod yn hanner awr wedi wyth, eto, mae'n parhau'n weddol olau. Yn wir, mae wedi bod yn ddiwrnod ardderchog, gyda'r haul yn cynhesu, a chyfle i ymlacio ar fin nos allan ar y lawnt. Cofiwch, rwy'n defnyddio'r gair lawnt yn ei ystyr eang, gan nad wyf yn rhagweld pobl Wimbledon yn dod i ofyn am gyngor ar sut mae diogelu gwyrddni! Er, rhaid dweud, gan fod y bechgyn yn tyfu, mae llai o chwarae rygbi arni bellach sydd yn help i ddiogelu nad yw'n edrych fel cae tatws! Yn wir, cefais ddiwrnod yn yr ardd yn ystod yr wythnos, wel, teirawr a dweud y gwir, eto, digon o amser i dacluso'n arw, ac i baratoi ar gyfer yr hadau ac ati. Ond, och a gwae, wrth fynd i edrych am y Parch Bryn Williams ym Mhwllheli, dyma weld fod ei datws eisoes yn gwneud ymddangosiad drwy'r pridd, felly does dim lle imi ganmol fy mhrydlondeb!

Mae'n braf cael bod allan, yn braf cael mwynhau'r heulwen, yn braf cael defnyddio ychydig o'r corff i weithio mewn ffordd wahanol. I rywun mewn swydd fel hon, lle y byddwch byth a beunydd mewn cyfarfod, mewn pwyllgor, mewn car neu wrth y ddesg, mae yna therapi mewn cael chwysu ychydig, cael ychydig o newid. Ac yn yr amrywiaeth yna, cael cyfle i ganmol Duw am allu a chyfle i sylweddoli hynny. Mae ein Duw yn anghyffredin o dda yn ein hanes; nid yn unig yn rhoi ar gyfer ein hanghenion, ond yn rhoi cyfleon, pleser, nerth, amrywiaeth profiadau, y cyfan yn ei drugaredd a'i gariad.

Nid yn ofer y byddwn yn tystio nad ydym yn haeddu dim o'i law, ac eto, hyd yn oed y tu allan i'r bendithion ysbrydol, mae ganddo'r fath ddarpariaeth ar ein cyfer. Mynn Paul fod y greadigaeth yn ein gadael yn ddi-esgus, yn rhoi digon o dystiolaeth i Dduw ein Crëwr, i beri y dylem ei gydnabod a'i addoli. Ac mae hyn cyn dechrau traethu a rhyfeddu am y ddarpariaeth dragwyddol sydd i ni yn Iesu Grist. I rai sy'n haeddu dim, mae Duw yn rhoi'r cyfan sydd ganddo.

Beth amdanom ni? Beth fyddwn ni yn ei roi? I ba raddau mae'n rhoddion yn adlewyrchu ein hadnabyddiaeth o Iesu, ein hadnabyddiaeth o roddion Duw. Beth fyddwn yn ei roi o'n hincwm ariannol? Beth am ein hamser? Beth am ein doniau? Ai diolch ar air, neu mewn gweithred a gwirionedd, sydd yn ein nodweddu? Fydd ein haelioni ni yn dystiolaeth i'n teulu, i'r bobl drws nesa', ein bod ni wedi 'nabod haelioni Duw?

ADNABOD

Gwaith Duw... fy ngwaith i

Yr wyf wedi bod yn meddwl tipyn heddiw am y berthynas yna sydd rhwng ein gwaith ni a gwaith Duw, a hynny ar sawl lefel. Wrth edrych allan drwy'r ffenestr, byddaf yn ymwybodol iawn fod yna berthynas hyd yn oed yn y lawnt ar flaen y tŷ! O fewn y greadigaeth, rhaid cydnabod nad oes yna ddim allwn ni ei greu, gwaith Duw yn y cychwyn oedd hwnnw, a byth er hynny mae wedi bod yn cynnal ei greadigaeth. Ond, mae hefyd wedi gosod cyfrifoldeb arnom ni i dendio ar y greadigaeth honno. Mae yna wair, mae yna haul, mae yna law, mae yna dyfiant, y cyfan sydd ei angen arnom yw'r peiriant torri gwair a dropyn o chwys.

Felly mae hi hefyd yn fy mywyd personol. Duw sydd yn creu, ac mae'r cymhlethdod i gyd sydd ynof yn dwyn tystiolaeth i gywreinrwydd a gallu fy Nghrëwr. Ar yr un pryd, Duw sydd yn cynnal. Byddaf yn sylweddoli fod hynny yn wir bob bore wrth ddeffro, a minnau heb wneud dim i gadw fy hun yn fyw! Ond, mae gennyf gyfrifoldeb i fwyta, i ofalu, i gadw fy nghorff yn ffit!

Mae'r un peth yn wir am y bywyd ysbrydol. Dim ond Duw sydd yn medru dod â fi yn Gristion. Rwy'n farw, mae'r Ysbryd Glân yn rhoi bywyd, rwy'n bechadur, mae Iesu'n maddau, rwy'n bell, mae Duw yn ei drugaredd yn fy ngwneud yn agos. Nawr, mae gennyf gyfrifoldeb i edifarhau, i gefnu ar fy mhechod, i gofleidio Iesu yn bersonol. Ac yna daw'r bywyd Cristnogol, Duw sydd yn ei gynnal, Iesu yw'r graig sydd yno i adeiladu arni, gafael Duw sydd yn diogelu'r bywyd, a'r Ysbryd Glân sydd yn diogelu bywiogrwydd a sêl. Yno hefyd, y cyfan sydd angen imi ei wneud yw rhedeg yr yrfa a osodwyd o'm blaen, nid am fod hynny yn mynd i fy achub, ond am fod hynny yn addurn i waith Duw, yn weithredoedd sydd yn dangos fy ffydd.

Ac yn olaf, mae bywyd yr Eglwys yr un fath yn union. Duw yn ei drugaredd sydd wedi darparu Gwaredwr a Phrynwr i'r saint. Maent yn cael eu galw i fywyd, ac yn hynny i gymdeithas â'i gilydd. Y nefoedd sydd am ddiogelu llwyddiant yr eglwys, am ddiogelu fod Seion yn magu plant i'r nefoedd ar y ddaear. Dywediad da yw hwnnw sydd yn ein hatgoffa; '*Heb Dduw, heb ddim*'. Ein cyfrifoldeb yw byw'r bywyd y mae Duw wedi ei baratoi ar ein cyfer, cerdded llwybrau ei ewyllys, dyrchafu Iesu, a phwyso ar yr Ysbryd Glân. Yr ydym yn dystion i allu Iesu i symud pobl o dywyllwch i oleuni, i unigrywiaeth Iesu, yr unig ffordd at y Tad. Yr ydym yma, nid i wneud gwaith Duw, ni ellir ychwanegu at hwnnw, nid i wneud gwaith Iesu, mae hwnnw wedi ei orffen, nid i wneud gwaith yr Ysbryd, ond yn hytrach i wneud ein gwaith ni, cyfeirio pobl at yr Efengyl. Rhoi Iesu yn y canol, fel bod pobl yn ei weld Ef, yn canmol ei waith Ef, yn credu yn ei aberth Ef, yn rhoi eu bywydau iddo Ef.

ADNABOD

'Anghyfraith'

Un o'r profiadau hynny sydd yn parhau i greu elfen o anesmwythyd yn fy mol yw dod rownd cornel i ddarganfod fod yna un o faniau'r heddlu mewn rhyw lecyn yn gwylio cyflymder y drafnidiaeth. Wel! Mi ddigwyddodd eto ddydd Gwener wrth i mi a Sarah deithio i lawr am Fachynlleth. Yr oedd yn ben-blwydd fy nhad, ac wrth agosáu at Corris o bob man, dyma sylweddoli'n hwyr fod un o'r dywededig faniau wedi parcio wrth ymyl y ffordd, a thwll bach yng nghefn y ffenestr er mwyn mesur cyflymder gweinidogion oedd wedi addo eu bod am gyrraedd hanner awr ynghynt! Mi fydd rhaid gwylio'r post, gan nad oes gennyf syniad a oeddwn wedi arafu digon. Mae'n siŵr fod y gwaith yma'n waith pwysig, ac yn sicr mae angen arafu tipyn ar y drafnidiaeth mewn amryw byd o leoedd, ac nid fy nymuniad beth bynnag yw tanseilio eu gwaith. Digon yma yw nodi'r anesmwythyd o ddeall efallai fy mod wedi fy nal, a d'oes dim ffordd yn y byd o bledio unrhyw beth oddieithr 'euog' yn wyneb tystiolaeth y camera bach. Mi fydd yna lun o'r car, llun ohonof i yn gyrru a Sarah yn dweud wrthyf am arafu, a chyflymder y car wedi ei brintio ar y gwaelod. Ond, pwy a ŵyr, efallai fod popeth yn iawn!

Gan fy mod yn credu mewn Duw sydd yn hollwybodol, mae ei lygaid yn gweld ac yn adnabod fy mywyd i i'r dim. Yn y Beibl, ystyr y gair pechod yw anghyfraith, hynny yw, torri cyfraith Duw. Mae Iesu yn crynhoi'r gyfraith honno yn y geiriau, 'Câr di yr Arglwydd dy Dduw â'th holl galon, ac â'th holl enaid ac â'th holl nerth, a châr dy gymydog fel ti dy hun'. Yng ngoleuni'r gorchymyn yma, yr ydym yn adnabod ein heuogrwydd, does dim amheuaeth. Pan fydd y ddedfryd yn cael ei chyhoeddi, does yna ddim esgus, dim rheswm, ac yn hynny, dim gobaith inni fyth gael sefyll ohonom ein hunain yng nghwmni Duw.

Dyma lle mae gogoniant y newyddion da sydd gan Iesu. Mae wedi adnabod ein heuogrwydd, mae wedi gweld ein sefyllfa anobeithiol, mae wedi clywed ein dedfryd, ac wedi gadael y nef i gymryd y ddedfryd arno'i hun. Lle'r oeddwn yn gyfiawn euog, mae Iesu wedi cymryd fy euogrwydd arno'i hun, wedi talu'r ddyled, dioddef y gosb. Diolch Iddo!

ADNABOD

Amser i bopeth

Yr wyf yn ysgrifennu hwn yn edrych i lawr ar Fae Ceredigion o faes parcio'r Llyfrgell Genedlaethol yn Aberystwyth. Yn naturiol, mi fyddech yn disgwyl imi ddweud mai dyma un o olygfeydd hardd Sir Aberteifi, ac yn y wir, mae golau'r haul yn disgleirio ar y môr yn codi synnwyr o ryfeddod wrth sylweddoli pa mor ogoneddus yw creadigaeth Duw. Y cwestiwn nesaf - beth dwi'n ei wneud yn y fan hyn? Wel! Rwyf wedi bod yn siarad mewn encil heddiw, a hynny yng nghwmni'r Cymry Cymraeg sydd yn addoli yn Eglwys Anglicanaidd y Santes Fair. Er nad oedd yna griw anferth, eto, roedd y dwsin a ddaeth am y diwrnod yn bobl yr Arglwydd, ac yn gwerthfawrogi Gair Duw. Roedd yn braf iawn i gael rhannu daioni Duw, cael rhannu gwaith Iesu yn ein bywydau, a chael annog ein gilydd yn ein cerddediad ysbrydol. Yn wir, roedd y gwaith yn bleserus o sylweddoli parodrwydd y bobl hyn i roi amser, diwrnod cyfan, i dendio i glywed a gwrando ar Air Duw yn y Beibl, ac i addoli gyda'i gilydd.

Yng nghanol prysurdeb ein bywydau, ond yn fwy na hynny, mewn cymdeithas sydd yn rhoi gwerth ar rai pethau, ac yn ddibris o bethau eraill, roedd yn dda gweld y rhain yn mynd yn groes i flaenoriaethau pawb arall. I'r Cristion, mae yna lawer o bethau sydd yn haeddu amser, ond ar yr un pryd, mae'n gwybod, os nad yw ei berthynas â Iesu yn iawn, os nad yw'n ceisio datblygu ac adeiladu'r berthynas, yna mae'n mynd yn groes i ddymuniad Duw, ac yn groes i'r hyn sydd o wir werth.

Yn y byd, mi fyddwch yn elwa mwy o roi bob munud sbâr i'ch gwaith, i'r teulu, i elw, i gynyddu meddiannau, i gysuron, i fwynhad, ac yn sicr mae'r pethau yma yn rhan o fywyd y Cristion hefyd. Ond, yng ngeiriau'r Apostol Paul, mae'r rhain yn perthyn yn eu hanfod i'r 'pethau a fu yn elw', ac nid dyma'r elw yr ydym yn ei chwennych yn awr. Cofiwch, nid fi na neb arall fydd yn eich perswadio i roi amser i Dduw, mi fydd Duw yn gwneud hyn ei hun, wrth ddod â chi i weld gwerth Iesu, gwerth ei gwmni. Mae fy ngweddi yn parhau'r un fath, bydded i Dduw fynnu yr amser yma yn eich bywyd chi, a'i fynnu yn fy mywyd i. Duw sydd yn gwneud i ni ewyllysio a gweithredu yn y maes hwn, nid ein hewyllys ni.

ADNABOD

Nerth yr Ysbryd

Mae yna gymaint fyth o ffyrdd o siarad am yr Ysbryd Glân, a heddiw yr wyf am gyfeirio at y modd y mae'n nerth ym mywyd y Cristion. Un o'r gwirioneddau mwyaf am ein bywyd yng Nghrist yw gwaith rhyfeddol Duw ynom, ond mi fyddwn yn cael anhawster i beidio meddwl mai ni sy'n gwneud y pethau yma yn ein nerth. Nid nad oes gennym gryfder, ond y broblem yw bod ein gwendid gyfryw fel, unwaith y byddwn yn ceisio sefyll yn ein cryfder ein hunain, yr ydym yn disgyn. Ond i'r rhai sy'n caniatáu i Dduw fod yn nerth iddynt, mae'r amhosibl yn dod yn bosibl, ac mae buddugoliaeth yn medru bod yn realiti, drwy'r Ysbryd Glân, grym y Cristion. Dyma'r grym sy'n ein newid, sy'n ein goleuo, sy'n ein gwneud yn debycach i Iesu o ddydd i ddydd, yn newid ein natur.

Nid y newid sy'n diogelu ein perthynas â Duw cofiwch, mae Iesu wedi diogelu hynny; effaith gwaith Iesu yw'r newid yma, gwaith a ddechreuwyd pan ddaeth yr Ysbryd Glân â ni at Iesu. Wedi gwneud hyn, mae'r Ysbryd Glân wrthi'n ein hail-greu, rwy'n berson newydd i fod fel Iesu. Mae'r person newydd yma'n gweithio gyda'r Ysbryd yn y gwaith yma o ail-greu, nid nad yw'r 'hen berson' yn ymladd y newid bob cam o'r daith, ond yn ôl Colosiaid 1:29 mae'r Cristion yn medru *'ymdrechu a llafurio drwy ei nerth ef, y nerth sy'n gweithredu'n rymus ynof fi.'* Mae'r ymdrech yn rhan o'n bywyd bob dydd, ac mi fydd ffordd i fynd ar ddiwedd y daith, ond mae'n waith sydd yn y broses o gael ei gyflawni. Mae un awdur wedi disgrifio'r Cristion fel *'work in progress'!* Mae'r Ysbryd Glân yn nerth sydd yn cyflawni'r gwaith yn ein bywyd.

Yn ôl un person, dyn o'r enw Martin Luther, mae'n disgrifio bywyd y Cristion a'r broses *'nid fel cyfiawnder, ond tyfu mewn cyfiawnder; nid iechyd ond iachau; nid ydym yr hyn a fyddwn, ond yr ydym yn tyfu at hynny. Nid yw'r broses wedi gorffen, ond mae'n mynd yn ei flaen. Nid yw popeth yn disgleirio, ond mae'r cyfan yn cael ei buro.'*

Mae yna lu o rwystredigaethau, diwrnodau lle y byddwn yn meddwl ein bod yn colli tir, ond, trwy drugaredd Duw, mae wedi rhoi, ac yn rhoi ei Ysbryd, a dyma'r Ysbryd Glân sydd yn nerth, yn gryfder, yn oleuni, yn sancteiddrwydd i'r Cristion.

Wrth gloi, mae'r ymdrech yn gyfarwydd i'r Cristion, mae'r dyhead, yr awydd angerddol am sancteiddrwydd, am fod fel Iesu; gweddïaf y bydd pob un ohonoch yn adnabod y dyhead a'r nerth yma.

ADNABOD

Rhyfeddol ras

Heddiw, mi fyddwn yn canu cyfieithiad y Parch Dafydd Owen, Bae Colwyn o emyn John Newton, *"Amazing Grace"*. Fel y gwyddoch gobeithio, mae 2007 yn flwyddyn i gofio'r ffaith fod y senedd yn Lloegr wedi derbyn mesur seneddol a gyflwynwyd gan William Wilberforce ddeg o weithiau'n flaenorol, a hynny ar y 25ain o Fawrth, i sicrhau gwneud y fasnach mewn pobl yn anghyfreithlon. Enillodd y bleidlais o 283 i 16. Roedd hyn yn rhyfeddol, gan ei fod wedi brwydro yn y senedd er 1789, a hynny ar ôl ei dröedigaeth yn 1785. Wedi dod yn Gristion, roedd â'i fryd ar gyflwyno ei hun i waith Cristnogol llawn-amser, ond cafodd ei berswadio gan gyfeillion, a John Newton ei hun, o'r angen iddo aros yn y byd gwleidyddol. Yn fuan iawn, dechreuodd ymgyrchu yn erbyn y fasnach mewn pobl, oedd yn llythrennol yn dwyn pobl o gyfandir yr Affrig, er mwyn eu gwerthu yn yr Unol Daleithiau ac India'r Gorllewin. Yr hyn sy'n syndod yw bod cynifer o Gristnogion yn gwrthwynebu'r ymgyrch, ond nid pawb. Cafodd gyngor gan Gristion enwog iawn, John Wesley, a ddywedodd wrtho, 'Os nad yw Duw wedi dy godi di i wneud yr union beth hwn, cei dy lethu gan wrthwynebiad dynion a'r diafol. Ond os yw Duw gyda thi, pwy all fod yn dy erbyn?'

Roedd yr ymgyrch yma yn llifo allan o'i galon, calon oedd wedi adnabod gras a thrugaredd Duw, ac yn hynny, ni allai lai na dangos trugaredd.

Fel y nodais uchod, yr un a ddefnyddiwyd gan Dduw yn nhröedigaeth Wilberforce oedd John Newton. Roedd hwn wedi bod yn feistr ar amryw o longau oedd yn cludo'r caethweision, ond bu iddo yntau brofi gras y nefoedd, ac er na fu iddo adael y gwaith yn syth, eto arweiniodd Duw ef allan o'r fasnach a daeth yn ficer yn Olney. Yno y bu iddo gyfansoddi'r emyn *'Amazing Grace'*. Meddyliwch wir am y pennill yma:

Er gwaethaf llaid a maglau'r byd, Clod byth i ras, 'rwy'n fyw!
A'r gras a'm diogelodd cyd a'm dwg i nef tŷ Nuw.

Beth am y profiad, profiad y ddau wron yma? Ai dyma'n profiad ni?

― ADNABOD ―

Cwmni Cristnogion

Yn ystod yr wythnos ddiwethaf, a hithau'n hanner tymor, dyma fynd am dro i Bontypridd, cyfle i weld y teulu yng nghyfraith, a chyfle hefyd i wneud ychydig bach mwy o waith efo'r Annibynwyr. Mi fyddaf yn cyfrif fod y siwrne i'r de yn anghyffredin o hir, a does fawr iawn o wahaniaeth pa ffordd a gymerwch, nid oes arbediad mawr. Mae hi'n well o gael cwmni, er, mae'n dasg i gadw'r plant yn ddifyr, ac i ddiogelu fod pawb yn cyrraedd mewn cytgord a harmoni!! Wedi dweud hynny, mae mynd ar y daith efo rhywun i rannu sgwrs yn ysgafnhau'r diflastod yn sylweddol, yn enwedig os cewch eich hun y tu ôl i lori yn cario coed rhwng Llangurig a Llanelwedd. Does posib mynd heibio, ac eithrio ar un darn o'r ffordd cyn cyrraedd Penybont ar Wysg, ond fel arfer mi fydd yna res o geir yn dod i gyfarfod â chwi ar y pryd.

Beth bynnag am fy helyntion a'm cysuron, yr wyf am aros gyda'r ffaith fod y cwmni yn gwneud gwahaniaeth sylweddol i fy nheithio. Tra fy mod am gydnabod fod yna gyfnodau pryd y byddaf wrth fy modd ar ben fy hun, wrth fy modd yn cerdded, yn treulio amser yn 'siarad efo fy hun', nid wyf wrth natur yn berson sy'n ffafrio hynny. Lle mae fy mrawd yn mwynhau, ers ei blentyndod, gwmni personol yn fwy na chwmni pobl, gwell gennyf i gael rhywun i sgwrsio â nhw, rhywun i rannu fy meddyliau. Mae Sarah yn amau y buaswn yn barod i siarad efo coeden!!! Rwy'n cydnabod felly fod y mater yma yn dibynnu ar ba fath o berson dw'i. Wedi dweud hynny, yn sicr mae Duw wedi ein creu ar gyfer perthynas, ar gyfer cyfeillgarwch, ar gyfer cwmni. 'Nid da bod dyn ei hunan' yw dyfarniad Duw yn achos Adda, ac yn sicr, mae'r cyfoeth a ddaw inni o gwmni yn rhywbeth amheuthun mewn sawl cylch o fywyd. Un o gysuron mawr yr eglwys yw'r cyfle a rydd inni fedru cerdded efo'r Iesu yng nghwmni rhai eraill, fel os bydd inni lithro, os bydd inni syrthio, mae yna eraill i'n codi. Os byddwn yn colli brwdfrydedd, mae yna rai i'n herio, os byddwn yn digalonni, mae yna rai i godi ein calon, os byddwn yn cael y frwydr yn anodd, mae yna eraill i rannu maes y gad gyda ni. Mae yna bobl sydd yn rhannu'r un anawsterau mewn gweddi, mewn cerdded, yr un temtasiynau. Ond uwchlaw pob un, mae cwmni'r Iesu ei hun. Yn y diwedd mi fydd cwmni'r gorau o bobl yr Arglwydd yn cael ei golli, ond nid felly'r Arglwydd ei hun. Mae Hwn am aros gyda'i bobl, a gallwn fod yn sicr, beth bynnag ddaw, na fyddwn byth yn unig o'i ddewis Ef, *'yn frawd a phriod... yn arweinydd, yn ben..'*

ADNABOD

Cymwysterau Iesu

Wrth ystyried dyfodiad Iesu i mewn i Jerwsalem ar gyfer wythnos olaf ei fywyd daearol, cofiwn fod y dyrfa wedi ei gyfarch fel Brenin, ac wedi rhoi croeso iddo yn y cyd-destun hwnnw. Beth bynnag am y modd y bu iddynt ymateb yn ddiweddarach, mae'n amlwg fod eu hymateb gwreiddiol yn briodol gan mai hwn yn wir yw Brenin ei bobl, yn wir mae'n Frenin Tragwyddoldeb. Canmolwn Dduw heddiw fod gennym un sydd yn ddigonol i ateb ein hangen ysbrydol, nid oedd ond un yn ddigon o ran ei berson, o ran ei allu, o ran ei awdurdod i ddelio gyda'n hangen ni fel pechaduriaid. Yn wir, yr oeddwn yn meddwl am briodoldeb y ffordd y dylem baratoi i ddathlu'r Pasg. Wrth wrando ar gyfraniad ar y radio ddydd Iau, un o oedfaon boreol Radio 4, cyfeiriodd y siaradwr at ei hoffter o fod ar lan môr, ac wrth sôn am ei ymweliadau â thref Blackpool, gofynnodd pa werth fyddai iddo, petai yn syrthio o ben y *pier* i mewn i'r môr, a bod rhywun sydd yn methu nofio yn neidio i mewn ar ei ôl. Gallai hwnnw resymu, a dweud ei fod wedi dod i gadw cwmni iddo yn ei helynt. Pa werth yw cwmni os yw mewn perygl o foddi?!

Tra nad wyf am wadu gwerth cwmni Iesu, ei allu i gydymdeimlo, gwerth ei bresenoldeb yng nghanol ein hadfyd, eto, yr wythnos hon fe gofiwn mai rhagoriaeth Iesu yw ei fod yn medru dod i achub pechadur, yn medru dod i ganol ein hangen pennaf, ac yn codi ni o farwolaeth i ganol bywyd. Wrth fynd i helynt yn y môr, rhaid wrth un sydd yn medru nofio ac achub, ac er gwerth y cwmni, mae'r gwerth yn deillio o allu Iesu i fod yn Waredwr, ac yn foddion digonol i ddelio ag angen ein henaid.

Wrth nesáu at y Pasg, diolchwn am gyfle i gofio gwaith allweddol Iesu yn gwneud y gwaith hynny sydd yn galluogi delio gyda chosb ein pechod drwy dalu'r ddyled a chymryd y gosb arno ef ei hun. Fel Mab Duw, roedd yn gymwys, oherwydd ei fywyd dibechod roedd yn gymwys, oherwydd ei ufudddod mae'n gymwys, a heddiw mae'n Waredwr cymwys i bob un sydd yn dod ato am faddeuant, ac am gymod gyda Duw.

Gweddïwn y bydd Duw yn ein cynorthwyo drwy ei Ysbryd Glân, i ddeall ystyr marwolaeth Iesu eleni, ac o ddeall y byddwn yn rhoi ein bywyd i'r un roddodd ei fywyd drosom.

ADNABOD

Sicrhau amrywiaeth

Bore ma yr wyf yn cael cyfle i siarad ar y radio (eto fyth!!) a hynny er mwyn ymateb i erthygl a ymddangosodd yn y cylchgrawn Golwg. Dw'i ddim yn siŵr faint ohonoch sydd yn ei dderbyn, mae'n rhaid imi gydnabod nad wyf yn un o'r selogion, a rhaid oedd mynd am y siop i weld a oedd copi yno i mi gael gwybod yn union am beth yr oeddwn i siarad. O fynd, dyma sylweddoli eto fyth, hyd yn oed yn Siop y Llan, mae yna lu anghyffredin o gylchgronau yn ateb diddordeb pawb o blant bach i bobl mewn oed, gyda phob math o ddiddordebau, pob math o wahanol orchwylion. Mae'n siŵr fod yna brynu ar bob un, er nad wyf yn siŵr o gylchrediad ambell un mwy ymylol! Beth am *'Intricacies of Cross Stitch'* neu *'Jane Austen's Regency World'*, cylchgronau angenrheidiol i bawb yn y maes mae'n siŵr! Anodd yw cynhyrchu unrhyw beth sydd at ddant pawb, a bellach, gyda'r gallu i argraffu neu i gyhoeddi ar y we, mae'n siŵr bod pawb yn medru cadw at ddiddordeb personol yn unig, heb orfod edrych y tu hwnt i'r diddordeb hwnnw. Tra fod hyn yn arwydd o'r amserau, ac yn gyfleus anghyffredin, mae'n siŵr nad yw'n ychwanegu dim at wybodaeth a dealltwriaeth pobl o amryw o bynciau, amryw o feysydd. Yn ôl un o'm ffrindiau, nodwedd rhywun sydd wedi gwneud doethuriaeth (PhD) mewn prifysgol yw eu bod yn gwybod popeth am un peth! Gewch chi ddoethuriaeth am *'Cross Stitch'* tybed?

Un o'r pethau anoddaf wrth arwain oedfa yw sylweddoli fod yna amrywiaeth eang o bobl yno, o bob oed, efo amrywiaeth eang o ddiddordebau a blas. Mae yna bethau, mae yna ffordd, mae yna gyfryngau sydd yn apelio i wahanol rai, a hynny yn dibynnu ar eu cefndir, ac ar eu cymeriad. Gyda'r cyfleon i gael llais i ddiddordebau gwahanol, daeth yr un peth yn wir yn y byd crefyddol a bellach mae pob math o gredoau personol, pawb yn mynnu'r hawl i 'ddarganfod' eu crefydd personol. Tra nad wyf yn gwrthwynebu hawl i farn bersonol, mae yna anhawster Cristnogol yn hyn. Yr ydym wedi seilio ein ffydd ar ddatguddiad Duw, datguddiad sydd yn glir a therfynol yn y Beibl, datguddiad sydd yn bersonol yn Iesu, datguddiad sydd yn cael ei egluro i'n calonnau drwy'r Ysbryd Glân. Yr ydym yn darganfod y gwirionedd, yn darganfod sylfeini ein credo yn Iesu, yn y Beibl, a thrwy yr Ysbryd Glân. Nid ni sydd yn dweud wrth Dduw beth sydd yn wir, nid ni sydd yn dyfeisio crefydd, ond Duw sydd yn datguddio hyn yn ein calonnau. Yr ydym yn awyddus i amrywio'r cyfrwng i ateb gofynion gwahanol bobl, yn barod i fod yn bopeth i bawb er mwyn ennill rhai; yr unig beth nad oes amrywio arno yw'r cynnwys, oherwydd *ymddiriedwyd y neges hon i mi ar orchymyn Duw, ein Gwaredwr. Titus 1:3*

ADNABOD

Mynegai

Adnabod	8	Claddu fy mhen!	62
Adnabyddiaeth ohonom	6	Colli awr – ennill oriau	15
Angen amynedd	18	Colli i ennill	38
Anghenion sylfaenol	143	Côr doniau gras	170
Anghyfraith	208	Credu'n ifanc	133
Ail-gylchu	199	Crefydd bersonol?	57
Am dro drwy'r flwyddyn	22	Cwmni Cristnogion	212
Amrywiaeth	73	Cwmni da	32
Amser Duw	13	Cwmni'r saint	66
Amser i bopeth	209	Cwmwl y gogoniant	28
Anfodlon heb Dduw	16	Cychwyn newydd, byw i Iesu	162
Annigonolrwydd crefydd	34	Cyfamod Gras	108
Anti Miw	87	Cyfleon	67
Aruthrol fawredd y gallu..	168	Cyfoeth Iesu	55
Arwain yn weddïgar	116	Cyfraniad pwyllgorau	138
Arwyddocâd y groes	107	Cymanfa Ganu	191
Ateb un angen	136	Cymwysterau Iesu	213
Atebion y nefoedd	44	Cynhadledd ffôn	204
Bendithion Bethlehem	163	Cynnal parti	75
Beth fyddai Iesu'n ei wneud?	148	Cynnig da	76
Blaenoriaethau'r Eglwys	175	Cynnwrf disgwyl	82
Blaenoriaethu amser	129	Cyrddau 'mawr'	176
Blwyddyn arall	197	Cyrraedd adref	149
Bod yn ffrind	64	Cyrraedd copaon	94
Bod yn oriog	119	Cyrraedd dynion	152
Bodloni ar newidiadau	123	Cytuno i anghytuno	41
Breichiau tragwyddol	103	Dafydd a Goliath	100
Breuder bywyd	26	Dathlu unigrywiaeth yr Efengyl	98
Byddwch yn barod	65	Dechrau blwyddyn	23
Byw tu allan i'r gawell	145	Delfrydu	17
Bywyd go iawn	31	Derbyn ddoe, byw heddiw	54
Cael bywyd yn yr Iesu	37	Diogelu gwres	153
Cam ceiliog	177	Diolchgarwch	80
Canmol daioni Duw	206	Disgleirio	121
Canu mewn diwygiad	131	Disgwyl canlyniadau	198
Cawod o eira	202	Disgwyl cawod	115
Cefnogaeth ddiwyro	43	Disgwyliad Duw	81
Ceisio bywyd newydd	124	Diwrnod i ffwrdd	146
Cenhedlaeth newydd	137	Diwrnod newydd – diwrnod gras	24

ADNABOD

Dod at y preseb	157	Hyder arwain yn eglwys Dduw	7
Dod i gwrdd – cadw oed	88	Hyfforddi a gwerthuso	118
Doniau gras	138	J.D.	194
Dwi'n unigryw	186	Jiwbili	90
Dyfalbarhau i weld yr olygfa	113	Llangrannog	142
Dyfodol Eglwys Crist	171	Lle mae'r galon...	95
Dylanwad Mr Davies	56	Llyfr natur a llyfr gras	79
Dylanwad yr Efengyl	167	Magwrfa Gristnogol	135
Dysgu rhywbeth newydd	74	Masnach deg	77
Edifeirwch	182	Mater o frys	166
Edrych ar Iesu	97	Mawredd Crist yn y greadigaeth	156
Effaith y cwymp	147	Meddyginiaeth effeithiol	120
Eiddo'r Arglwydd yw fy nyddiau	12	Mentro i ddarganfod llwybr bendith	47
Emaniwel, Duw gyda ni	161	Mentro i fyd newydd	92
Emynau newydd?	70	Methu cyfle	69
Ffrindiau da	63	Milwyr yn milwrio!	29
Ffydd yn Iesu rhoddwr bywyd	99	Mis Mehefin	86
Galar cignoeth	189	Mynd at y bedd	188
Goddef ein gilydd	42	Mynychu oedfaon	183
Gofyn am deyrnas	150	Nabod Ei ewyllys	130
Golau oren	68	Nefydd	110
Golwg Caleb	49	Nerth yr Ysbryd	210
Gorffwys	180	Newyddion da	126
Grym a bendith gweddi	112	Nicodemus	58
Gwaith Duw... fy ngwaith i	207	Nid ystrydeb	9
Gwaith yr Ysbryd	190	Ofn hedfan	96
Gwanwyn Duw	178	Ofn	127
Gwario gwerthfawr	27	Osgoi 'fformiwla'	205
Gweddïo a gwrando	84	Paratoi'r tir	85
Gweithwyr Cristnogol	102	Pedwar nod eglwys	117
Gweld Duw	104	Perthynas â ...	128
Gwersi rhagluniaeth	20	Peryglon heddiw	201
Gwerthu meinciau	52	Plannu eglwys yn Abertawe	46
Gwesty i orffwys	203	Pleser gweithio	45
Gwirioni ar yr ŵyl	160	Pobl yw pobl ymhobman	19
Gwneud gwahaniaeth i bobl eraill	165	Pregethu – bob dydd	122
Gwrando ar blant	132	Profedigaeth	78
Gwyliau'r plant	181	Profiad bendithiol yn Llundain	172
Gwyrth angenrheidiol	101	Pwy sy'n adeiladu?	89
Heddiw yw'r diwrnod	164	Rhagbrofion	53
Holi ein hunain	10	Rhedeg at nod	30
Hosanna	179	Rhoi gyda chalon lawen	144

ADNABOD

Rhyfeddol ras	211
Rhyfeloedd	184
Saboth Duw	11
Sefyll mewn llif	33
Sgleinio'r gwaith	140
Sicrwydd	155
Sicrhau amrywiaeth	214
Sporting Marvels	195
St Michael le Belfry	174
Sul y Blodau	59
Sul y Tadau	40
Symud tŷ	35
Tragwyddoldeb ynom	14
Troeon trwstan	192
Troi cefn	185
Tu ôl y mwgwd	106
Tymhorau a'u gwersi	61
Tywysog Tangnefedd	159
Wedi fy mherswadio	51
Wythnos fawr y Pasg	154
Y 'P.D.A'.	193
Y ffordd ymlaen	169
Y goddrychol a'r gwrthrychol	93
Y goler gron	200
Y morthwyl yn malu ar yr einion	114
Y Saboth	91
Ymadroddion dieithr	141
Ymateb mewn addoliad	25
Yn unig ynghanol tyrfa	50
Yn y canol yn bendithio	111
Yn yr ardd	5
Yr Adfent	158
Yr angor a'r fordaith	125
Yr Efengyl i blant	134
Yr eglwys – man gwaith	83
Yr etholiad	72
Yr wyf yn gallu pob peth...	109
Ystyr y Nadolig i mi yw...	196